现代管理论丛

社会科学文献出版社
SOCIAL SCIENCES ACADEMIC PRESS (CHINA)

现代管理论丛

政府增长与秩序演进

Government Growth and Order Evolution

○马翠军/著

社会科学文献出版社
SOCIAL SCIENCES ACADEMIC PRESS (CHINA)

图书在版编目（CIP）数据

政府增长与秩序演进/马翠军著．—北京：社会科学文献出版社，2008.9
（现代管理论丛）
ISBN 978－7－5097－0248－2

Ⅰ．政… Ⅱ．马… Ⅲ．国家－行政管理－研究
Ⅳ．D035

中国版本图书馆 CIP 数据核字（2008）第 128940 号

中文摘要

　　基于国家权力与公民权利同步增长、政府权力与市场经济正相关发展等现象，本书沿着政府持续增长这条轨迹，解读政治秩序和经济秩序如何作为一个整体同步演进的，探寻政府增长与社会秩序演进的内在关联。通过组织社会学的方法，在"社会基本组织形式"和"社会组织原则"演进的基础上，阐明政府增长是一个理性化和公共化的过程，它一方面通过治理方式的转变展现政治秩序的演进，另一方面通过公共权力扩张推进市场经济成长。政府增长是社会秩序演进的体现。

　　主题词：政府增长　公共行政　社会基本组织形式　社会组织原则　社会秩序

目 录

序 …………………………………………………………… 1

前言 ………………………………………………………… 1

导论 ………………………………………………………… 1

第一章　体现社会秩序演进的政府增长 ………………… 6
    第一节　对政府增长的理解 ………………………… 7
    第二节　政府增长与政治秩序 ……………………… 18
    第三节　政府增长与经济秩序 ……………………… 26

第二章　社会基本组织形式与社会组织原则 …………… 34
    第一节　从社会学到组织社会学的秩序研究 ……… 34
    第二节　社会基本组织形式 ………………………… 47
    第三节　组织社会学与社会组织原则 ……………… 55

第三章　社会组织原则的演进 …………………………… 63
    第一节　传统社会的组织原则 ……………………… 64
    第二节　重商主义到自由资本主义社会组织原则 … 66
    第三节　组织化资本主义社会原则的形成 ………… 72
    第四节　后组织化资本主义社会组织原则的形成 … 79
    第五节　对诸社会组织原则的简要梳理 …………… 87

第四章　政府增长与政府角色转变 ……………………… 91
    第一节　政府增长过程中的国家与社会关系 ……… 91

第二节　政府增长与行政理念演变 …………………… 103
　　第三节　政府角色演进的内在统一性 …………………… 116

第五章　封建权威到理性权威的社会秩序 …………………… 124
　　第一节　封建社会的遗产 ………………………………… 124
　　第二节　王权政治的理性发展 …………………………… 134
　　第三节　官僚制与自由市场运作机制 …………………… 142

第六章　官僚制与组织化资本主义 …………………………… 156
　　第一节　官僚制的社会功能演变 ………………………… 156
　　第二节　组织化资本主义的经济秩序 …………………… 165
　　第三节　凯恩斯主义的兴起 ……………………………… 175

第七章　当代公共行政与后组织化资本主义 ………………… 186
　　第一节　官僚行政向新公共行政的演化 ………………… 187
　　第二节　当代公共行政及其运作模式 …………………… 198
　　第三节　公共责任与市场经济的演化 …………………… 209
　　第四节　市场经济与秩序化的竞争 ……………………… 224

第八章　对我国政府增长与社会秩序演进的思考 …………… 235
　　第一节　当代中国社会组织原则的演进 ………………… 236
　　第二节　官僚体制与统一经济流通体制 ………………… 247
　　第三节　条块之间的政府权力增长与市场机制的引入 … 256
　　第四节　宏观控制与市场机制形成 ……………………… 266

结束语 …………………………………………………………… 274

参考文献 ………………………………………………………… 280

后记 ……………………………………………………………… 290

序

将政府增长与政治秩序和经济秩序同步演进的内在关系作为一个命题来解释，是本书的宗旨。要论述这一命题需要从两个层面展开：一是政府权力与政治、经济秩序是一个统一体，二是政府权力的增长与政治、经济秩序演进是一个同步过程。对于第一个层面，作者是这样理解的，自国家与社会分离以来，政府在连接国家与社会中一直扮演着重要角色，一方面是国家权力的执行者，另一方面又是社会公共事务责任的承担者。当政府权力执行国家权力同时又服务于社会时，国家与社会也就因政府权力统一起来，当然政治与经济两个领域也就统一起来；对于第二层面，在政府权力持续增长过程中，它们是如何作为一个整体演进的，是本书的论述重点。作者通过组织社会学的方法，将政府增长确立在"社会基本组织形式"和"社会组织原则"的演进基础上。在这一基础上，政府增长表现为一种理性化和公共化的过程，政府权力和权威方式也因为理性和公共化不断发生转变，并产生了诸种政府治理方式的演变。而在每一种政府治理方式下，都有与其紧密相伴的政治与经济秩序模式。

本书遵循了传统结构主义的分析方法，却突破了对社会结构的传统认识。在本书中，社会结构不再是通常认为的阶级或阶层组成的系统，而是随着专业化分工形成的社会基本组织结构，以组织结构代替阶级或阶层结构来分析社会秩序及其运作方式，是因为该概念的解读功能能够更为全面地展现社会秩序和社会运作方式的连续性演进。传统的阶级结构存在于简单的社会组织形式中，如封建庄园等，在那里，阶级结构对社会秩序和社会整合具有重要意义。但随着资本主义的兴起，就有了马克思所阐述的"阶级的匿名化"，资本和市场在社会经济运作和秩序整合中的作用已远远高于阶级统治的意义。在组织化资本主义时期形成的复杂性不断提高的职业化、等级化的科层官僚组织中，阶级和阶层在社会整合运作中的功能进一步降低。而到了后组织化资本主义时期，社会经济组织的边界日益模糊，组织结构日益扁平，能够成就社会秩序的就更谈不上阶级与阶层了。为此，本书两个核心概念"社会基本组织形式"与"社会组织原则"是解读政府增长和社会秩序演进的关键。

关于本书所运用的方法，我虽不认为是一种创新，但它的确能够给我们一种耳目一新的感觉，因为作者能够将那些逐渐偏离社会学，并不断趋于凌乱的现象和观点重新整合放置于社会学理论框架内，解读它们的内在统一性。重拾社会学并不是一种理论上的简单回归，因为作者的目的并不在于把这些凌乱的现象和观点置于社会学中进行考查，而是想通过此方法将它们的社会本性抽象出来，以使我们更真实地理解和把握它们的统一性。通读这本书能感受到在作者内敛的态度下有着很大的抱负。

马翠军是我的学生，我曾经指导了她的博士论文"政府增长与市场成长的内在统一性研究"，可以看出本书是在其博士论文基础上形成的。但令我欣慰的是，她没有原地踏步，已远远走出了当时的思维框架，逐渐形成了一家之言和自己独有的文风。我不会因为她是我的学生而向读者推介此书，但我相信对这一领域有兴趣的读者会从其充满哲理和思辨的论述中感受到一种共鸣。

这是我阅读本书的一点体会，并以此为序。

张永桃
2009.6

前　言

我在南京大学攻读博士学位期间师从张永桃教授，深受张先生倡导的经济政治学影响，开始关注政府增长与市场成长关系，后来并以"政府增长与市场成长的内在统一性研究"为题完成博士论文。几年过去了，先生的教导以及自己对先生做出的"认知与理解"的承诺历历在目，不敢忘却。沿着读书期间思考问题的逻辑前行，越来越感觉"政府增长"不只是一个公共行政的问题，也不只是一个关涉经济增长效率的问题，更是一个社会秩序的问题。为对这一问题追根溯源，在开封与南京这两个历史厚重的城市间，心灵随身体来回穿梭，并使自己不断滑向历史与社会这样宏大的视野中，在一个充满神秘的时空中努力寻找一个理想的坐标，却愈发觉自己处境的无助。

"认识自己"可谓人类认知与理性发展的终极目标，人之为人的使命将我们每个人对自己的认识与对世界的理解连接起来。犹如我们对自己生存空间的认识，需要放置在浩瀚的宇宙中一样，我们对自身的社会处境的理解也往往要追溯历史、探究社会。历史与社会不只是我们处境的母体，更为我们的生存走向提供选项。正如牛顿、爱因斯坦等伟大物理学家对宇宙空间的敬畏，并笃信上帝一样，历史与社会的神秘同样使我们产生敬畏，无论是"历史主义"还是"社会主义"都是一种严肃的面对我们生命的信仰。信仰给予我们对未来的憧憬与信心，但它并不能给我们以生命的支撑，因为它遥不可及。信仰是我们无助的一种精神导向，但信仰同时给予我们进一步认识自己的动力源泉。在浩瀚的时空中，我们不能仅仅依靠信仰生存，我们还需要从中寻找一些明确自身方位的标向，以使我们能够继续前行。科学工作者，无论是自然科学还是社会科学工作者的一个重要使命就是要标明这些标向，在虚空和神秘中构建起一个理解人类自己的坐标。

对社会学科而言，每一个概念都可能成为一种标向，这种标向在历史与社会中延伸，可以构成一种我们认识和理解自己的路径。像卡尔·马克思提出的伟大的生产力与生产关系概念，已经成为我们认识和理解自身处境及走向的基本标向。没有这样一些标向，仅仅依赖于信仰是无法产生进一步认识力量的。所以每一个学科都会确立几个核心概念，概念本身不是方法论，也不是一种解释，"毋宁说，一个好的概念标出了关于所关注现象的一条界限，并因而使得理论的解释策略能够得到发展"。这就是我们很多时候需要对概念进行界定、演绎的内在原因。由于社会专业化的迅猛发展，20世纪以来，社会学科不断分化，政治、经济、管理、组织、行政、心理、人类等等学科不断从社会学中脱离出来，正如福柯所说，无论知识关注什么地方，所揭示的都是无限的差异和无尽的变化。今天，可以说社会学的次级学科都已茁壮成长，作为母体的社会学越来越有中空的危险。学科的凌乱造成了概念的丛生，以及人们认识和理解上的错觉频发，过分专业化的趋向和概念的随意使用使社会科学逐渐失去对历史与社会的敬畏。出于这些原因，出于自身对历史与社会的敬畏，本书在方法论上重返社会学原始的认识方法，将政治、经济等不同领域视为一个社会整体进行考察。但是为了论述策略上的需要，不得不对个别概念做出自己的解释，并谨慎地演绎出两个自己认为有必要确立的概念："社会基本组织形式"与"社会组织原则"。这使我担心在日益凌乱的概念中添加新的乱因。但演绎概念这种选择属无奈之举，因为自己希望这两个概念能够为读者理解政府增长过程中的社会秩序演进提供一种标向的作用。

20世纪以来社会经济的迅猛发展，使人类面对的不再只是一个令人敬畏的环境，还是一个不断凌乱破碎的处境，人们不仅需要在敬畏中构建一个结构性空间,而且还需在破碎中构筑一个心灵的栖息地。存在主义与结构主义都为此付诸了太多努力。存在主义在时间与空间的整体中构建心灵空间,结构主义则在历史与社会的整体中构建结构性安身之所。结构主义在生成与系统、共时性与发展、关系与起因、结构与历史之间追求人类生存发展的结构性空间。结构主义的这种追求一方面是人类面对宏大历史与社会视野对自我追问做出的解答,同时也是面对凌乱破碎环境做出的危机性被动性选择。因为面对这样两种处境,只有在系统与结构中人们才可能获得对自己的肯定。后结构主义者认为,我们的时代在破碎与凌乱中走出了结构主义认识的背景,结构主义已经过时。我们认为恰恰相反,越是破碎、凌乱,越是处境危机,结构主义越是能够为我们提供一个安身之所。结构主义绝对不是一种呆板的限制,也不只是一种功能性工具,作为一种方法论,它为我们理解自身提供了观念上的支撑。在这一意义上,本书将遵循结构主义的分析方法,从社会组织结构的角度理解和认识社会秩序的演进。

人类对信仰的追求不只是求得心理上的慰藉,更是想通过对共同信仰的追求来实现对自身的定位。所以信仰是一种组织行为。由于组织本身具有的现实性和规定性,会更直接地将个人与集体生活结合起来,所以人们对组织的追求和选择可能更优先于对信仰的追求和选择。同时组织本身即可使个体摆脱孤独的处境,提供一种心灵和身体上的庇护所,在人与人、人与自然的敌对、冲突中构成一种稳定的秩序场所。在这一意义上,组织本身具有信仰、秩序与庇护的功能。组织的这些功能,使人们无论是主动还是被动都会成为组织的成员。这也正是人类社会的秩序为什么只能是在人与组织关系中进行演进的原因。当组织形成一种共同体,并围绕集体目标行动时,组织对外的势力扩张便展开了,伴随组织的强大与组织间冲突不断,人们需要对组织间的利益与权力进行协调统一与规约,公共权力就顺势产生了。政府权力也正是在这一基础上开始发挥作用的。组织愈强大,对外扩张的要求越大,政府权力也就必然随之增长，而且，组织间关系愈复杂，政府责任也就愈多，政府权力也就随之不断扩张。在这一意义上，政府权力的持续增长必然是作为公共权力的增长，而且，政府权力增长本质是社会组织权力（权利）的增长。依托这一认识，本书以"社会基本组织形式"和"社会组织原则"的演进为基础来解释政府增长与社会秩序演进。

将概念作为标向来理解和认识事物，将意味着要以牺牲事物间特殊性和差异性为代价，因为概念的导向性和意向性在我们的理解和认识中将对事物间关系施加连续性影响，会模糊事物间固有的矛盾和差异，而过于强调系统性的统一和关联。正是由于这一原因，本书会在各种现象与观点中，甚至是一些截然相反的现象与观点中追寻统一性和关联性。这不是作者刻意制造一些牵强附会的联系，也不是故意寻求理论上的新奇，而是本书分析方法所致。在差异性与统一性之间、在特殊个体与严格概念之间做出选择，是无奈的，也是痛苦的。

以上是作者写作本书过程中的一点感想，希望对读者理解本书的论述方法和逻辑主线有所帮助，也期望本书能够为读者理解政府增长过程中的政治、经济秩序的同步演进提供微薄的解释性力量。由于作者水平有限加之时间仓促，本书无论在理论上还是论述方法上都还不够成熟，甚至可能会出现一些错误的地方，还请读者批评指正。

马翠军

2008 年 4 月于开封

导 论

政府增长作为一种历史与现实现象持续存在着，尽管一个时期以来各国通过推行新公共管理运动力求压缩行政成本，但政府规模始终处于高位运行，政府的责任和权力范围仍在持续扩张。这似乎与理论上长期追求的有限政府理念有悖，可能也正是由于这种相悖现象的持续存在使人们越发关注政府增长。但政府增长的研究价值不仅在于它本身是一个独特的社会政治现象，还在于与其相伴而随的两个现象更能引发我们的思考。一个是斯蒂格利茨对19世纪70年代以来发达国家发展历程研究揭示出的一边是日益膨胀的政府权力，一边是日趋成熟的市场经济现象。① 另一个是迈耶对1870年以来欧美国家宪法研究得出的结论，国家权力对社会和经济生活各个方面的控制渐渐加强；同时，公民的权利和义务也在扩大。② 前者很明显体现的是政府增长与市场经济成长的正相关发展；后者表述的是国家权力扩张与政治秩序发展关系，由于国家的每项任务和计划都要反映在行政活动的增加上，国家权力扩张也就使行政范围向各方面扩展，③ 所以后者也体现

---

① 〔美〕斯蒂格利茨：《政府为什么干预经济》，郑秉文译，中国物资出版社，1998，第16页。
② 迈耶在《世界政治与民族国家的主权》中指出：对1870～1970年间国家宪法的研究表明，国家权力对社会和经济生活各个方面的控制渐渐加强；同时，在现代化的民族国家内，公民的权利和义务也在扩大。杜赞奇在《文化、权力与国家》中也表明过此观点。
③ 〔美〕伦纳德·D. 怀特：《公共行政学导论》，转引自彭和平等编译《国外行政理论精选》，中共中央党校出版社，1997，第50页。

了政府增长与政治秩序成长的正相关发展。这两个正相关现象中的任何一个都比单纯的政府增长更有研究价值，也更能够为我们提供宽阔的理论思考空间。显然，这不是两个孤立的现象，在共同的时间历程中明显存在一条"政府增长"的历史轨迹，这条轨迹统一着政治与经济、权力与市场，更是将政治秩序与市场秩序的成长统一起来。如果我们有兴趣沿着这条历史轨迹前行，就会发现，一个命题等待着我们去认识和理解：在持续的政府增长过程中，政治秩序和经济秩序是作为一个整体同步演进。本书的目的就是通过政府增长这一轨迹来理解和认识政治秩序和经济秩序是如何作为一个整体共同演进的，并以此阐明政府增长与社会秩序演进的内在关联。

  对于社会科学，提出和证明一个命题并不难，因为这种命题往往是基于历史或现实中的社会现象而设定的。社会科学更重要的使命是对现象的认识与理解，"科学的主要目的在于形成真实的、解释性的理论"[①]。对于社会现象或政治现象的解释，很明显我们无法采用哲学意义上的阐释学，恰当的办法是采用社会学的剖析方法，因为"社会学是一门致力于解释性地理解社会行动并因而对原因和结果作出因果说明的科学"[②]。但是伴随国家与社会、政府与市场的分离，社会学在政治—经济二元观的主导下不断走向分化，20世纪出现了政治社会学和经济社会学。政治社会学是对政治实体的社会性剖析，即将政治现象纳入社会组织结构中进行分析，它从一种方法上引导我们要研究分析政治实体的社会本性。[③] 同样地，经济社会学是对经济实体的社会性剖析，也是通过把经济现象纳入到社会组织结构中进行分析，引导我们阐

---

① 〔美〕杰克·J. 弗罗门：《经济演化：探究新制度经济学的理论基础》，李振明等译，经济科学出版社，2003，前言。
② 〔德〕马克斯·韦伯：《社会科学方法论》，杨富斌译，华夏出版社，1999，第35页。
③ 〔美〕安东妮·奥勒姆：《政治社会学导论——对政治实体的社会剖析》，董云虎等译，浙江人民出版社，1989，引言第2页。

明经济现象的社会本性。在这一意义上，对于政府增长过程中政治秩序的不断完善可通过政治社会学方法进行解释，而对政府增长过程中的市场经济成长（经济秩序）则可以通过经济社会学解释，然而如果将两者视为一个整体进行解读，单靠政治社会学方法或者经济社会学方法都不能完成研究使命。但这并不意味着政治社会学或经济社会学方法对本研究没有价值，我们需要做的是寻找这两种方法的共同之处，并以此为基础去解读政治领域与经济领域的统一性。从上述分析中可以判断，政治社会学和经济社会学都试图通过将各自领域的现象纳入社会组织结构中进行分析，以探究它们的社会本性。所以两者具有解释层面的共通之处。其实只要我们简单梳理一下经典政治社会学家和经济社会学家的文本就会发现两个学科在研究逻辑上的一致性，如马克思、韦伯、迪尔凯姆、帕森斯、博兰尼、熊彼特等，他们既是政治社会学家又是经济社会学家。当然做出这种区分往往是出于理论研究者的方便，而在这些经典社会学家的认识视野中，社会秩序根本就是一个有机整体，无法将政治与经济、政府与市场区分开来，它们共同根植于社会组织结构中，并从中得到理解和认识。

基于这一认识，我们可以通过对社会组织结构分析来理解政府增长过程中政治秩序与经济秩序的同步演进。为此本书将不直接借用政治社会学或者经济社会学方法，而是在两者共同的认识基础上，运用组织社会学的方法来做出解释。运用组织社会学这一方法并不只是出于策略性或论证技巧的考虑，也不只是因为组织社会学有着充实的理论文献供以参考，更主要的是因为"社会结构"及其相关意义通常被用来描述社会生活的组织方式。[①] 在现代社会的成长过程中，社会组织的理性和效率不断降低权力和政治在社会治理和社会整合中的重要性，并

---

① 〔英〕杰西·洛佩兹等：《社会结构》，允春喜译，吉林人民出版社，2007，第4页。

使大量权力和财富在组织中得到合法有效的利用，但不断理性化的社会组织同时又成为行政权力扩张与延伸的基础。一方面使权力重要性降低，另一方面又促使行政权力扩张，这一值得玩味的现象恰恰显示了社会组织与政府增长的内在关联。在这一意义上，由专业化分工引发的社会基本组织形式以及以此为基础的社会组织原则将成为本书的核心概念。"一个概念本身不是一种解释。毋宁说，一个好的概念标出了关于所关注现象的一条界限，并因而使得理论的解释策略能够得到发展。"① 提出社会基本组织形式和社会组织原则概念的目的正是试图更好地展现组织社会学的解释魅力，策略地解释政治秩序与经济秩序是如何作为一个整体同步演进的。当然这只是作者的一个愿望。

基于理论分析的需要，本书将以西方社会经济秩序演进为研究模本，从历史的角度展示社会组织原则的变化和社会秩序的演进。本书对历史的探究，不在于实证，也不在于借助历史的力量来展示组织原则的合理性，更不在于描述一个不可抗拒的历史轨道。只是为了寻找一个理论上可能存在的逻辑，使政府增长过程中的政治、经济秩序作为一个整体共同演进成为一个可解对象。

本书在结构安排上从三个层面展开。第一个层面是从理论层面进行深入解读，这其中要对政府增长研究现状进行梳理评价，解释政府增长的政治意义与经济意义，阐明政府增长过程是一个作为社会秩序演进的过程（第一章）；阐明研究方法，解读本书的核心概念"社会基本组织形式"和"社会组织原则"，阐明社会组织原则是规约政府治理方式演变的基础，也是规约政治秩序与经济秩序共同演进的基础（第二章）；从历史层面解读诸社会组织原则的形成，梳理诸社会组织原则与社会秩序演进的关系

---

① 〔英〕杰西·洛佩兹等：《社会结构》，允春喜译，吉林人民出版社，2007，第3页。

（第三章）；社会秩序的演进其实就是权力公共化过程所表现出来的国家与社会关系的变迁，政府增长其实表达的是政府在国家与社会关系变迁中的政府治理方式的演变，在这一层面，政府增长体现了社会秩序的整体演进（第四章）。第二个层面是以社会组织原则为认识基础，从政府增长的历史轨迹考察政府治理方式与市场经济成长的统一性。这其中要分析传统权威到法理性权威社会秩序的演进（第五章）；官僚制与组织化资本主义社会秩序的关系（第六章）；当代公共行政与后组织化资本主义社会秩序的关系（第七章）。第三个层面是对我国政府增长与社会秩序演进作出简要的解读和分析（第八章）。

第一章
体现社会秩序演进的政府增长

在人们的观念中,政治领域的权力性、强制性与经济领域的自由性和规范性是不兼容的,政治领域以权力的功能性实现政治管制与社会稳定,而经济领域则是以交易的规范性促进资源效率使用与经济增长。也就是说政治领域突出的是权力性,经济领域突出的则是自我规范性。这种认识的不断加深,形成了人们通常所说的政治与经济、政府与市场二元观。二元观在人们心目中的历久犹存,决定了政治经济学的发展以政府与市场的边界划分为走向,从而形成市场规范主义学派与政府功能学派的对立。在这一认识上政府权力的增长往往被视为是一种支配性或功能性力量,要么是为了实现政治性的目的,要么是为了服务于市场或经济领域的发展。事实上,在一个运作规范的社会中政治与经济两个领域是一个秩序化的整体,不存在一方对另一方的依附,经济领域不仅仅是为了利益和效率,政治领域也不只是为了权力和治理,两者共同服从一个根本性的指导原则,即社会秩序的良性运作。所以,政府增长也不可能成为一方支配另一方或一方面服务于另一方的工具。吉登斯说只要政府、国家、市场三者中有一方居于支配性地位,社会秩序、民主正义就不可能发展起来。[①]在这一意义上,对政府增长的理解应当注重它的秩序意义。

---

① 〔英〕安东尼·吉登斯:《第三条道路及其批评》,孙相东译,中共中央党校出版社,2002,第29页。

第一节　对政府增长的理解

一　政府增长的概念

关于政府增长，存在多种理解方式且关注点也多不相同。从现有文献来看，大体可归为以下几种研究思路。一种从政府雇员的数量来判定政府的增长，也就是通常所说的官民比，但由于官民比在统计上缺乏规范的判准，比如，对于官员的界定在不同国家或者同一国家不同历史时期是不一样的，这影响了它无法成为一个确切的判断标准，同时以政府雇员数量测量政府的规模"限定了研究问题的范围"，"人们在把政府雇员数量的变化解释为公共部门本身的变化时，必须十分谨慎，因为政府雇员数量的变化可能是由于工作效率的改进或恶化、投入的替代或人员素质的变化引起的"。[①] 再则，这种单纯定量分析没有进一步阐释政府增长的意义价值。另一种是从公共财政规模来判定政府增长，主要是指政府公共财政支出比率，包括政府就业、财政支出、财政收入以及政府管制程度等。该研究方法确立了政府规模的测量指标，并通过对政府财政支出比率及相关内容纵向变化的考察、选择参照国家或地区进行横向比较，来说明政府规模的实际情形，如变化轨迹、结构、现时"大"或"小"等。澄清"大"或"小"的价值在于能够提供一些参照来确定什么样的政府规模是合理的，但仍无法展现政府增长的内在意义。

再一种就是关于大政府的研究，这种研究方法在内容上与政府规模增长基本上是趋同的，所不同的是它展现出政府权力在政府规模增长的基础上不断扩张。也就是政府增长不只是规模还有权力。这种研究方法在国内也较为普遍，一般将政府规模与政府

[①] 〔英〕诺尔曼·吉麦尔：《公共部门增长理论与国际经验比较》，杨冠琼等译，经济管理出版社，2004，第12页。

权力作为两个方面来认识，政府职能和行政权力的范围及结构是一方面，而政府机构设置、人员配置的数量、结构以及行政成本消耗的数量，即机构规模、人员规模和费用规模是另一方面。①这种认识方法将政府权力增长与成本规模增长分开阐述，认为政府公共开支的增长并不意味着政府权力的增长，政府规模因此成为一个脱离政府权力的概念。避开"权力"一词，可能是担心"权力"的强制性与经济增长和市场成长有所相悖。但将政府权力与政府规模和成本分开阐述的方法并不能遮掩它们作为一个整体共同推进了政府增长的事实。因为政府权力增长与政府规模增长往往是无法从根本上区别开来的。如政府预算与公共支出的增长意味着政府的职能和责任日益扩大，政府权力因此可介入到影响公民公共生活的任何领域；而政府机构与雇员的膨胀则意味着政府权力在结构上的分化和范围上的扩张，政府对社会各领域的监管力量因此不断增强；同样政府立法的增多也意味着对社会各领域干预的可能性增强。公共支出、政府机构、政府雇员以及政府立法这些要素的增长在本质上反映的都是政府权力在控制强度或控制范围上的增长。所以任何层面的政府增长反映的都是政府权力的增长，政府增长过程也就是政府作为公共权力不断扩张的过程。

本研究中的"政府增长"主要是从政治学意义上阐述，直接指向政府权力作为公共权力的增长，它与政府的治理方式紧密相关并通过后者体现出来。作为公共权力的政府增长，它包括政府权力纵向的垂直延伸和横向的范围扩张两个方面。前者主要指政府官僚体制强制力的塑造和对各种地域性、行业性、组织性特权的瓦解，努力使政府权力延伸并达到社会各个层面和每个角落。在政府治理方式的演进中，这种政府增长方式与近现代国家政权建设和民主化进程的发展路向是一致的，具体体现为理性官僚体

---

① 李国柱、马树才：《政府规模与经济增长：基于中国的经验研究》，《统计与决策》2007 年第 3 期。

制对传统政治、经济特权的瓦解和破除，不断推进国家权力的垂直延伸，努力使社会纳入统一的理性官僚体制权力格局中。后者主要指政府通过不断立法、公共机构增设、政府雇员增加以及公共支出增多来加强对社会各个层面的监督管理力度。在政府治理方式的演进中，这种增长方式与当代公共行政和公共管理的发展路向是一致的，具体体现为政府权力范围的扩张，无论是政治、经济等领域还是生产、经营各环节，没有哪一方面或哪种组织体系是政府权力不能介入的，政府权力作为一种公共性力量尽可能使社会经济组织置于其监管之下，以防范特权的出现，使追求自身利益的行业、组织、团体必须同时关注社会公共利益。可见在不同时期的政府治理方式中，政府增长的表现形式是不同的：纵向延伸反映的是理性官僚体制的确立和政府统一性权力的增长；横向扩张反映的则是公共行政在权力范围上的持续扩大，但这两种增长方式都是在对政治、经济各种形式的特权瓦解中推进的。概而言之，本研究中的"政府增长"主要是指作为公共性力量的政府权力在政府治理方式的变迁中不断瓦解、破除各种固有特权，并防范、阻止新式特权，使社会经济各个层面纳入现代国家公共权力的统一监控之下。

二　政府增长的持续性

通常人们所说的政府增长只是指19世纪末以来的公共支出和公共机构的膨胀，这种认识起源于鲁道夫·瓦格纳。瓦格纳是19世纪德国的社会理论家，他通过对英国和瑞典近一百年来的公共收入和公共支出考察，发现这两个国家的公共支出都是逐步增加的，通过验证公共支出的去向，发现"国家的钱一般都用在了城市新兴项目上，以及解决由工业化造成的农民和市民生活问题"。由此他断定：在资本主义导致日益工业化和城市化的经济发展过程中，社会对政府公共服务的需求将有绝对和相对的增长，这一规律将在此后的50~100年内发挥作用。这就是所谓的"瓦格纳法则"（Wagner's Law）。直到现在，只要谈到政府公共支出膨胀的难题，一般都会提起瓦格纳法则。瓦格纳对政府增长的研究方法是通过数据总结出来的，尽管把原因归结于工业化和城市化，但由于他所处的时代仍然是自由市场经济为主导思想的时代，所以对于政府增长和市场成长的关系并没有做进一步的阐述。但在随后的历史发展中，这一预言的确得到了实证，Mueller统计了20世纪以来美国、日本、德国等（大部分是西方国家）14个国家的政府总消费支出占GDP的比例，结果发现，1920年该指标的平均值为19.6%，1960年该指标的平均值上升为28.0%，1980年该指标的平均值进一步上升为41.9%，1996年该指标的平均值为45.0%。① 世界银行《1997年世界发展报告：变革世界中的政府》指出，西方发达国家政府总支出占GDP的比重，1870年低于10%，1937年20%稍多，1980年超过40%，1995年则接近50%。从1960~1995年的这一段时间，中央财政支出占GDP的比重在原有的基础上扩大了一倍。②

人们通过数据来验证瓦格纳法则的预言，一方面显示了19世纪后期以来的政府增长与经济工业化和城市化发展的关系，另一方面也说明了人们通常所说的1870年代以来，政府职能和权力是一个持续扩张过程。但是，这种数据验证并没有涉及自由资本主义和重商主义时期的政府增长情况。由于瓦格纳的预言本身就是建立在对18世纪末以来英国和瑞典等国的公共收入和公共支出考察基础上，瓦格纳法则应当具有更为普遍的意义。以此为认识基础的话，重商主义和自由资本主义时期，政府同样应当处于持续的增长过程中，那么自由放任的无政府主义是否与这一法则相违背呢？这一点也正是德姆塞茨所要追问的。他说：

> 历史的疑难之处是，产业革命之后为什么走上了政府增

---

① Mueller, Dennis C., *Public Choice* Ⅲ, Cambridge University Press, 2003, p.76–79.
② 世界银行：《1997年世界发展报告：变革世界中的政府》，中国财经出版社，1997，第2页。

长之路？显而易见，1750~1850年走向自由放任，这似乎与根基于经济活动日益专业化而对政府增长的解释是不相吻合的。请看实际资料：1750~1850这100年间，政府的相对规模没有显示出因自由放任运动而有所衰减。如果我们将目光落在拿破仑战争期间及前后那些岁月里的英国的数据上，可以发现，这些年政府的规模与国民收入之比相当稳定：1792年为11%，1841年为11%，1850年为12%，1860年为11%，1870年为9%，1880年为9%，1890年为9%。零散的美国数据也显示出，同期政府占有的资源配置的份额相对不变，接近于GNP的6%~7%。然而，在总收入和人均收入增长的时期内，政府所占份额不变意味着，政府绝对规模在迅速增长。从量上看，真正的情况是，英国和美国政府部门的相对规模100年间有了减小，而这些部门的绝对规模显然有了扩大。在德国和法国，政府部门的相对规模在19世纪及20世纪初似乎有了一定程度的增长。[1]

德姆塞茨对数据的收集和分析都证实了瓦格纳法则的普遍性，政府增长不只是通常人们所认为的1870~1970年间的情况，在这一百年前后的政府都是处于持续的增长过程中。在美国也同样体现了这一趋势，如19世纪40年代美国政府帮助建设了全球第一条电报线路，从而促进了电信业的发展；美国政府自1863年开始实施《莫里尔法案》，帮助进行农业研究与技术推广；1785年和1787年的《西北法令》使政府承诺支持教育，并将出售某些土地的收入用于该目的，在1863年，联邦政府帮助建立了公立大学制度；1863年，国会通过了《国家银行法》，建立了第一家全国性的银行监管机构。在后来的若干年里，政府建立了联邦储蓄制度即美国的中央银行，以及一系列公共金融中介机构；美国政府还

---

[1] 〔美〕德姆塞茨：《竞争的经济、法律和政治纬度》，陈郁译，上海三联书店，1992，第76~78页。

修建跨州的高速公路以及支持修建铁路，这也有助于美国市场空间的扩张。从1789年美国联邦政府建立初期，政府仅有陆军部、财政部和国务院三个部门，雇用文职人员仅仅351人，不到全国人口393万的百分之一。到了20世纪70年代，美国政府的大小机构已经近120个，文职人员达到282万。[1]可见政府增长是个连续的统一历程，不是偶然的。

学者们一般从"我们为什么需要政府"为起点，推导出政府对社会事务干预的增多具有合理性，从而在逻辑上显示政府权力扩张的必然性。美国学者约翰·沃克与哈罗德·瓦特所著的《美国大政府的兴起》就是持这种观点的代表作之一，他们运用大量的事实和数据，较为客观地论述了美国行政权力扩张的历史演变过程，可谓是对瓦格纳法则的简明验证。该验证是以社会公共领域的扩张为依据的。作者在书中开宗明义提出：就政府发展来说，只有对社会领域的各个方面作出最新探讨，才有可能就其发展的根源和前景进行一种符合历史的、全面的分析。并且在全书的最后提出了受经验和分析支持的假设：政府持续扩张具有不可逆转性。作为一种实证性研究，该著作运用了大量事实和数据，从政府预算、公共机构和政府雇员以及对社会、经济的行政管理等方面深刻论述了自1870年以来，尤其是20世纪30年代以来美国政府行政扩张的历史演变过程，并作出如下判断："任何人都不可能再推行那种强有力的经济自由主义思潮，巨大的转向注定了一个更具干涉主义色彩的时代必然来临。"[2]"无论如何，市场体制决不是亚当·斯密所说的放任自由，同时它也不是那种依赖于小政府的市场机制。在我们这个时代，市场体制是带有被管制性质的，或者就像旧式自由市场人所诋毁的那样，它是受到'干涉'的。"[3]

---

[1] 李道揆：《美国政府机构与人事制度》，人民出版社，1985，第14~20页。

[2] 〔美〕约翰·F. 沃克、哈罗德·G. 瓦特：《美国大政府的兴起》英文版序言，刘进等译，重庆出版社，2001。

[3] 〔美〕C.E. 林德布鲁姆：《市场体制的秘密》，耿修林译，江苏人民出版社，2002，第7页。

无论是瓦格纳的预测还是沃克的实证都向人们展示出了19世纪后期以来政府的增长是实实在在的。

在瓦格纳法则的指导下，我们已经形成了一种共识，即1870～1970年间的政府持续增长，德姆塞茨通过数据分析证实了产业革命之初自由资本主义时期政府持续增长的存在。那么另一个问题显然就是，我们眼下的也即1970年以后的政府是否依然持续增长。以目前的文献来看，人们对此普遍怀有疑虑。因为20世纪70年代以来英美等西方国家推行的治道变革运动在努力缩小政府规模，降低政府的公共支出。的确，欧美等国的政府规模在20世纪70年代基本稳定下来，公共支出维持在GNP的40%～45%均衡状态。关键的原因在于，1970年代以前持续增长的公共支出使政府肩负起整个社会经济运作的公共责任，随着公共事务和公共责任的不断增加，一旦政府无法承受便会导致经济领域的危机转变成政治领域的财政危机和通货膨胀，1970年代的经济滞胀也正是在这一基础上形成的。正是由于这一原因，20世纪70年代以后，政府开始将大量公共责任社会化，由营利、非营利、政府、非政府、准政府、社会志愿等组织一起来承担，从而实现政府治道由传统的官僚制行政转向服务型行政。经济合作与发展组织也认为1970年代以来西方国家所进行的治道变革（Governance Transitions）或新公共管理（New Public Management）运动，实际上就是政府职能超过政府能力和公共财政支付能力所导致的。[①] 但在这一过程中，政府规模与自由资本主义时期类似，相对有所降低，但绝对规模仍在增长，政府权力涉及的范围不仅没有缩小，相反仍在持续扩张。一方面，在相对规模稳定的状态下，政府的绝对规模仍在增长；另一方面，政府通过法规制定、资源分配、私有化经济监管，不断加强对各类经济和社会组织的监控能力，政府权力持续扩张。人们通常说19世纪70年代到20世纪70年代就

---

① Organization for Economic Co-Operation and Development, *Governance in Transition: Public Management Reforms in OECD Countries*, 1996, p. 81.

是政府职能的扩张史，但真正的情况则是产业革命以来，或者说伴随专业化社会分工的不断深入，政府权力是一个持续增长的过程，政府增长的过程也正是政府职能和权力范围扩张的过程。

三 政府增长的原因

自瓦格纳法则诞生以来，关于政府增长，尤其是对政府规模增长理论有过诸多解释。一般都认为政府规模增长有其合理性。因为有经验和数据直接说明，经济增长时政府规模也随之增长。在许多公共经济学教科书中，都有关于OECD国家自19世纪以来政府支出占GNP或GDP比重变化的系列数据，它们很直观地说明了政府规模随经济增长而扩张的事实。如1880、1929、1960、1985、1996五个年度，美国政府支出比率分别是8%、10%、28%、37%、33.7%。还有，随着经济增长，社会性支出快速递增，致使政府规模不断增长，如1983~1993年间，高收入国家（1992年人均GNP8336美元以上），维持性、经济性、社会性支出占政府总支出的比重分别为26.2%、14%、49.5%；中等收入国家（1992年人均GNP676~8355美元之间）相应数据分别为28.3%、20.4%、42.1%；低收入国家（1992年人均GNP675美元以下）相应数据分别为37.7%、22.2%、27.5%。[①] 还有的解读方式是根据社会公共事务需求的不断增长来说明政府增长的必要性，也是一种实证性分析。这些直接的数据虽然是一种实证，但缺乏解释力。因为政府增长这种活动长期以来一直得以扩张，不是一个短暂的或偶然的事件，这本质上是一个不易回答的问题。[②]

其实马克思对这一问题早已有过分析，他认为社会需求的增加，是政府规模不断增长的原始动力，政府建立并开始对社会实行政治管理的职能之后，用于"共同需要"的那部分"社会扣

[①] 赵志耘：《财政支出经济分析》，中国财政经济出版社，2002，第95页。
[②] 〔美〕德姆塞茨：《竞争的经济、法律和政治纬度》，陈郁译，上海三联书店，1992，第75页。

除"（指公共产品）将是必然的，这部分"社会扣除"主要包括三个部分：和生产没有关系的一般管理费用、用来满足"共同需要"的部分（如学校、保健设施等）、为丧失劳动能力的人等设立的基金等等，这些"将会立即显著增加，并将随着新社会的发展而日益增加"。[①] 马克思的解读与韦伯关于官僚制的形成和持续发展的解读较为类似。韦伯通过两个方面，一是行政事务的量的增长，国家愈大行政事务愈繁杂，对官僚制的依赖就愈强；另一方面是行政事务之内含的、质的扩展是一个更强的、促成官僚化的因素，如生活领域扩大对秩序与保护的要求、社会福利增长的需求等。马克思和韦伯的这些解读方法也成为后来人们认识政府增长的基础，但同上面的数据分析一样，这些分析过分关注了公共开支的增长，而避开了政府权力的持续性增长。

  关于解读政府增长的理论还有很多，德姆塞茨在其《竞争的经济、法律和政治纬度》一书中进行了归纳：①"棘轮效应"（ratchet effects），即政府扩张是为了克服战争或者经济衰退所带来的困难，但就此回不到原来的规模上，政府扩张无法逆转；②个人的特殊权力或者思想的巨大力量，比如美国总统 F. D. 罗斯福，或者如凯恩斯学说的影响；③官僚主义行为论，即官僚主义者希望通过政府增长来获得个人私利，因为这些私利在正常的情况下无法获得；④收入再分配论，即政府被普遍认为是财富再分配者。对于这些解释，德姆塞茨逐一评论并提出批评：棘轮效应不能说明投票者为什么不能对其进行控制，它也不能面对这一事实，即使某些西方国家政府在战时大规模增长起来，可在和平时期它们也经历了平稳的中等程度的政府增长，尤其是某些没有卷入战争的国家（瑞典），政府也经历了迅速增长；同时他认为政府的持续增长也不能简单地归为个人的权力或某一个学说，罗斯福新政和凯恩斯学说只能解释 20 世纪 30 年代大萧条时期的政府增长，但不能解释 30 年代前已经开始、并在其后持续的政府增

[①] 《马克思恩格斯选集》第 3 卷，人民出版社，1972，第 9~10 页。

长，它充其量只是一种短期的解释；官僚主义论也有矛盾，即：它一方面表明投票者迫使官僚主义者将自身的利益隐藏起来，另一方面又意味着投票者没有能力制止官僚主义行为；同时他认为也不能将政府增长的解释停留在对财富分配的需要上，当然不能否认收入再分配在政府增长这一历史过程中的作用，但是，为什么这种活动一直得以扩张从而导致政府的增长，这需要对产生财富"分配不当"的非政府力量作出正确判断，因为这是产生大量政府"矫正"活动的根源。

德姆塞茨认为："政府部门的相对增长通常反映为人们不断要求实施收入再分配方案，并且，有充分理由认为，这源于经济活动的日益专业化。"① 是经济活动专业化导致利益集团和职业集团的崛起，并构成竞争性政治，利益集团在政治中的竞争成为政府增长的内在推动力。无论是行政权力的增长还是行政机构的分化扩张都根植于专业化分工过程中的社会组织与结构。德姆塞茨作为一个制度经济学家其研究方式与马克斯·韦伯和安东妮·奥勒姆的政治社会学分析方法有着高度的统一性。韦伯对政治社会学的研究正是力图从社会根源上探讨政治和行政的内在意义。这一目的使得政治秩序无论是权力的支配与运作，还是政治组织机构之间的冲突与合作，抑或是社会控制机制都不再重要，重要的是要将这些政治现象带入社会的组织与结构中探讨其内在根源。②

德姆塞茨的解释方法对本研究具有很大启发。首先这种解释方法不再简单围绕政府增长这一现象进行辩论，作为一种持续增长的现象，德姆塞茨直接认为它的存在是合理的，且这种合理性不可能从历史事件或偶然因素中得到解读，所以他将解读的方法转移到社会组织层面，从专业化分工引发的社会结构竞争来认识，

---

① 〔美〕德姆塞茨：《竞争的经济、法律和政治纬度》，陈郁译，上海三联书店，1992，第 73 页。
② 〔美〕安东妮·奥勒姆：《政治社会学导论——对政治实体的社会剖析》引言，董云虎等译，浙江人民出版社，1989。

这是一种追根溯源的做法。另一方面，是德姆塞茨可能没有认识到的，即这种解读方法已将政府增长与政治秩序以及经济秩序连接起来。他从专业化分工中看到了利益集团的分化和竞争性政治的产生，竞争性政治将导致政府增长，竞争性政治也将产生一种民主化的政治秩序；同时专业化分工形成的利益竞争可能更直接的是自由市场条件下的竞争，多元化的力量参与有利于促进市场经济运行机制的成长。这是否就意味着德姆塞茨的解读方法可以构成我们解读政治秩序与经济秩序同步演进的起点呢？

还不能过早作这样的判断。这里隐藏着一个问题需要进一步理解，即竞争性政治是否会真正地、持续性地导致政府增长，在多大程度上导致政府增长。竞争性政治可以直接导致政治力量的分化和成长，并可能引发政府机构、人员以及权力的走向等方面的变化。在政治与行政紧密相关的情形下，政治权力的增长便直接意味着政府权力的增长，但随着政治势力不断分化和竞争，政治与行政也不断走向分离，政治权力在竞争中不仅无法直接导致行政权力的增长，相反政治之间的竞争与制衡可能也会削弱政治权力的增长，所以以竞争性政治解读政府的持续增长仍存在一定问题。但德姆塞茨追溯问题根源的方法以及他对专业化分工的专注都会给我们极大的启发。

专业化分工导致的不只是利益的分化以及利益竞争基础上的政治竞争，还意味着社会经济组织的分化以及这种分化引起的利益竞争，组织在分化与竞争中其本身的社会化和公共化程度不断提高，那些被原有组织封闭的权力、垄断的资源以及原有组织内的特许权不断瓦解，权力和财富渐渐被分配到社会化的组织中得到有效利用。在这一意义上，正如政治竞争一样，组织的社会化和公共化不断化解政治和权力在社会治理与整合中的作用，传统社会集中于某个人、某个组织或团体的权力会逐步社会化，组织的社会化和公共化使其不断丧失私人权力操作的空间。也就是说，组织作为一种社会运作方式以及组织间的社会化关联都在强化权力作为一种公共权力和理性权力的重要性。在这一意义上，我们要强调的是专业化分工引发的社会组织形式的变迁成为政府权力公共化增长的一种根本途径，而且组织的社会化和公共化程度越高，政府的权力扩张度就会越高。因为政府要确保任何一种社会组织所掌握的社会经济资源和任何形式上的权力运用必须符合基本的社会公共利益需求。在这一意义上可以判定专业化分工引发了政府权力的持续增长，并规约着政府权力的增长只能呈现为公共性权力增长。

以专业化分工引发的社会组织形式演变来解读政府权力增长，并没有排斥德姆塞茨对专业化分工引发政治竞争的合理解读，当然也不可能忽视专业化分工引发的经济领域的竞争。相反，对德姆塞茨解读方法的重视就在于它能够将政府增长与政治秩序和经济秩序的演进关联起来。专业化分工引发社会整体转型，其价值在于权力与资源的公共化，而政府增长的目的恰恰就是确保权力与资源的公共化不受侵蚀。所以在专业化分工过程中，无论是政治组织的竞争，还是经济组织的竞争，它们所掌控的资源和权力必须符合公共利益的需求，这就是政府增长的最大意义，也正是在这一意义上，政府增长体现的是一种社会秩序成长。所以专业化分工以及专业化分工引发的社会经济组织形式的变迁将成为我们解读政府增长的基本起点。

第二节 政府增长与政治秩序

在过去的一个世纪中，政府规模和职责范围的扩大在很大程度上解决了社会发展中沉重的经济和社会负担，推进了社会经济发展，同时社会对政府的信心也因此增长，这又进一步推进政府权力和责任的扩张。但政府的持续扩张也带来了一些问题，如行政效率、政府财政压力以及对经济发展的干预等，这样就出现了一种呼声，即如何把政府规模控制在适度的范围内，问题主要指向政府增长与行政效率之间如何取得合理协调。有观点认为，在转型经济中，有充足的理由认为，大政府无助于经济业绩，尤其是高水平的政府开支。① 国内一些学者认为政府权力扩张应限定在其能力范围内，以政府能力为依据来判定政府权力范围的大小。② 这些观点一定程度上反映了人们对政府增长的理性呼声，其理由也是充分的。但这些观点大多局限在公共行政内部，而忽视了政府增长本质是社会秩序的需求，尤其是政府增长与政治秩序的关系没有得到足够的重视。

如果说政府增长是作为公共权力的政府增长，那么政府增长在很大程度上表现了公共行政的问题，但自古德诺、威尔逊以来，政治、行政的二分法已彻底明确了政治与行政的界线，我们今天又如何能够将政府增长与政治秩序关联起来呢？的确如威尔逊所说，行政管理的领域是一种事务性的领域，它与政治领域的那种混乱和冲突相距甚远，但政治的混乱与冲突不仅是利益与权力的争夺，也是在试图寻求一个符合公共利益的制度规范，在追寻一个有效的协调机制，而这一切无疑需要一个独立性、强有力的行政体制去执行。"'公共利益'就是指导行政管理者执行法律时的标准，这是一个词语性的符号，目的在于把统一、秩序和客观性引入行政管理之中。"③ 在这一层面上，政治与行政不仅无法分开，而且政治秩序的塑造与公共行政紧密相关。

一 政府增长与公民权利增长

有限政府一直是现代政治追求的目标，因为人们相信有限政府可以最大限度地约束政府及其部门的权力，使社会、市场和民众生活能够按自身的逻辑发展。可以说长期以来对有限政府的追求就是要通过个人权利的扩张和市场经济的成长来约束政府权力。而事实上，对宪法的研究表明，公民权利和义务的增长与国家权

---

① World Bank, *World Development Report* 2002: *Building Institutions for Markets*, Oxford: Oxford University Press, p. 36.
② 毛寿龙等：《有限政府的经济分析》，上海三联书店，2000，第73~80页。
③ 〔美〕E. 彭德尔顿·赫林：《公共行政与公共利益》，转引自彭和平等编译《国外行政理论精选》，中共中央党校出版社，1997，第58页。

力增长是一个同步过程。我们认为其隐含着两个层面的含义：一是国家权力是在公民权利和义务增长的基础上增长的，没有公民权利和义务的增长就没有国家权力的增长；二是公民权利和义务是在国家权力的规范下不断增长的，没有国家权力的增长，公民就没有空间来扩大自身权利和义务。以美国为例，美国公民范围和公民权利的内容是逐步而缓慢发展的。公民所指从最初的有产白人新教徒，发展为没有财产和信仰限制的全体白人男性、全部黑人和其他少数民族男性，最后是全体妇女。公民权利的内容也从18世纪末、19世纪上半叶的人身保护权、财产权、言论和信仰自由权等，发展到19世纪中期以来的普遍选举权、受教育权、就业权、男女同工同酬权、种族平等权、社会福利权等，经历了20世纪六七十年代的权利革命，堕胎权、环境权、同性恋权等又为权利话语提供了新的内容。美国公民权利发展史表明，它最初是一种否定式的，即以宪法和权利法案防止政府侵犯的权利，后来自20世纪发展为一种主动要求政府作为的权利，即将消除现实中的不平等看做是政府的责任，哪怕这种不平等不是来自法律，而是来自社会或文化偏见。[1]这其实反映了公众从消极权利到积极权利的发展，前者包括财产权、契约权等，后者包括获得食品券的权利、住房补助以及最低生活补贴等，消极权利就是禁止政府，并把它拒之门外，积极权利则需要盛情邀请政府。[2]

　　自由主义和有限政府的理想是"不管事的政府是最好的政府"。如果政府必须存在的话，其规模与权限越小越好，至多只应扮演个守夜人的角色。而伴随积极权利而来的必然是福利国家；伴随福利国家而来的必然是政府规模和权限的扩大。公民权利的增长明显带来了一个非常实际的问题，即公共财政的支出和公共机构的能力必须得到加强。公民权利的增长也就直接意味着政府公共支出的增

---

[1] 刘军：《权利发展与权利成本》，《博览群书》2005年第2期。
[2] 〔美〕史蒂芬·霍尔姆斯等著《权利的成本》，毕竞悦译，北京大学出版社，2004，第40页。

长,"显而易见权利依赖于政府,这必然带来一个逻辑上的后果,权利需要钱,没有公共资助和公共支持,权利就不能获得保护和实施"①。无论是充分就业、医疗保险、最低收入保障、失业救济,还是残疾人士福利、儿童福利、妇女福利、老人福利都需要政府负担庞大的公共开支。同时,由于权利不是独立的,它存在于社会关系中,一部分人的权利也就意味另一部分人的义务。所以,对个人权利的保护总是以权力关系的创设和维持为先决条件的,宪法权利完全不是为私人辟出的一个国家不能触及的领域,而是以政府机构把它们的权威延伸至社会生活几乎所有部门为基础的。② 这就是说,公民权利要增加也就意味着政府权力必须扩张。对自由市场经济的发展而言,同样需要政府延伸和扩张其权力,并支付出越来越多的公共财政。因为构建一个统一市场不仅需要打破古老的暴力规则,而且要打破各种形式的非理性力量,使公共权力能够有效地实施控制,同时确立一个良好的市场经济体制,政府不仅需要提供立法和行政基础,还必须为市场更加有效益的发展提供各方面的财政支持,如基础设施建设、劳动力培训以及沟通国际市场等。今天尽管自由主义和有限政府理念仍持久地坚守在人们的心中,但无论出于客观条件还是主观愿望,我们都已很难再将政府权力视为限制公民权利与市场经济的对象,政府权力已成为创设公民权利空间和自由市场成长环境的基础。有限政府作为一个消极性自由的观点随着社会经济的发展和公民对自由权利的要求而被超越。

德国历史学家托尔德·G. 尼布尔于 19 世纪初就指出"自由绝对是更多地取决于行政管理而不是宪法",这种肯定性的论断后来遭到威尔逊的强烈批判。③ 因为宪法原则是行政的前提,单

---

① 〔美〕史蒂芬·霍尔姆斯等著《权利的成本》,毕竞悦译,北京大学出版社,2004,第 3 页。
② 〔美〕史蒂芬·霍尔姆斯等著《权利的成本》,毕竞悦译,北京大学出版社,2004,第 53 页。
③ 〔美〕伍德罗·威尔逊:《行政学研究》,转引自彭和平等编译《国外行政理论精选》,中共中央党校出版社,1997,第 16 页。

纯强调行政会导致行政与技术的高度结合，造成行政制度与行政法律的高度发达，而不依靠任何"真理"和"公正"。在这种模式下，宪法的权威必须依靠官僚机构的依法行政来获取，最终使行政超越宪法甚至支配宪法。很不幸的是这位德国历史学家的理论判断于20世纪30年代在自己的祖国被实践。行政依附宪法是必须的，但并不意味行政与公民权利和自由相悖，因为宪法原则必须依赖公共行政来实践。

二　政府增长与民主发展

政治民主以公民权利和政治权利的扩展以及宪制政府取代独裁统治为基础。[①] 对于政治民主而言，公民权利的扩展与宪制政府的形成其实是不可分割的一个整体，没有公民权利的扩展也就不可能产生民主政治和宪制政府，同样没有宪制政府的确保，也就不可能推进公民权利的不断扩展。结束封建特权，确立民主政治是一个漫长过程，它要求公民权利与政府的公共权力同步增长来瓦解传统特权，结束极端权力。也就是说对于民主政治，公民权利的扩展与宪制政府的发展不存在一方产生另一方，或一方导致另一方的问题，两者的关系毋宁说是一种相互确保的关系。政府权力的公共性推进公民权利的扩展，而公民权利的扩展则进一步确保政府作为公共权力的增长。在这一意义上，政府增长无论是王权政治的专制还是官僚体制的强权，只要体现的是公共权力的增长，政府增长就是推进民主发展的坚实力量。

关于官僚行政与民主关系有一个较为普遍的认识："官僚政治给民主造成了一个两难的困境：一个是强有力的、独立的、非政治化的官僚体制对民主是一种威胁，然而它对民主又是不可缺少的东西。"[②] 这的确是一个两难的问题，一方面人们担心官僚行

---

① 〔美〕霍华德·威亚尔达主编《民主与民主化比较研究》，榕远译，北京大学出版社，2004，第21页。
② 〔美〕埃兹昂尼·哈利维：《官僚政治与民主》，吴友明译，台北桂冠图书股份有限公司，1998，第2～3页。

政的强制性会干涉到个人的自由，另一方面个人的自由空间又必须依赖于官僚行政来提供和确保。但如果按这一逻辑推测，当公民权利不断扩大并能够对外在的强制构成制衡时，人们就可以只要民主，而不要官僚行政了。这其实就是政治学和公共行政长期以来的一个核心话题：官僚行政与代议民主的关系。

首先由于官僚行政本身的一系列缺陷，如权力的垄断性、强制性以及破坏性等，使人们不得不从一开始就思考如何应对约束官僚行政权力的问题，也就是如何使官僚行政的权力行使更大程度上代表多数人的利益，最大程度地呈现为公共权力的问题。代议制政府理论在这一认识基础上自然生成。关于代议制政府，密尔是这样定义的："全体人民或一大部分人民通过由他们定期选出的代表行使控制权，这种权力在每一种政体都必定存在于某个地方，他们必须完全握有这个最后的权力。无论什么时候只要他们高兴，他们就是支配政府一切行政的主人。不需要由宪法本身给他们以这种控制权。"代议制政府寻求以多数人利益支配政府行为，但又担心产生"多数的暴政"，所以密尔同时又指出："民主制，和其他形式的政府形式一样，最大的危险之一在于掌权者的有害的利益，这就是阶级立法的危害；就是意图实现统治阶级的眼前利益，永远损害全体的那种统治的危险。在决定代议制政府的最好构成时需要考虑的最重要问题之一，就是如何提供防止这种危害的有效保证。"[①] 在这样的情况下，要确保权力的公平与公正，就完全有必要确保一个强有力的、独立的、非政治化的、专业化的官僚体制存在。尤其要防止代议机构对官僚机构的过度干预。"我们必须在代议机构和实际的行政机构之间保持一种微妙的平衡。因为过强的代议机构可能会有碍于政府履行其职能。而太弱的代议制机构又不能有效地制约政府。"[②]

这样来说，确立官僚体制需要考虑对其强制性权力进行约束

---

① 〔英〕约翰·密尔：《论自由》，程崇华译，商务印书馆，1982，第68、98页。
② 吴瑞财：《治理能力与个性自由》，《漳州师范学院学报》2006年第1期。

而设立代议制,同时确立代议制需要考虑对其"多数的暴政"或"集体中庸的专制"予以提防而设立强有力、独立性的官僚体制。所以在理论上,官僚行政与代议制是一个不可分割的整体,官僚行政是现代民主制度中的重要一环。同时强制性官僚体制对传统权威和传统等级关系的破除以及它对个人职责、权利和义务的明确规定都使其在促进和维持民主政治中发挥重要作用。

今天,在人们反思传统官僚行政并不断推进新公共管理和新公共行政时,政府权力依然在不断扩展,政府权力的公共性和社会化程度进一步提升,政府增长与民主政治的关系也日益紧密。罗森布罗姆(Rosenbloom)认为:"公共行政是采用管理的、政治的和法律的理论与过程,以实现立法的、行政的和司法的政府命令,为整个社会或其某个部分提供管制和服务的职能。"①

三 政府增长与宪政体制构建

研读近现代欧洲历史和马克斯·韦伯的行政理论就会发现,公共行政是在市场经济和公民社会逐渐兴起的基础上确立起来的,在这一过程中,行政机构作为国家权力的强制性执行者,其权力不断得到加强,通过瓦解和摧毁传统的地域、经济、文化特权组织,把社区、行会、同业公会、合作社、教会以及形形色色的组织都置于它的监管之下,构建起统一的市场经济,最大程度地服务于公民社会和自由市场经济的成长。这一过程也正是现代国家政权建设和公民社会成长的过程,是推进国家权力和自由市场同步发展的过程。② 从公共行政确立的背景我们能够发现,政府增长主要服务于两个方面的需求:一是体现国家主权至上的国家权力;二是体现公民权利的公民社会。在这一意义上,政府权力具备了两种社会功能:一种是整体意义上的社会治理功能,加强对

---

① Rosenbloom, *Public Administration*, New York Random House, Inc. 1986, p. 26.
② 〔德〕马克斯·韦伯:《经济与社会》(下卷),林荣远译,商务印书馆,1997,第83页。

社会各层面监管，以构建起理性平等的社会制度，提供有序的社会竞争秩序；另一种就是高效的公共事务管理功能，以建立公共事务管理和公共物品供给机制，服务公民社会和市场经济发展。前者要求行政权力必须具备独立性与统一性，以作为国家权力强有力的执行者；后者则要求行政机构必须具备高效的组织管理模式，以成为大量公共事务的组织管理者和提供者。这样国家权力要求下的社会秩序治理与公民社会要求下的公共事务管理就统一在公共行政的过程中，在这一意义上，政府增长过程也正是公共行政治理方式不断演进和完善的过程，同时也推进了国家与社会的同步发展，推进了国家权力与公民权利的同步增长。所以我们认为政府增长过程一定意义上是一个推进宪政秩序完善的过程。也正是在这一意义上，公共行政在现代政治制度和宪政制度的形成和发展过程中具有重要地位。

　　从公共行政的内涵可以发现，执行国家权力的行政治理与服务公民社会成长的公共事务管理是政府行政两个不可分割的方面。以公共行政确立初期的社会经济结构背景而言，官僚制作为治理方式、科层制作为组织管理方式成为最佳选择，传统公共行政也就逐步发展成为集官僚制与科层制为一体的理性官僚行政。可见，官僚制与科层制是传统公共行政的两种行政方式，它们的作用和价值都在于公共行政目标的实现。随着社会经济结构的变迁，当官僚制与科层制无法更好完成这一目标时，对它们进行改革自然就成为必要。今天的西方之所以推进行政改革和政府再造，很大程度上就是因为传统官僚制的治理方式和科层制的管理方式已不能更好地承担日益扩大的公共责任和治理目标，需要通过对行政治理方式与公共事务管理方式两个方面的改革来实现对公共行政价值与效能的整体提高。这就出现了新公共行政与新公共管理两种理论，这两种理论在观念追求上虽然有较大差异，但由于治理方式与管理方式是公共行政不可分割的两个方面，所以两者各自追求的行政方式，与传统公共行政下的官僚制和科层制一样都是源于公共行政的内在要求。对行政治理方式的改革在于扩大政府对社会的监管范围和强化政府监管力度,为社会提供更为平等、自由的竞争环境;对行政管理方式的改革在于不断适应更为多元化的社会经济需求,以提高公共服务能力和公共事务管理水平。所以无论是新公共管理还是新公共行政,理论上都试图追求和强化政府权力的公共性,它们所展现的政治意义在于通过完善政府治理方式推进公民社会与宪政秩序的成长。

在不断分化的社会经济组织竞争中,各种利益集团对利益与权力的争夺日益复杂,"要实现国家目标,一种协调很好的、尽职尽责的官僚体制是必不可少的,自由民主国家解决这些问题的办法是在官僚和各种特殊利益集团之间建立起一种运转关系——这种关系使前者实现国家目标,后者达到自己的目的"[1]。在理性化和公共化的过程中,政府所代表的公共利益与其他一切形式的特殊利益相脱离[2],政府权力不断化解和限制各种非理性、特殊利益,不断扩张公共利益的范围,扩大公共物品提供能力,推进社会秩序健康发展。在这一意义上,政府增长与宪政秩序和市场经济秩序成长就成为紧密相关联的一个整体。

第三节 政府增长与经济秩序

一个多世纪以来,政府权力、规模和职责范围的持续扩张,使政府承担了越来越多的社会经济责任,尤其是在社会经济出现危机的情况下,政府的作用显得越来越重要。"二战"以后,工业化国家中的福利国家逐步增多,许多发展中国家也采取了政府主导的发展模式,这一切都源于人们认为政府增长也可促进经济增长。政府的持续扩张不断引发人们对政府增长与经济增长内在关系的争论,尤其是政府规模与经济增长之间的关系成为广泛关

---

[1] 〔美〕E. 彭德尔顿·赫林:《公共行政与公共利益》,转引自彭和平等编译《国外行政理论精选》,中共中央党校出版社,1997,第59页。
[2] 史记:《政府规模理念与我国政府机构改革》,《国家行政学院学报》2001年第3期。

注的热点。但多年来人们围绕这一问题的研究和争论并没有得出一个统一结论。一个重要的原因在于政府增长是一个秩序性的问题，而非经济效益的问题。

一 对政府增长与经济增长关系的再思考

克拉维斯·萨莫斯和赫斯顿等人对 115 个国家进行了大量的计量样本统计调查，对大量跨部门（cross-sections）的经济数据进行了 20 年的定量分析，得出的基本结论是：政府增长对经济增长的影响方向是正的；政府规模对其他经济部门的（边际）外在影响也是正值的。[1] 也有的研究表明两者呈现负相关，如 Barro 利用 98 个国家 1960~1985 年的数据进行分析，发现政府规模与经济增长率之间存在显著的负相关关系。[2] Landau 利用 104 个国家 1960~1977 年的数据进行研究，认为政府规模扩大有损于经济增长。[3] 还有研究认为政府增长与经济增长不存在必然的关联，如 Kormendi 和 Meguire 利用 47 个国家 1961~1980 的数据进行研究，发现在 GDP 增长率与政府消费支出占 GDP 的比例及其增长率之间不存在显著的相关关系，他们进而认为，没有证据表明政府规模的扩大影响了经济增长。[4] 国内外许多研究集中于适度的政府规模，并构建适度规模的判定体系。在国内毛寿龙等人认为政府规模应与政府能力相适应[5]，颜廷锐等人认为保持适度的政府规模对于经济增长尤为重要[6]。国外许多学者还为政府规模设定了

---

[1] Kravis etc., *World Product and Income Internation Comparison of Real Gross Product*, Baltimore: John Hopkins University Press, 1982, p.81.
[2] Barro, Robert J., Economic Growth in a Cross-section of Counties, *Quartely Journal of Economics*, 106, 1991.
[3] Landau, Daniel, Government Expenditure and Economic Growth: A Cross-county Study, *Southern Economic Journal*, 49, 1983. pp. 783-792.
[4] Kormendi, Roger C. and Meguier, Philip G., Macroeconomic Determinants of Growth: Cross Country Evidence, *Journal of Monetary Economics*, 16, 1985, pp. 141-163.
[5] 毛寿龙：《有限政府的经济分析》，上海三联书店，2000，第126页。
[6] 颜廷锐等：《政府规模与行政效率》，《中美经济评论》2003年第9期。

具体标准，如 Tanzi 等认为为完成理想的社会目标，政府开支不应超过 GDP 的 30%[①]，James Gwarteny 等根据对 60 个国家的研究认为要想最大化一国的经济绩效，政府财政支出不应超出 GDP 的 15%[②]，还有其他许多研究，得到的结论也各不相同。世界银行指出："各类国家政府的规模直接取决于政府规定的作用和功能大小，这归根到底依然是一个社会选择的问题。有关政府开支水平与经济增长关系的一般性实证研究未能得出有说服力的结论。"[③]

将政府增长与经济增长并列起来，人们似乎可从凯恩斯主义那里找到理论根源，通过扩大公共支出促进经济增长。的确，凯恩斯的财政、货币扩张政策促进了经济发展，但作为宏观经济调控政策，凯恩斯要求的是一种宏观经济运行秩序，而不只是经济增长。政府规模扩大（包括政府支出增长和政府机构膨胀）作为政府增长的一部分，可以通过扩大基础设施建设，提供公共物品，扩大市场监管等为市场竞争提供良好运行基础，不断促进市场经济健康发展和良性运作，历史也证明凯恩斯的财政、货币扩张政策为恢复中的美国经济构建起了一个良好的运行秩序。如果说作为公共权力，政府增长面对的是整个社会经济秩序，那么经济增长只能算是社会经济秩序的一个要素，所以两者并不构成一对对等性概念。如果硬要把政府增长与经济增长相关起来，便可能导致理论上不必要的麻烦，这种并列实质上等同于将政府增长的目的与经济效益统一起来，经济增长也就丧失了秩序意义。比如斯大林极权时期的苏联经济就是以政府增长推进经济的高速增长，斯大林时期的苏联经济增长速度是任何一个市场经济国家都不曾

---

① Tanzi, Uito, the Role of the State and the Quality of the Public Sector, *IMF Working Paper* 2000.
② James Gwarteny, the Size and Functions of Government and Economic Growth, http//www.house.gov/jec/.
③ 世界银行：《1996 年世界发展报告：从计划到市场》，财政经济出版社，1996，第 115 页。

有过的,但这种高速增长也是不可能长期持续的,因为它缺乏一个合理的经济运作秩序。

在这一意义上,可以断定政府增长的目的在于促进秩序意义上的市场经济不断走向成熟,而不只是效率意义上的经济增长。因此,应该扭转一些固有看法,从关注政府增长与经济增长的关系,转变到关注政府增长与市场经济秩序成长之间的关系,即与政府增长相对应的是体现秩序意义的市场经济成长,而非单纯效率意义上的经济增长。

二 对政府增长与市场成长关系的历史考察

斯蒂格利茨等人的政府经济学揭示出19世纪70年代以来发达国家的发展历程呈现一边是日益膨胀的政府权力,另一边则是日趋成熟的市场经济现象[①];曼瑟·奥尔森用"强化市场型政府"(marked-augmenting government)概念揭示了(政府)权力与(市场)繁荣的内在关联[②];青木昌彦也通过转轨经济的制度分析阐明了东亚市场经济发展中政府与市场共进的现象,并提出市场增进论观点。[③] 其实,从整个市场经济的发展历程来看,政府增长与市场成长的正相关发展由来已久,只是长期以来人们过分关注政府与市场之间的差异,而忽略了两者之间的统一性。

首先,重商主义时期王权政治和中央集权与统一市场的构建是统一的。重商主义时期,王权政治和中央集权不断加强,国家竭力消除市场上各种排他性限制,如关税与禁令,把贸易从享有特权的城镇和封邑中解放出来,重商主义政策通过彻底打破城镇与封邑两种非竞争性贸易间的藩篱,摧毁了地区贸易和城市之间的排他主义倾向,逐渐消除了城乡之间、城镇之间和省份之间的

---

① 〔美〕斯蒂格利茨:《政府经济学》,曾强等译,春秋出版社,1988,第202页。
② 〔美〕曼瑟·奥尔森:《权力与繁荣》,苏常和等译,上海世纪出版集团,2005,第8页。
③ 〔日〕青木昌彦等主编《政府在东亚经济发展中的作用——比较制度分析》,金滢基译,中国经济出版社,1998,第138页。

差别，为构建统一国家市场奠定了基础。①

其次，自由资本主义时期强制性官僚体制的确立、延伸与自由市场的形成和扩大是统一的。戴维·毕瑟姆说，在宏大的历史背景中，"韦伯与其说是关注组织的效率问题，不如说是关注官僚制的权力扩张及其对自由主义基本价值的意蕴"②。在韦伯看来，官僚化的发展与领土国家和资本主义经济有着不可分割的联系，因为传统的手段已经难以满足国家和资本主义经济对行政管理的需要，而官僚制及其展示出的行政权力的扩张在本质上与自由市场经济的发展是基本吻合、相互适应的。

同样在后组织化资本主义时期，政府权力的继续扩张与不断完善的市场竞争秩序也是统一的。如果说政府管制是经济的专业化分工与生俱来的附属物，那么，随着经济产业的高度分散化，公共事务的急剧增加，使政府前所未有地卷入社会经济的管理决策制定中，干预的数量与范围极大增加，公职人员迅速扩充，财政支出大幅增加，以及政府新增机构与原有机构的增多，从某种意义上这些都是公共政策的扩大化。政府的功能日益宽泛化且涉及的领域日益增多，如保证证券与股东利益、尊重消费者意见、公平就业、产品安全、工人生产安全和健康、政府合同以及空气、水、噪声污染等等。"今天，几乎没有企业的哪一方面是政府不能干预的。"③ "在美国公共行政史上的政府改革运动中，从布朗报告到胡佛委员会的建议，乃至现在的'政府再造'运动，其主要目的都在于扩张行政部门权力。"④ 但也正是这种不断扩张的政府权力促使现代市场经济走向成熟，使市场竞争更为有序。

---

① 〔美〕卡尔·博兰尼：《市场化模式的演进》，转引自许宝强、渠敬东主编《反市场的资本主义》，中央编译出版社，2001，第12～18页。
② 〔美〕戴维·毕瑟姆：《官僚制》（第二版），韩志明译，吉林人民出版社，2005，第54页。
③ 〔美〕乔治·斯蒂纳：《企业、政府与社会》，张志强译，华夏出版社，2002，第31页。
④ 〔美〕乔治·弗雷德里克森：《公共行政的精神》，张成福译，中国人民大学出版社，2004，第56页。

三 政府增长与市场经济秩序

如上文所说,专业化分工引发的社会经济组织公共化和社会化走向是导致政府增长的内在推动力。也就是说政府增长根植于不断分化的社会经济组织形式中,而这一点也恰恰是市场经济不断成长的基础。这说明,政府增长与市场成长共同根植于专业化分工和社会经济组织形式的演进中。这一共同的根源促使政府增长与市场成长遵循着同步轨迹和统一的发展方向。首先专业化分工促使政府权力与市场经济共同朝着公共化和理性化的方向发展。政府增长表现为权力的公共化和理性化过程,市场经济的成长过程也是一个不断摆脱特权经济和垄断经济的过程。从重商主义时期的王权控制,到自由资本主义时期的强制性官僚体制确立,再到20世纪国家对垄断经济权力的干预,政府增长与市场成长都确立在对非理性力量和特权势力瓦解的基础上。其次对公共化和理性的追求决定了政府增长和市场成长都将公共利益与公共责任作为主要目标之一,政府权力增长也在很大程度上呈现为公共开支的不断增长和公共机构的不断膨胀,更好地为社会提供公共物品和公共服务以及保障更好的社会竞争秩序;市场经济逐渐由追求经济、效率最大化走向承担起公共责任,即市场经济不断开拓公共领域,并将公共责任纳入其运作范围,市场经济成为秩序化的市场经济。第三由于社会经济组织作为竞争性力量,在其自身的演进和分化过程中使整个社会结构在理性竞争中不断走向均衡,从而体现出一种社会秩序意义,而根植于专业化分工和社会经济组织结构中的政府增长与市场成长也必然体现出社会整体的秩序意义,所以政府增长与市场成长共同的目的都在于形成一种均衡、合理的社会经济秩序。

由于政府增长一方面是从行政控制力上瓦解地方和集团特权,取得普遍化公共权力的增长,另一方面是指权力影响范围的扩展,随着社会的发展和社会结构的分化,权力涉及的范围不断拓展,对社会经济运行秩序的监管能力不断提高。从统一市场构建、到自由市场形成以及市场竞争秩序的不断完善,政府权力的增长不断促进市场经济的成长。市场经济也逐渐成为一种保障所有经营者的自主权和经济主体在给定的框架内独立进行协作的秩序,而不只是经营者用来获取利润的工具和手段。① 在这一意义上,市场经济发展和追求的就不仅是经济和物质目标,而是秩序目标。市场经济的属性应当是公共性的,它既不是经济组织追逐利益的工具,也不是政治力量用以控制社会的手段,而是促进各种力量和权力竞争内部化、均衡化的利益协调机制。社会秩序这一共有因素解释了政府增长与市场经济成长的内在关联。

关于政府增长到什么程度合适,政府会不会无限制地增长,毛寿龙指出:"目前有关政府规模的研究还是不够的,许多结论还为时过早。至少从实证的角度看是如此。比如发达国家的政府规模都比较大,发展中国家的政府规模是否也需要扩大呢?或者说目前发达国家都在通过私有化、缩减社会福利项目等改革努力缩小政府规模,发展中国家是应该预留余地还是继续保持目前的政府规模呢?这些结论都很难令人信服。"②毛寿龙很明确地指出,因为事实并不意味着价值,实证分析需要规范分析加以补充。他称这种规范分析既可以是经济规范分析也可以是政治规范分析。在他的分析框架中是采取了经济规范的分析方法。但其分析明显存在一种悖论,一方面称政府规模与政府的能力呈正相关关系,另一方面又称政府规模与市场能力呈现负相关关系。前者具有一定的合理性,因为政府能力越大,其边际成本就越小,边际收益就越高;同时边际收益越大,政府的规模也就可以相应增大。但后者明显与现实有相悖,因为越是在成熟的市场经济条件下政府的规模越大。所以说单纯地采用政治分析或经济分析无法全面说明问题,并可能陷入逻辑或者理论与实际上的悖论,这就是本书

---

① 〔德〕何梦笔主编《德国秩序政策理论与实践文集》,庞健等译,上海人民出版社,2000,第 204 页。
② 毛寿龙:《有限政府的经济分析》,上海三联书店,2000,第 75 页。

要采用社会学规范分析的原因所在。

　　政府增长是与日益专业化的社会经济组织紧密相关的，与政治秩序的成长和经济秩序的成长是一个整体，在政治秩序和经济秩序都需要完善的形势下，政府增长就不可避免。在这一意义上，发展中国家的政府规模相对于发达国家普遍较小是正常的，而且可以预测，随着市场经济的成长和发展，发展中国家的政府规模会普遍增长。至于发达国家正在推行的私有化、缩减社会福利项目、缩小政府规模等，这与公共责任纳入市场经济运作是分不开的，这不仅不意味着政府增长的趋势在发生逆转，相反政府会伴随日益社会化的组织形式而不断扩充自己的权力和责任。所以仅以发达国家财政规模比重的走向来判定发展中国家的政府增长走向是不具有理论指导意义的。至于政府增长的限度，这既不是政府自身能够决定的，也不是简单的公共需求就能够判断的，因为政府增长与宏观的政治秩序和经济秩序同步演进高度相关。

第二章
社会基本组织形式与
社会组织原则

如果说政府增长体现着社会秩序的整体演进,政府增长有其内在合理性,但却不能没有限度,政府过度增长会诱发财政赤字和官僚主义,导致政府职能分散和难以协调,产生政府权力的寻租行为等不良现象。① 作为一种社会秩序演进的体现者,政府增长并非秩序本身,政府在任何层面上的增长也不是政府本身所能决定的,它必然受到来自社会组织结构的规约。当然这种制约不只是规约政府增长行为,更是规约社会的政治和经济秩序。当把政府增长与社会政治和经济秩序作为一个整体考察时,就必须摆脱政府与市场之间的功能互补或角色对立的认识观念,将政治与经济两个层面纳入一个分析框架来认识政治与经济两个领域在社会功能、运作原则、组织形式等方面的统一性。由于政府增长根植于社会专业化分工和社会组织结构中,社会学方法的分析和解释就成为首要选择。

第一节 从社会学到组织社会学的
秩序研究

在社会学理解的世界里,社会秩序包括政治秩序和经济秩序,

---

① 史记:《政府规模理念与我国政府机构改革》,《国家行政学院学报》2001年第3期。

政治秩序主要指国家及有关的制度，如国家机器的统治方式、治理方式、官僚机构设置及运作方式等；经济秩序主要指经济制度，如经济组织、经济运行方式等。对政治秩序的理解一般由政治社会学承担，主要的目的就是力图从社会结构中探讨这两种秩序是如何发生关系的。政治社会学的这一目的使得政治秩序无论是权力的支配与运作，还是政治组织机构之间的冲突与合作，抑或是政治控制机制都不再重要，重要的是要将这些政治秩序的现象和外在形式带入社会组织形式和社会结构中，并探讨其内在根源。无论是社会组织内部利益聚合还是社会组织间的相互交往和有机整合也都将被引入社会组织形式和社会结构中进行深入研究，研究它们的运作方式是如何形成并以什么样的原则持续着。① 这意味着社会基本的组织形式以及运作方式将成为政治社会学分析和认识社会秩序的基础。对于经济秩序的研究主要由经济社会学承担，与政治社会学在研究方法上较为一致，它也将经济领域的现象带入社会组织形式和社会结构中探讨其内在根源。现在的问题是我们需要一种理论框架和认识方法直接将政治秩序与经济秩序统一纳入其中。而被分割开来的政治社会学与经济社会学似乎无法单独承担这一任务。这是一个方法论上的难题，但由于社会学的认识本身就包括政治秩序与经济秩序，而且政治社会学和经济社会学都将社会的组织结构视为认识和分析社会秩序的基础，这表明在专业化和学科分化的过程中，组织社会学会成为一种新的理论整合框架，它对整体社会秩序的演进形成自身独有的解释方法。本章将通过对马克思和韦伯对社会组织结构认识理念的不同，展现社会学的演进和组织社会学作为解释性方法的重要性。

一 社会组织形式与阶级结构

由政治领域与经济领域二元分离所引发的问题在经典马克思

---

① 〔美〕安东妮·奥勒姆：《政治社会学导论——对政治实体的社会剖析》，董云虎等译，浙江人民出版社，1989，引言2～3页。

主义者那里是不存在的。在那里,生产与生产关系、生产与社会化不可分割,生产力与生产关系唇齿相依。"人们在自己生活的社会生产中发生一定的、必然的、不以他们的意志为转移的关系,这些生产关系的总和构成社会的经济结构,即有法律的和政治的上层建筑竖立其上并有一定的社会意识形态与之相适应的现实基础。"① 可以看出,实际上马克思通过对生产过程的分析,已经把政治过程与经济过程内化于整个的社会经济再生产过程中。

作为政治社会学之父的马克思②,他的社会秩序观是由生产力与生产关系构成的,社会各个领域的运作秩序都可以通过生产关系得以解释。马克思把生产关系定义为人们在自己生活的社会生产中发生的必然的不以意志为转移的关系。"一切社会变迁和政治革命的终极原因,不应当在人们的头脑中,人们对真理和正义的日益增进的认识中去寻找,而应当在生产方式和交换方式中去寻找。"③ 在某种意义上便是说,生产方式和交换方式的变迁决定着社会形态的演进,而社会生产与交换的基本组织形态则决定了社会的存在状态。在马克思那里,生产关系是一种社会基本的生产组合形式和利益聚合形式,任何社会组织的构成都包含在生产关系的组合中,政治领域与经济领域的运作方式都在社会经济组织中的生产关系组合中得到基本定位。所以在马克思那里,政治领域与经济领域的运作方式是一致的,政治秩序与经济秩序都统一至以生产力为基础的社会生产关系中,并且这两种秩序的运作方式也均在社会的生产关系中得到解读。马克思的生产关系很大意义上是一种社会经济组织内部的秩序安排,它反映的是分工组合中的等级关系和阶级关系,如果用韦伯的概念来解读的话,就是一种支配式的安排,而非合作式的安排。也就是说马克思的社会分工与组合建立在社会经济组织内部的等级性支配中,而并

---

① 《马克思恩格斯选集》第 2 卷,人民出版社,1972,第 82 页。
② 〔美〕安东妮·奥勒姆:《政治社会学导论——对政治实体的社会剖析》,董云虎等译,浙江人民出版社,1989,第 14 页。
③ 《马克思恩格斯选集》第 3 卷,人民出版社,1972,第 420 页。

没有将这种社会分工与组合扩充至社会不同职业、不同组织形式、自律性经济间进行的分工与合作，这使得马克思的社会分工与阶级结构紧密相连。社会分工主要表现为阶级分化，而不是社会行业和职业的分化。阶级分化代表的是社会在纵向上的分化，而社会职业的分化反映的则是横向和纵向交织的网络：既有一个组织内部的纵向职业等级分化，又有组织之间的横向职业分化。就社会的常态来讲，职业身份与个体紧密联系着，且与个人生活息息相关。

马克思在过分强调社会阶级结构和国家的统治之时，又将资本主义市场经济等同于市民社会。市民社会在经济的生产、交换与再生产循环中实现对自身的自律性把握，而社会自我运作与资本的自我循环所构筑起的社会运作机制与阶级对立性的统治之间又如何能够统一起来呢？这表面上似乎构成了马克思关于社会秩序论述上的矛盾。但细分析就会发现，这两者之间就马克思的理论来说并不构成矛盾，因为社会生产、加工、销售、流通各个环节都为了一个共同的目的，即资本自身的增长与扩张，所以整个社会的生产过程被称为以生产剩余价值为目的的社会再生产，从而将各个环节、各种行业、不同领域的生产与阶级统治统一在社会再生产中。很明显在马克思那里，社会生产方式和生产关系得到了最大程度上的简约，社会分工体现为生产资料所有者与无产者之间的阶级分工，社会结构明显等同于资产阶级与无产阶级之间的阶级结构，即生产方式下的劳动分工与阶级关系的紧密结合。这样马克思将资本主义社会的社会结构形式与传统阶级社会单一生产方式下的地主阶级与雇佣农之间阶级关系一致起来。统治与被统治、剥削与反剥削、镇压与反抗成为社会秩序的主题，而这种社会组织形态在政治秩序上的体现便是国家成为统治阶级的工具。

在马克思一再强调资本主义生产方式导致对人的异化的同时，古典政治经济学家则在宣扬自由资本主义市场对"人的固有本性"的彻底解放。两者几乎处在同一时代，那么为什么在认识上会出现如此大的反差呢？如果不以简单的阶级对立观为理由，就有必要对社会结构进行新的分析，寻找可以解释二者统一性的概念，依赖于这一概念使看似矛盾的观点在理论上得以化解。

马克思将生产力与生产关系的理论模型直接应用至社会分工与阶级关系中，将社会分工与资本家和工人的阶级对立联系起来，这简化了社会的结构构成形式，除了资本家、工业资产阶级、无产者、工人外，马克思还谈到了大量中间阶级：小工业家、小产业商人、手工业者、地主、农民……以及"危险阶级"、社会最底层等等。①在《法兰西阶级斗争》中，马克思在对路易·波拿巴政权的历史分析中谈到了"金融贵族……工业资产阶级……小资产阶级及农民阶级"②，很明显马克思认识到不同职业间的经济差别和地位区分，但这些不同的职业划分与阶级、阶层在由资产阶级与工人阶级为主导的社会政治秩序中，有一种什么样的地位，起着何种政治和经济作用，马克思并没有论述，这使得在以后的马克思主义理论发展过程中，部分理论家或政治家抹杀中间阶级的存在，或强行将它们归于资产阶级和无产阶级之中。但马克思对中间阶级的提及在另一层面上体现了一个事实，即社会生产力的发展所引发的社会分工在更广泛的意义上不只是阶级分工，也是不同行业、不同领域、不同部门之间的分工，这种社会分工使得社会的生产方式多元化，其经济组织形式也是多元化的。而正是这种多元化的社会分工和多元化的生产方式，以及不同职业间的紧密依存，使资本主义社会更大程度上体现为自由市场经济下的经济和行业结构，而不只是单单的阶级统治结构。当然马克思也觉察到了与其理论不相一致的经济或集团的地位与作用。马克思在其《路易·波拿巴的雾月十八日》中写道："我们已经说过，

---

① 《共产党宣言》，《马克思恩格斯选集》第1卷，人民出版社，1972，第261～262页。
② 《法兰西阶级斗争》，《马克思恩格斯选集》第1卷，人民出版社，1972，第394页。

正统派和奥尔良派是秩序党中的两个巨大的集团。什么东西使两个集团依附于它们的王位僭望者并使他们互相分离呢？难道只有百合花和三色旗，波旁王室和奥尔良王室，各种色彩的保皇主义或者它们的保皇主义信仰吗？……这两大集团彼此分离决不是由于什么所谓的原则，而是由于各自生存的物质条件，由于两种不同的所有制形式；它们彼此分离是由于城市和农村之间旧有的对立，由于资本和地产间的竞争。"①

这清楚地说明在马克思那里，政治秩序不只是统治阶级的意志，也有不同行业、不同职业间的利益竞争。即使从阶级结构的认识出发，也不是单纯的等级控制与依附性的关系。韦伯将社会的等级与阶级划分成三种形式：有产阶级、职业阶级（或地位集团）与社会阶级。有产阶级是指主要由财产的不同来确定其地位的阶级，职业阶级是主要由货物或劳动效益的市场利用机会来确定其地位的阶级，社会阶级应该是前面两种阶级地位的总和。而在资本主义经济过程中，职业阶级明显较为突出，所以在韦伯看来，职业阶级是最远离等级的，它是建立在以市场为取向的经济基础上的。② 问题的关键还在于资本主义市场经济中经济生活之根本体现为职业编制，即人类之按职业的分化。而职业的分化不仅仅存在于社会经济组织的内部，也可以在市场的交换中进行。③ 即在市场经济过程中，社会的构成趋向于由市场交换中的行业与产业构成为主导。同样地，贾恩弗兰科·波齐在其《近代国家的发展》一书中明确了资本主义发展对职业体系和生产体系的影响，较为发达的工业基础要求日渐增多的有工资差别、有文化的技艺多样化的职业结构，劳动力构成和职业分化以及教育水平的

---

① 《路易·波拿巴的雾月十八日》，《马克思恩格斯选集》第 1 卷，人民出版社，1972，第 628 页。
② 〔德〕马克斯·韦伯：《经济与社会》（上卷），林荣远译，商务印书馆，1997，第 333~339 页。
③ 〔德〕马克斯·韦伯：《经济与历史——支配的类型》，康乐等译，广西师范大学出版社，2004，第 21 页。

提高都增加了它们对国家活动提出更多的要求。①

戴维·毕瑟姆很明确地指出,政治哲学提供了一种学术传统,这为价值的批判分析,以及对实现这些价值的必要社会和制度条件的探察提供了一个框架,韦伯和马克思的历史性的政治社会学通过各自对工业化社会中的自由和民主的实现条件分析,为后一种事业作出了重要贡献。但是,由于各不相同的原因,他们对于价值的批判分析几乎没有提供多少帮助:就马克思来说,这是因为他将这种分析从属于他的历史演进学说;就韦伯而言,是因为他将价值定义为主观判断的问题,而不是理由充分的论证问题。②基于这一认识,我们在对马克思的政治社会学考察之后,有理由对韦伯的社会学分析体系进行思考。

二　社会组织形式与职业等级关系

同马克思一样,韦伯也用"资本主义"一词来统称现代西方的经济秩序。因为在19世纪后期的西方世界,较早时代的宗教和政治问题已经被社会的经济组织问题取代,经济问题的讨论成为知识界的中心。所有的经济问题讨论,都试图将科学地解释社会情景与为政治行动提供意识形态基本原理结合起来,马克思是这两方面最有影响的社会思想家,韦伯则更注重于前者,专注于对社会组织形式的分析。韦伯所关心的问题是"资本主义"为何在西方发生,其可能的条件是什么,为什么这些条件在其他社会没有出现。所以韦伯必须首先观察他所处的资本主义社会的特征是什么,再把这些特征抽象出来作为资本主义发生的条件。

韦伯庞大的社会学体系也是建立在政治社会学的解释性基础上的。《经济与社会》开宗明义地阐明了解释性地理解社会行为的社会学方法,即他要解释现代资本主义所需要的社会整体结构

---

① 〔美〕贾恩弗兰科·波齐:《近代国家的发展》,沈汉译,商务印书馆,1997,第122~128页。
② 〔英〕戴维·毕瑟姆:《官僚制》(第二版),韩志明译,吉林人民出版社,2005,第98页。

是什么样的。尽管他没有像马克思那样从经济基础的角度建立起社会秩序的演进模型,但他同样看重经济研究对社会秩序的重要意义。他指出:某一时期的经济功效是如何分配、如何专门化与如何统合,须就技术上、经济上来看,并顾及到所有秩序,且与所有秩序相连。① 作为后马克思一个时代的人,市场经济的演化使他能够更全面地观察社会的构成。韦伯对社会一般构成的认识也不再局限于同一技术分化与技术统合的支配性分工组合上,而是更清楚地认识到资本主义和市场经济发展过程中职业体系和生产体系的分化,因而更重视自律性经济之间的、专门化的功效分配与合作。韦伯理论同样将政治与经济作为一个统一的对象进行思考,并从中抽象出对政治领域和经济领域统一有效的"科层制"和"官僚制"组织管理形式,从而为我们提供了一个静态的社会分析模型。这种静态性体现在韦伯主要用其来概括资本主义的特点,或者是用其来论证资本主义社会的合理性上,而对于伴随资本主义社会的发展,未来的社会合理性体现为什么样的组织形式、如何演进,韦伯并没有给出答案。

科层制是韦伯政治社会学关于社会组织形态的关键概念,这一概念所体现的是集理性、规则、效率、职业化、技能化于一体的现代社会组织形态模式。"在一切领域中,现代组织形式的发展与科层管理的发展和不断推广实际上是一回事,这一点同样适用于教会和国家,适用于军队、政党、经济企业、利益集团、捐赠机构、俱乐部以及其他许多组织形式。总之,科层制的发展显然是西方现代国家的根本。"② 正是因为科层制体现着社会各个领域普遍的社会组织特征,使其能够作为一种理解和分析政治秩序和社会秩序的模型。更进一步讲,政治制度和经济制度共有着一

---

① 〔德〕马克斯·韦伯:《经济与历史——支配的类型》,康乐等译,广西师范大学出版社,2004,第27页。
② 转引自安东妮·奥勒姆:《政治社会学导论》,董云虎等译,浙江人民出版社,1989,第86页。参见马克斯·韦伯:《经济与社会》(上卷),林荣远译,商务印书馆,1997,第248页。

种建立在理性法则之上的遗产,共有着以货币经济为基础的交换系统,以及也许最重要的是,共有着一种为法律系统所促成的社会组织形式。在韦伯看来,西方的社会和经济生活的本性代表着职业化和例行公事活动的顶点,多种多样的活动,每一种都以职业的形式加以规定,并据以建立其独特的职业途径和一套专门的权利和义务,也就是说社会的各种活动和不同领域都处于职业的规定中,没有实质意义上的政治与经济领域之分。

由于职业对社会各个领域的统一规定,一切的生活都服从于一种共同的估价形式——可计算,即对特殊目的的、技术上最有效的手段的估价。这使得各种生活方式都建立在理性与效率的基础上,而体现理性与效率的最佳形式就是官僚制和科层制结构。作为理性、规则、效率、职业化的组织形式,科层制的官僚机构与社会行业和集团利益高度相关,每一行业、集团或企业组织为了争取竞争优势或使自身利益得到长久的保持,都必然采用科层制的管理组织形式。"地位集团常常运用科层制机构所固有的权力来保证他们对其地位集团的优势,这是韦伯控制行政管理手段在社会中的重要性这个更一般观点的一个特殊应用。"[①] 科层制所体现的社会组织形态更主要地意味着要强调经济组织、团体以及其他利益集团自身的发展要求,而不再是隶属性或统治性的阶级构成。这种社会秩序更多的是通过专业化和职业化的社会分工为各个群体提供共同的生活基础。反映在政治领域,政治体系的构成也必将以不同社会集团、行业组织的利益区分为基础,构筑起职业化、技术化的官僚体制。所以在韦伯那里,国家不再像马克思所说的那样是一个特殊利益阶级或地位集团实行压迫的工具,而是一个反映不同地位集团利益冲突与协调的舞台,"在现代国家,现实的统治不可避免的是科层制,因为权力既不是由议会的演说词,也不是由君主的公告来实现的,而是由例行的行政管理

---

① 〔美〕安东妮·奥勒姆:《政治社会学导论》,董云虎等译,浙江人民出版社,1989,第83页。

来实现的"①。所以在韦伯那里，社会秩序与政治秩序以及合理性都蕴含于官僚化的组织体系中。

在韦伯看来，官僚制和科层制的组织结构是社会经济发展与分化的结果，它确立在职业等级分化的基础上。社会结构在专业化和职业化的过程中，政府对社会的统治和整合不再仅通过阶级统治或单一权威，而需要更多地通过专业化分工形成的社会协调机制和职业间的依赖关系来实现。这要求政治秩序由传统的统治性的控制方式向理性民主的公共行政方式转变。政治领域要获得各种社会力量的认同和支持，就要对其自身提出各种要求和限制：首先，各种职能化的权力部门必须受到规约，一方面不能过分突出某一行业或集团的利益，另一方面则必须防止任何职能化的权力对行业经济进行干预；其次，必须强化不同职能部门相互间监督、协调与约束，能够吸纳和调控各部门、各行业、各集团的利益，这就是现代意义上的有限政府与公共行政。它要求对整个官僚体制必须实行制度化、规范化的约束机制。行政体制实施一种持续的受规则约束的行为，通过技术性法律规则来控制职务行为。它必须实行权限分化，为达成整体协调进行工作分工，并以此为基础建立专门化的权限和责任分配。行政部门及其官员有明确的规定权限，包括权利、义务等。必须明确官僚体制层级间的控制链条，以协调专门化的部门行动和整合其权限的权威，同时层级制也在于强化行政的效率。同样在经济组织的运作中，也必须强调职业化的分工组合，形成"集中的、以各部门职能划分的结构"，形成具有现代性的企业管理运作模式。

相对于马克思而言，韦伯对社会秩序的描述是一种静态的认识，他没能够在整体上把握人类历史的演进法则，对社会秩序的变迁方向也没有作出合理的判断。这一切都源于他的科层制组织理论是对社会不同领域组织构成的最高抽象，而没有去寻找导致

---

① 〔德〕马克斯·韦伯：《经济与社会》（下卷），林荣远译，商务印书馆，1997，第736页。

这一结果的原动力,即科层制作为现代社会组织形态的真实体现,其诞生的社会根源在哪里,并依靠什么样的力量整合着社会秩序与政治秩序。尽管韦伯认为科层制的形成需要诸多条件,并一一列举,如合理的法律、货币、经济、交通运输工具的集团化和复杂化以及民事和军事管理手段的集团化,但他承认,其中没有一项条件是决定性的。① 即使这些条件具备,但条件永远只能是外在环境,而不可能成为决定性的内因。当概念本身的逻辑力量不足,将其作为一种工具与方法解释社会,这种使命使其无法承受。同时韦伯对于概念的使用是没有时间性限制的,他对官僚制、行政管理、支配性经济组织、合作性经济组织等概念的使用不仅没有政治、经济领域之分,也没有历史阶段之分,是贯穿其整个社会分析和经济分析史的,所以说他的理论是一种静态分析。

马克斯·韦伯的巨大贡献在于他为我们提供了一个静态的社会分析模型,打破了政治领域与经济领域的分界,把政治治理方式与经济的专业化和职业化分工相联系,并作为一个统一的对象进行思考,抽象出对后来的社会学、政治学、管理学、组织理论都产生巨大影响的组织形式:即无论是社会的哪一个领域,为了对效率这一目的的追求,它们都组建起"科层制"和"官僚体制"结构。韦伯的这一思想对我们将政治、经济两个领域的运作方式统一起来,具有很大的启示意义。我们需要探讨的是韦伯所阐述的社会各领域存在统一的组织形式和运作方式是规律还是个案。

三 从社会学到组织社会学

马克思和韦伯都是通过社会的组织结构来分析和认识社会秩序,同样是在分析一种支配性的等级组织关系,两人却得出不同的结论。在马克思那里,社会的组织结构显示的是阶级或阶层关

---

① 〔德〕马克斯·韦伯:《经济与社会》(上卷),林荣远译,商务印书馆,1997,第 248~250 页。

系，而在韦伯那里，社会组织结构呈现为职业化的等级关系。阶级关系不只是一种统治与被统治的关系，更是一种被动的结构性权力安排，而职业等级关系尽管也是一种支配性的结构，但这种结构是根据职业定位以及职业本身所包含的权利与义务来展现的，每一个职业岗位都拥有自己的权利要求，并构成组织体系中不可缺少的有机组成部分。阶级关系与职业等级关系，都建立在社会分工的基础上，但前者形成的是一种身份性差别，后者形成的则是职业间的工作性质差别，社会秩序运作模式也就从统治与治理转向职业关系协作的运作机制。

我们在这里重新分析和认识马克思和韦伯对社会秩序的考察，并不是要展现两人在理论上的巨大差异和观点上的冲突，也不是通过对比来评判哪个对、哪个错，或者哪个高、哪个低。相反我们是要展现理论的连续性，并以此来探讨理论的走向问题。表面上看马克思与韦伯的理论观点存在巨大差异，并在认识观点上构成冲突，但我们必须看到这种差异和冲突并不是建立在对同一时代认识的基础上，两者缺乏一致的基础，简单类比是没有实质性意义的。我们认为从马克思到韦伯认识和观念的差异只是一种变化，是随着时间与社会发展自然发生的变化。马克思时代的社会分工专业化程度还比较低，社会组织构成较简单，能够清楚分辨雇主与雇工的关系；而到了韦伯时代，社会专业化分工日趋复杂，组织内部的纵向等级和横向组合都很难通过简单的权力结构来描述，更是无法通过一两个阶级或阶层关系来说明其运作方式。通过以上分析可以说明两个方面的问题，一是马克思与韦伯在理论和观念上的变化体现的是现实中社会组织形式演进上的变化，而非理论与观念之间的冲突；二是马克思关于社会演进与社会阶级关系分析和韦伯静态化的社会组织结构分析，两者作为社会学的解读方法都存在一定不足，前者存在阶级结构与社会整合的难题，后者存在社会整合与社会演进的难题。这两个难题在20世纪不断分化的社会组织结构中不断加剧，依靠传统社会学的这种结构性分析方法越来越难全面理解和认识社会整体秩序的运作。传统社会学的基础尽管确立在社会组织结构之上,但由于当时社会组织力量并没有完全凸现,它的出发点仍是社会整体性结构,社会组织结构在很大程度上是一种辅助理解社会结构的关键性因素。20世纪以来,伴随社会专业化分工,社会组织化程度日益提高,组织化的运作方式越来越成为社会运作机制的基础,社会组织结构逐渐构成社会整体结构的核心力量,在这一基础上,组织社会学的地位不断显现。

在社会学领域,能够和马克思与韦伯的影响并驾齐驱的恐怕只有被誉为社会学鼻祖的埃米尔·涂尔干了,他认为劳动分工使社会构成一个有机体。如果说孔德第一次提出劳动分工并不是纯粹的经济现象的命题,那么涂尔干更是将劳动分工视为社会整体能够存在和维持的基本要素。"无论对劳动分工持有何种态度,我们任何人都已感觉到,它已经渐渐地成了社会秩序最重要的基础。"[1] 劳动分工是一个社会存在的必要条件,它具有整合社会机体,维护社会统一的功能,从而使其成为解读社会秩序的关键性因素。因为在劳动分工和职业分化过程中,每个人的责任得到确认,他们的权利和义务在每一种工业类型中都应当得到规定。在专业化的社会分工中,职业群体性和法人团体往往与经济活动紧密相关,但涂尔干预言:"法人团体会变成一种基础,一种政治组织的本质基础。……随着经济生活的不断发展,它与经济生活的联系也越来越密切。我们也完全有理由期待,如果法人团体依此途径发展下去,它将来注定要在社会中占据更中心、更显著的位置。"[2] 在专业化分工的持续推进过程中,法人团体和社会组织在社会结构中的作用日益突出,通过组织来理解和认识整体社会秩序的研究逐渐增多,帕森斯就是其中重要的一位。帕森斯在受到韦伯分析启发的基础上,对正式组织进行研究,并勾画出被分

---

[1] 〔法〕埃米尔·涂尔干:《社会分工论》,渠东译,生活·读书·新知三联书店,2000,第4页。

[2] 〔法〕埃米尔·涂尔干:《社会分工论》,渠东译,生活·读书·新知三联书店,2000,第二版序言第39页。

析框架的最重要因素，划分组织的不同类型，并在组织中测试出所有进行保障机制模式的贴切性，以解释整个社会体系。①帕森斯通过将正式组织作为合理研究对象，绕过那些认为企业是经济范畴，政府部门是政治范畴的分类，将经济组织与政治组织统一纳入到社会结构和社会体系的整体理论中。帕森斯认为组织是一些体系，或者更准确地说是整个社会体系中根据其职能相区别的次体系，所以组织在他那里成为社会的写照，通过组建社会的基本系统从而复制它的结构。与帕森斯在认识上有点一致的赫伯特·西蒙也将组织从政治学、经济学、管理学等的认识中抽象出来，形成一个理解和认识社会秩序的新理论。一些关于组织功能性的研究方法还强调组织不只是技术系统，而且还是政治的和社会的系统——组织必须体现其参与者和更宽广范围内的委托人所重视的准则和价值。这些研究都表明，在一个日益组织化的社会中，组织社会学完全可以成为一种探寻和解释社会整体秩序的方法，依靠专业化分工和社会基本组织形式来认识和解读社会整体秩序成为切实可行的途径。

第二节 社会基本组织形式

社会生产力之所以决定生产关系是因为生产力的发展能直接导致社会分工和生产资料占有形式的改变，生产关系也正是在社会分工与生产资料占有形式的基础上体现出来的。任何试图对社会秩序演进做出思考者，都不得不依据这一原理。韦伯理论的意义在于为我们提供了一个静态的社会分析模型，将科层制官僚结构与专业化组织形式统一起来，抽象出对政治领域和经济领域统一有效的组织形式和运作方式。为能够更为全面地解读社会秩序，本书试图从组织社会学的角度，将马克思对社会秩序演进的分析

---

① 〔法〕克罗戴特·拉法耶：《组织社会学》，安延译，社会科学文献出版社，2000，第26页。

与韦伯意义上静态的秩序结构统一起来，在专业化和组织化的过程中思考社会秩序的整体演进。为此，社会组织形式以及演变就成为我们解读的一个重点。

一 社会基本组织形式概念

通过上文分析可以发现，马克思对社会结构的分析是基于社会组织的阶级构成，而韦伯对社会结构的思考则基于社会组织的职业等级关系。两人分别站在各自历史条件下做出的这种分析都具有充分的合理性。在社会专业化分工和组织不断分化的趋势下，人们越来越清楚地认识到，社会组织的基本形态与社会整合方式和秩序运作方式构成一个紧密的因果关联。这样对社会基本组织形式的理解就成为我们分析社会秩序运作的有力工具。然而通过对某一种特定历史时期的社会组织形式分析来理解社会秩序，而不顾及其他，就依然会陷入上文所讲的马克思与韦伯在理论与观念上的冲突，无法达到理论上的包容性和普适性。将马克思的社会秩序演进与韦伯的静态结构结合或统一起来，是理论分析的必然选择，这需要一方面坚持对支配生产力与生产关系发生内在关联的原因分析，一方面还要坚持社会整体的结构秩序分析，而能够将这两方面统一起来的因素正是马克思和韦伯都坚持的社会组织形态。因为生产力基础上的专业化分工推进了社会基本组织形式的演进。

所谓社会基本组织形式就是反映特定生产力的社会最基本的组织分工形式，它不仅体现人与组织的基本关系，而且反映组织与社会的基本关系，所以社会基本组织形式是特定时期社会秩序的基本表现形式。要将社会基本组织形式的变迁作为社会秩序演进的基础，需要从两个方面来解释，一是社会基本组织形式如何在专业化分工中演进，二是社会基本组织形式如何对社会秩序产生影响。在接下来的论述中，将通过抽象各个历史阶段的社会基本组织形式对这两方面进行解释。

本书将社会分工从马克思意义上的阶级分工和地位差别转向

普遍社会层面的专业化分工，使理论的考察重点由阶级和阶层分析转向专业化分工过程中不断推进的社会经济组织形式演进。专业化分工基础上的社会组织形式首先体现的是经济层面的生产关系和经济运作方式。在传统阶级社会，由于生产资料和生产方式较为单一，对单一生产资料的占有也就垄断了社会经济的组织资源，所以社会分工就体现在组织内部严格的等级关系或者说是阶级关系，我们称之为等级化的社会组织形式，如封建庄园经济组织。在这种社会组织形式基础上，社会经济运作方式也就呈现为封闭化的封建经济运行模式。随着生产力的发展和生产资料的多元化，在城市各种垄断性行会、同业会等兴起，并逐步构成社会经济运行的主要力量，社会分工也就开始从单一的阶级关系向特权化的专业组织演化，我们暂且沿用涂尔干的概念称之为"法人团体"的社会组织形式，在这种社会组织形式下，社会经济形式在特权经济势力的不断扩张中走向市场的统一。当城市手工业得到充分发展时，家庭作坊逐渐突破传统行会组织垄断的束缚，各种生产经营厂商也逐渐从特权经济组织中解脱出来，分散在整个社会中，形成"完全分散化模式"（德姆塞茨语）的社会组织形式，这种分散化的社会组织形式恰恰是自由市场经济的温床。而随着大工业发展，规模经济组织不断战胜小而散的作坊式经济组织，逐步走向专业化的社会组织形式，规模经济组织和专业化经济组织在自由市场竞争中不断扩张，逐步侵蚀自由市场经济的领域，组织化资本主义大行其道。随着第二、第三次产业革命的推动，传统产业不断分化，新兴行业和产业也跟着兴起，社会经济组织间的关联度和依存度得以提高，企业间和组织间的界限日益模糊，也就形成今天高度社会化的社会组织形式。由于经济组织的社会化和结构扁平化，经济组织与自由市场运行机制重新融合，自由市场竞争的秩序不断完善。

社会经济组织形式的演化一方面体现了社会经济运作方式的变化，同时也体现了社会政治格局的变迁。传统阶级社会，因为社会专业化分工的单调，等级化的组织形式使阶级统治关系得到更加突出的体现；而在法人团体组织形式中，行业特权组织对市场的需求促使王权与特权结合起来，王权政治突现；而当各种生产经营厂商逐渐从特权经济组织中解脱出来，社会的组织形式表现为分散化的组织形式时，国家权力开始瓦解传统行会、同业会等特权组织，法理性官僚组织得以确立；伴随大工业兴起的专业化的社会组织形式，每一行业、集团的经济组织为了自身利益必然展开广泛的市场竞争和政治竞争，不断推进组织化资本主义和官僚化行政。在后组织化资本主义时期，随着社会经济组织高度社会化，社会责任开始在市场运作中得到合理分摊，政府的治理责任也空前加强，新的行政方式逐步形成。透过以上分析，我们试图想说明的是无论政治发展还是经济成长都是在社会经济组织的演化中进行的，社会专业化分工基础上经济组织形式的演化是解读政治与经济两个领域共同成长的统一基础。本书的社会组织原则也正是在社会基本组织形式的演化中进行阐述的。

二 社会基本组织形式与社会秩序

在专业化分工和组织社会化的演进中，个人与组织之间的关系不断由身份关系转向契约关系，人与人的关系也由身份属性转向职业属性。在自由契约和职业属性中，个人的权利与义务得到强化，个人相对组织的自由性不断增强，这使得社会组织的运作越来越依赖个人职业身份的权利与义务关系。专业化分工不只是一个经济现象或经济过程，它与现代政治发展紧密相关，因为人们的权利和义务在专业化分工中得到确认[1]，规范最终都是为职业团体的整合而设置的[2]。所以专业化分工基础上的社会基本组织形式演进体现的是一种权利与义务不断分化调整的秩序关系，

---

[1] 〔法〕埃米尔·涂尔干：《社会分工论》，渠东译，生活·读书·新知三联书店，2000，第二版序言第42页。

[2] 〔法〕埃米尔·涂尔干：《社会分工论》，渠东译，生活·读书·新知三联书店，2000，第二版序言第26页。

而这种关系恰恰构成了制度规范和理性行政的基础。

在职业化的组织形式中,个人因为其职业定位而开始承担有限社会责任,并形成属于自身的权利与义务,所以职业化的关系和社会交往构成权利与义务生成的基础。权利与义务不仅终结了个人与组织的依附关系,而且使组织的运作秩序通过权利与义务关系来确定。这样就使得组织的整合和运作摆脱了个人的意志或其他非理性因素的控制,逐渐成为一套技术化、非人格化的、具有抽象和一般性的运作规则。依靠这套规则对社会系统中各角色的职责、权利、义务以及以此为基础的行为方式做出明确规定,并使之制度化,为每一共同体成员所接受。法理性的官僚体制就确立在这一基础上,它内生于组织专业化分工和职业化交往,又外在于每一组织体成员,它隐含着对组织职位与角色的定位,即权利和义务本质上是职业角色所固有的,不会因个人职位变动而随便买卖和让渡,组织因此有了最基本的规则。由此可以明白,规范"不是从诸个体的工具世界中的任意整流中产生,而是从一种交往中具有约束力的诸个体不能支配的,并且在这种意义上是客观的任务中产生"[1]。这种客观任务在现代语境下就是职业分化过程中每一角色的社会责任和义务。所以,在职业化的组织关系中,规范针对的对象不是组织中的个人,而是基于权利与义务关系的职业角色。对普遍意义上职责和交往行为的明确规定,而非对个人行为的约束,使得组织规则在实现对人的解放的同时,加强了对组织成员责任与义务的规范力度,从而使组织成为依赖法理性运作的秩序体,而平等的法理性也恰恰是现代公共行政的基础。在这一意义上社会基本组织形式的理性演化体现了政治秩序演进的意义。

我们还需要说明的是社会专业化分工和社会基本组织形式的演化同样也是解读经济秩序和市场成长的基础。亚当·斯密所确

---

[1] 〔德〕京特·雅科布斯:《规范·人格体·社会——法哲学前思》,冯军译,法律出版社,2001,第60页。

立的古典经济学的重点集中在专业化和分工对国家财富的作用上，价格机制或者"看不见的手"主要是具有协调专业化和分工的功能，协调人们选择专业化水平和模式的决策。所以古典经济学意义上的市场经济本是价格机制对专业化和分工的协调，而这一点长期被主流经济学所忽视，杨小凯的新兴古典经济学又重返古典经济学对专业化和社会分工的认识。如果说马歇尔的新古典经济学成功地将专业化分工网络描述成经济组织化，那么杨小凯的新兴古典经济学则将专业化和经济组织的演进视为市场经济发展和经济增长的内在动力和根本原因。经济增长并不是一个资源分配问题，而是经济组织演进的问题，市场发育、科技进步等只是经济组织演进的后果。[1] 杨小凯指出分工网络的大小由人们选择其专业化水平和模式的自利决策之间的交互作用来决定，可以证明，很多宏观经济现象（比如失业、景气循环以及货币从分工中出现等），制度性现象（比如企业制度或交易层级从分工中的出现），以及发展和增长现象都不过是分工演化的不同侧面或者说是分工网络的不同特征。[2] 从古典经济学到新兴古典经济学的理论发展，可以印证市场的发育与成长正是在专业化分工与经济组织的演进中进行的。

三　社会基本组织形式与社会整合

如果说马克思看重的是生产方式表现在经济组织内的社会劳动分工关系，更确切地说是经济组织内部的分工组合中的身份关系，将生产方式、劳动分工与身份关系的阶级性关联起来，并以此确认社会结构是以阶级结构为主导的，那么这一结构基础上的政治控制方式与经济整合方式便可以在阶级治理关系中得到统一解读。在这一理论认识下，社会基本组织形式体现的便是经济组

---

[1] 杨小凯：《新贸易与增长理论》，载《杨小凯谈经济》，中国社会科学出版社，2004，第123页。

[2] 杨小凯：《新兴古典经济学与新古典经济学》，载《杨小凯谈经济》，中国社会科学出版社，2004，第71页。

织内部的阶级关系组合。马克思将社会分工与社会的阶级关系统一起来的最大合理性体现在对传统阶级社会的理解中,因为在那里,社会分工的确是与社会的阶级关系联系在一起的,两者统一在单一生产方式下的等级组织内部,奴隶主庄园、大地产制或封建庄园等经济组织的内部劳动分工关系组合本质上就是阶级结构。但随着资本主义的兴起,就有了马克思所阐述的阶级的匿名化,资本和市场在社会经济运作和秩序整合中的作用已远远高于阶级统治的意义。在组织化资本主义中形成复杂性不断提高的职业化、等级化的科层官僚组织,阶级和阶层在社会整合运作中的功能进一步降低。而到了后组织化资本主义时期,社会经济组织边界渐渐模糊,组织结构趋向扁平,能够成就社会秩序的力量就更谈不上阶级与阶层了。

在资本主义的自由市场经济中,资本家与工人,资产所有者与无产者,尽管在身份上仍存在很大差别和不平等,但这种关系已不再是传统意义上的身份控制与身份依附,劳动力作为一种资源形式和生产要素处于市场的流通中。资本家与工人之间的强制性与不平等性的合约,与其说是资本家对工人的控制,不如说是资本对劳动的控制。整个经济过程是通过专业化分工间的市场交换与资本流通形成一个完整的社会劳动工资体系。而这一劳工体系明显不再是传统阶级社会中的简单的阶级分布。在市场经济过程中,社会劳动分工不像传统经济形式一样是在一个单一的等级组织内部实现,相反,社会的分工组合与市场交换和资本流通是一个统一体,经济过程是在广阔的市场范围内不同生产经营组织间进行生产——流通——加工——销售如此这样的往复循环。在这样的经济过程中,每个经济组织处于一个开放的状态,它仅仅是整个经济循环中的一个小小的环节,无法形成属于自身的整合体系。劳动力可以把握自身的优势通过资本流通与自由交换寻找适合自己的工作场所,与其说资本家与工人的关系是一种阶级统治关系,不如说是一种市场经济运作过程中形成的资本控制下的工资劳动体系。如果回顾古典政治经济学的历史,我们便明白,市场以及市场经济从起始的亚当·斯密和坎特龙时期，便不是一个单纯的经济交换或经济增长方式。斯密以市场观念取代传统的社会契约观念，使人们对社会的理解和解释从约翰·洛克和雅克·卢梭政治意义上的社会契约转向经济领域方面的市场契约。市场在斯密看来不只是促进经济增长的方式，它更是一种社会组织机制加上一种经济调节机制，是一种真正意义上的社会运作机制。① 而在坎特龙那里，他更为直白地指出，市场经济是一种社会运行的控制手段。② 这就是说市场或市场经济本身可以作为一种理解和认识社会运行秩序的方法和观念，而不只是一种私人营利的场所或方式。这在某种程度上也解释了为何古典政治经济学家把市场看作实现个人私利和社会公共利益的共同场所。

在这一意义上，如萨缪尔森所说：在一个完全竞争的市场里，谁雇用谁实在是无关紧要的，所以就让劳动雇用"资本"吧。③ 这便形成了马克思所说的"阶级统治匿名化"。马克思之所以要揭示阶级统治匿名化，主要原因就在于阶级匿名化以后的阶级关系及表现形式已完全不同于传统阶级社会的身份控制关系，已不可能在一个固定的组织体系内部实现社会控制和整合。如果说传统阶级社会政治控制主要通过阶级结构来实现，那么匿名化之后的政治治理和社会整合的路径又何在呢。很明显它已经发生转移，转移至经济领域中的经济循环和再生产过程中。马克思对阶级统治匿名化的揭示使我们坚信政治治理和社会整合的路径已不可能单单依靠传统的阶级组织形式和阶级结构。这种控制路径已转变成经济过程中资本流通与自由交换，正是它们在市场运作中的组

---

① 〔法〕皮埃尔·罗桑瓦隆：《乌托邦资本主义》，杨祖功等译，社会科学文献出版社，2004，第50页。
② 〔英〕迈克尔·佩罗曼：《资本主义的诞生》，裴达鹰译，广西师范大学出版社，2001，第135页。
③ 〔美〕塞缪尔森：《工资和利息：马克思经济学的现代剖析》，转引自鲍尔斯等《民主与资本主义》，韩水法译，商务印书馆，2003，第98页。

合使完整的经济过程得以形成。按照这一逻辑推理，如果社会生产力进一步发展，并使社会劳动分工组合更趋分化，使得任何一个生产要素都不具有相对于经济过程的决定性地位，经济组织间、职业间以及人与人之间，任何一方都不能够决定另一方，经济组织内部的雇佣关系也变成平等意义上的自由契约关系。在这样的社会中，阶级与阶层关系没有自由契约组合下的经济组织间关系对政府治理和经济运作方式更为重要。社会基本组织形式并不是一个经济学独有的概念，作为生产力基础上的专业化分工表现形式，它是从整体上体现社会的结构均衡程度和社会秩序状态，所以它具有更一般性的社会学意义。

第三节 组织社会学与社会组织原则

一 哈贝马斯的"社会组织原则"概念

如果说马克思对社会秩序的解读将经济领域的运作方式简化成阶级的统治方式，把社会化的分工组合定位在社会的阶级结构中，那么韦伯的分析方法一定程度上弥补了马克思的不足，通过职业化的社会分布与科层制的组织形式，将社会整体秩序建立在合理性与合法性基础之上，政治控制与经济整合方式在职业化的科层制运作中实现功能与目的的统一。但韦伯的静态理论模型无法用来分析社会秩序的历史演进以及组织形式的变迁。法兰克福学派的代表人尤尔根·哈贝马斯便将韦伯所关注的社会秩序的合法性与合理性同马克思的社会形态变迁理论结合起来，以期在社会结构的变迁中解读社会秩序。其核心概念是社会组织原则，社会组织原则决定社会的形态和社会整体秩序，而且社会秩序的合理性与合法性也均蕴含其中。"显然我们只有在社会进化理论的框架内，才能为结构转型提供各种变化空间。在这方面马克思的社会形态概念是很有帮助的，任何一种社会形态都由基本的社会组织原则所决定，而这种社会组织原则为社会状况的改变提供了抽象的可能性。"①

对于哈贝马斯，"社会组织原则主要是从生产力和确保认同的解释系统出发，来明确一个社会的学习能力以及发展水平，并进而限制控制能力增长的可能性"②。社会组织原则是一个极其复杂且高度抽象的概念，它涵盖了社会经济（生产力发展）、政治（社会控制）、文化（价值认同）各方面的指导性要求，如果一个社会能够完全符合以上诸条件，那么它就满足了合理性与合法性需求。哈贝马斯正是运用这一评价机制和指导性要求对不同社会形态下的社会秩序的合理性与合法性作出解读。为使读者认同其社会组织原则概念的正当性，他从社会系统的构成要素（经济系统、政治系统、学习机制）着手，以说明社会组织原则是评价社会整体发展所必需的。问题在于：由社会系统本身的需要所引发的社会组织原则及其变迁更迭的内在逻辑何在；由社会系统本身的需要所引发的社会组织原则怎能又反过来决定社会形态呢？哈贝马斯在运用马克思的社会形态概念之时，尽管认同系统的自律性的扩张取决于生产力和规范结构的改变，但生产力在社会组织原则理论中明显只是一个社会合理性与合法化的评价标准，而非马克思意义上的决定性因素。他认为"生产方式应当体现社会组织原则，因此它自然也就不能和生产资料所有制的各种历史形式等同起来"③。

哈贝马斯社会组织原则的推理逻辑是：在社会进化论的框架内，借用马克思的社会形态概念，依次区分四种社会形态，即：原始社会、传统社会、资本主义社会和后资本主义社会，其中除了原始社会之外，其余都是阶级社会。他的晚期资本主义社会意指生产资料控制在政治精英手里的社会，阶级社会包括传统阶级社会、现代阶级社会。现代阶级社会即指资本主义社会和晚期资

---

① 〔德〕哈贝马斯：《合法化危机》，刘北成等译，上海人民出版社，2000，第9页。
② 〔德〕哈贝马斯：《合法化危机》，刘北成等译，上海人民出版社，2000，第9页。
③ 〔德〕哈贝马斯：《合法化危机》，刘北成等译，上海人民出版社，2000，第9页。

本主义社会。然后他对于每一种社会形态，具体描述其中的社会组织原则，指出这种组织原则为社会进化所提供的可能性，并对其中所容纳的危机类型加以推论。哈贝马斯总结出原始社会形态的社会组织原则是年龄和性别等原始性角色，此组织原则下的制度核心是亲缘系统，所以家庭结构决定了整个社会的交往，同时也起着社会整合和社会子系统整合的作用。按照亲缘关系组织起来的社会，生产力不能依靠剥削劳动力获得发展，人们也没有任何动机生产超出基本需求的产品，即使生产力状况允许生产剩余也是如此。所以在该组织原则下的社会依靠外在因素促进变化，这种外在因素通常指：人口增长、战争、种族冲突。到了传统阶级社会，其社会组织原则是具有政治形式的阶级结构。由于从亲缘系统中分化出一个官僚统治机器，使得社会财富的生产和分配从家庭组织形式转为生产资料所有制形式。亲缘系统不再是制度的核心，它把社会控制的主要功能转让给国家，开启了专门化和功能化的进程。这时期的社会劳动系统是用政治手段建立的，由于技术创新有限，提高生产力必须依靠加强剥削，统治者是直接通过加强体罚力度或是间接通过强制实施捐税来提高自己的权力，社会以阶级结构为基础保持着稳定。到自由资本主义时期，社会组织原则是资产阶级民法体系中所确定的雇佣劳动与资本之间的关系。国家疆域内的商品市场、资本市场、劳动力市场获得了制度化，市民社会从政治经济系统中分离出来。法律功能突现，经济交换变成主要控制手段，国家变成了市场流通体系的一个补充结构，用于维持生产的一般条件。这就意味着阶级关系的非政治化和阶级统治的匿名化。但是到晚期资本主义时期，经济系统与政治系统重新融合，国家积极介入到再生产过程当中。仅到此为止，对于晚期资本主义的社会组织原则他没有总结出来。

综上所述，哈贝马斯的社会组织原则概念对于理解不同社会形态的控制机制是有价值的，因为不同社会组织原则下，社会系统的制度核心是不同的。但是，哈贝马斯只是描述了社会形态的组织原则,却没有具体说明抽象社会组织原则的依据是什么。原始社会年龄和性别等原始角色是其组织原则,到了传统阶级社会,组织原则成为政治形式的阶级统治,究其原因是因为官僚制统治的出现,从亲缘系统中分化出一个控制中心。到了自由资本主义时期,社会组织原则成为资产阶级民法体系中所确立的雇佣劳动与资本之间的关系,究其原因是因为出现了私人所有者摆脱了国家束缚的商品领域、商品市场、资本市场以及劳动市场获得制度化,市民社会形成,阶级关系呈现非政治化和阶级统治匿名化。[①] 的确,三种社会形态与相对应的社会组织原则是相符的,而且在很大程度上也能以此认识社会与政治系统、政治系统与经济系统的内在关系。但是对于为何不同的社会形态有相应的社会组织原则,界定社会组织原则的依据是什么,还缺乏充分的解释。

哈贝马斯为我们提供了很好的分析视角。但是如果要增强社会组织原则这一分析工具的实践意义,就必须对这一概念进行精简和化约,在高度抽象的基础上使其具有类似于结构模型的功能,并在这一框架内解读政治控制与经济整合方式的统一演进。为实现这一目的,我们认为必须把思维拉回到社会生产力本身,不同的社会经济组织形式是社会生产力作用下专业化社会分工的演化结果,社会组织原则应当作为社会生产力的体现者在专业化的分工和社会组织结构演进中得到解读。为此本书在沿用哈贝马斯"社会组织原则"的同时,将这一概念定位到专业化社会分工基础上的社会基本组织形式的演进中。

二 组织社会学与社会组织原则

基于人对群体和共同体生活的期盼,毫无疑问地说,人类社会的发展史完全可以归结为社会组织方式的演变史。人类历史上

---

① 〔德〕哈贝马斯:《合法化危机》,刘北成等译,上海人民出版社,2000,第25~32页。

的生产、生活、交往以及一切的政治、经济、文化活动都可以在当时基本的社会组织方式中得到有效解读。如果说社会结构是我们理解和认识宏观社会运作的基础，那么社会基本组织方式便是我们描述和理解社会结构的具体根据。因为基本的组织方式与社会的建构方式紧密相关，个人与组织的构成关系与个人与社会的构成关系基本一致，组织内在的治理方式和运作方式往往也是宏观社会治理和运作机制所遵循的基本方式。

组织是互动的人的集合，并且是社会中与中央协调系统存在相似性的最大集合。与组织间和无组织的个人之间的分散和多变化的关系相比，组织内部结构与协作具有高度的特定性。这使得个别组织作为社会学研究单位的重要性堪与个别生物对于生物学研究的重要性相提并论。①

所以说，我们之所以能够将社会基本组织方式的运行与宏观社会秩序关联起来，并不仅仅因为社会是由基本的组织单元构成，更在于这些基本的组织单元所隐含的秩序意义是一个宏观社会正常运作所必须依赖的。譬如，①组织的自治性，任何时期的社会组织之所以能够构成组织而不是一个松散的群体，就是因为它具有自治的相对自足性，它能够对外界显示它的存在和影响；②组织的相对封闭性，无论是伦理性组织还是专业化组织，其构成都必然具有对其成员提出身份和资格要求的功能，而正是这一点构成了组织的边界；③组织的强制性与规约性，无论是以人身依附性、等级性、合同性还是契约性为基础形成的组织，都会因组织边界的存在而产生强制力和规约性，这也正是组织发挥其功能的基础；④组织化的权利与义务安排，无论是强制性权利义务还是自由契约下的权利义务，都必须得到规范性遵守，这是组织持续生存的基础；⑤组织集体行动的逻辑，古往今来，这是任何组织都必须面对的难题。这些都是基本组织单元与宏观社会秩序共同和统一的地方。理解集体生活的运转逻辑以及它引起的合作形式，

---

① March, James and Herbert Simon, *Organizations*, New York: Wiley, 1958, p. 10.

这就是组织社会学研究的目标。① 这一目标也正是理解宏观社会秩序所必须的条件。这也是为什么本研究坚持通过组织社会学的分析方法来理解和认识政治秩序与经济秩序的共同演进。但这些研究内容已不是一个社会基本组织形式概念所能整合的，这些内容其实暗含了一个组织单元如何运作，并遵循什么样的方式运作的问题。至此，问题已经涉及社会组织原则这一分析概念了。

组织原则简单讲就是一个组织能够按一定秩序可持续存在所必须遵守的规则，一般受制于两个方面，一是符合生产力条件的组织形式，二是稳定组织形式的成员构成方式。这两个方面不仅构成了理解组织的基本要素，更重要的是这两者之间的关系规约着组织基本的秩序状态和运作方式。所以这两个组织的基本要素之间的关系就构成了组织原则。

为什么将这两个组织要素之间的关系作为组织原则，而不沿用帕森斯的"组织层次论"② 和汤普森的"组织层次模型"③ 中所描述的组织运作规则呢？帕森斯的"组织层次论"认为组织存在技术的、管理的和制度的三个层次，每个层次都有不同的责任和控制，很难在这三者之中寻找到规约组织运作的共同规则，正如汤普森对其批评说："在这三个层次的两个联结点上，由于每一个层次的功能存在质的区别，'线性'权威的简单连续性出现了质的中断。"④ 所以，尽管帕森斯层次论体现了组织的一般特征，并将组织与社区结构联结起来，但它并不构成一般意义上的组织原则。而汤普森的"组织层次模型"尽管弥补了汤普森的理论缺陷，但其理论目的在于解读组织相对外界环境的调整，而非

---

① 〔法〕克罗戴特·拉法耶：《组织社会学》，安延译，社会科学文献出版社，2000，第1页。
② Parsons, Talcott, *Structure and Process in Modern Societies*, New York: The Free Press of Glencoe, 1960.
③ 詹姆斯·汤普森：《行动中的组织》，敬乂嘉译，上海人民出版社，2007，序言9~11页。
④ 詹姆斯·汤普森：《行动中的组织》，敬乂嘉译，上海人民出版社，2007，第14~15页。

组织运作的常态分析。对于其他因素为什么不能构成组织原则，而只有组织形式与组织构成方式关系才能承担，需要从两个层面谈起：一是看它是否具有构成组织原则的一般条件，二是看它能否起到规约组织运作的作用。

按照我们对马奇和西蒙（March and Simon）组织论的观点理解，组织应当是社会过程的简化，只是组织的专业化使社会功能得到了强化和集中。而组织如何承担起社会过程简化的责任，我们认为正是通过集中或强化了的组织结构和组织构成方式来实现的。从以下几方面可以论证这两个组织要素具有构成社会组织原则的一般条件：首先这两种要素是组织构成的最基本条件，是不论任何种类的组织还是任何时期的组织都必须具备的，具有普遍性；其次组织形式与组织构成方式最能够反映一定时期社会经济特征和社会基本劳动关系，具有社会秩序的意义；其三这两种要素是可演变的，可以随着社会经济发展和组织本身的需求而做出必要调整，可以展现组织演进的历程；其四，这两种组织要素不具有任何一个领域的专属性，可在政治领域和经济领域共同使用，具有广泛的社会性，可以为研究提供策略上的便利。其他因素和条件则不具备上述要求。

从两个要素之间的关系分析，它们能起到规约组织运作方式的作用。首先这两种要素是不可分离的，一个组织不可能只有结构，而没有维持结构的构成方式，那将成为空中楼阁；也不可能只有成员构成方式，而没有结构，那只能成为私人群体，而无法呈现为一个社会组织。其次，这两个要素与组织的外部环境紧密相关，是组织应对外界变迁进行调整的核心，组织的生存高于一切，而适应构成了组织活动的主要过程，这一过程主要通过组织形式与组织构成方式的整体调整进行。最后，组织形式体现了一种组织的一般形态，而组织构成方式则体现了组织管理和组织治理方式，它是一种动态的组织运作机构。前者是一种结构性制约因素，后者是一种组织整合因素，两者作为一个整体规约着组织的秩序状态和运作方式。

综合以上两个层面,组织形式与构成方式之间的关系可以作为解读社会组织运作的组织原则。由于特定时期社会生产力条件下的社会最基本的组织分工形式具有统一性,并形成社会基本组织形式,反映组织与社会的基本关系,社会组织原则并不是一个单一组织内部的问题,更是对体现社会秩序结构的社会基本组织形式的运作具有普遍意义上的约束力。当一种组织原则广泛存在并适用于社会基本组织形式时,它对社会运作就具有普遍意义,这种组织原则也就成为社会组织原则。所以社会组织原则就是社会基本组织形式与普遍存在这一组织形式内的成员构成方式之间的关系。社会组织形式体现的是一种社会分工状态和社会结构布局,而构成方式则体现了社会在这一结构布局下的运作方式,前者是一种结构性制约,后者是一种整合性规约,两者从根本上构成了社会整体的运作规则。由于社会组织形式与组织构成方式的一般性,它能够将政治、经济等各方面统一起来。如果说社会的基本经济组织形式是政府增长和市场成长的共同路径依赖,那么组织构成方式便是规约政治秩序与经济秩序的规则,两者共同构建起分析和解释政府增长与市场成长、政府增长与政府治理方式演进的理论平台。这使得社会组织原则能够承担起解读政治秩序与经济秩序共同演进的理论性责任。

为了不引起理论上的误读,针对社会组织原则这一概念仍需作出以下一点说明。社会基本组织形式与组织构成方式之间的互动关系展示的是社会整体秩序的走向,或者说是社会秩序演进过程,所以尽管社会组织原则设定了社会秩序目标,但它本身体现为追求目标的过程。我们不能将目标与追求目标的过程相混淆,犹如哈耶克所强调的,我们不能将完全均衡市场这一市场竞争目标等同于竞争过程一样。将目标等同于过程,理论解读将会出现理想与现实之间的混乱。社会组织原则是规约社会走向的总体性要求,而不是对社会政治、经济各领域作出的一种外在的、定型化的模板。

第三章
社会组织原则的演进

人类社会对秩序的追求和对共同体生活的要求，使得每一个时期的社会都应当存在与其生产力水平相吻合的基本组织形式和组织构成方式，也就是说社会组织原则不应当是一种理论上的抽象或推理，而是作为一种普遍的规约性力量存在于社会各个层面，社会的核心制度和基本运作规则将在这里得到充分体现。在社会组织原则规约下，政治领域和经济领域在组织形式、运作方式和制度规则上都呈现高度的统一。本书的目的并不是去具体描述某一特定的社会组织原则与其社会秩序，更不是企图构建一种社会演进理论，主要是解读政府增长过程中的政治与经济两个层面的同步演进，阐明政府增长与社会秩序演进的内在关联。本书关注市场经济和现代政治发展，不会过分对中世纪之前的社会进行详细划分，概以"传统社会"称谓，以下时期分为重商主义时期、自由资本主义时期、组织化资本主义时期和后组织化资本主义时期。对历史阶段的划分，并不是凸显相互间的差异，也不是因为相互间存在不可超越的历史断层，相反，出于对历史整体性和连续性的认识，我们有必要从不同时期的特点中寻求历史的走向和演进逻辑。需要指出的是，本书采用了一个并不常见的术语："后组织化资本主义"，称之为术语而非概念，是因为这并非是一种定性的用语，而仅仅是为了更清楚地表达在今天发达资本主义社会的社会经济运作模式已不同于组织化资本主义时期。为表现社会组织原则的演进进程以及内在逻辑，我们通过专业化分工基础上形成的各个时期社会基本组织形式和组织构成方式来解读。

第一节 传统社会的组织原则

"传统社会"这一用语是对生产力相对低下的农奴制和封建制的概称。概称并不是说它们之间没有区别,只是在传统的奴隶制和封建制社会,生产力极不发达,社会生产组织方式和生产方式单一,经济组织的生存与发展高度依附于农业和农村的土地生产,土地是社会的基础,也是最主要的生产资料,对土地的分配、使用与支配方式决定了这一时期社会经济的组织形式。无论是"自由"与"非自由"的奴隶制还是身份等级化的封建制社会,都确立于这一基础上,基本的社会组织形态是趋于一致的。

当在社会生产力水平普遍较低的情况下,人类对生产资料的掌握主要集中于对生存具有重大意义的天然性生产资料上,土地首先成为人类生存与发展的第一生产资料。当土地是社会占主导地位的生产资料,且一切的经济发展,诸如农业、畜牧业、简单手工业都依附于土地,一切经济利益的来源如土地包税、租赁等也都必须依托于土地之时,土地在具有生产功能的同时,也便具有了权力的价值。因为土地是共同体利益的最基本来源,其他手工业、小商品业等也都无法脱离土地以及土地之上的生产而独立。对土地的夺取和占有成为国家的最大政治:"罗马共和国事实上是一个武装农民的国家,或者确切地说,一个自耕农组成的征战国家,每次战争都意味着吞并更多的土地以供拓殖。"[1] 可见土地对国家政治的重要性。在这样一个社会中,任何对土地的占有、开发、使用都必须建立在权力许可与让渡的基础上。土地在政治上所具有的权力特征和政治治理功能,使建立在以土地为主要生产资料基础的农业在生产关系

---

[1] 〔德〕马克斯·韦伯:《民族 国家与经济政策》,甘阳译,生活·读书·新知三联书店、牛津出版社,1997,第10页。

上必然具有高度的人身依附性，因此其生产方式也具有对外界的封闭性。马克斯·韦伯认为：领主制经济和庄园制经济中的政治及社会的阶级关系体现于三个方面，一是土地的占有（领主权），二是人身占有（人身依附），三是政治权力的占有，尤其是司法上的占有。①"实施于依附的乡村居民的统治权能以这种方式构成了封建统治制度最重要的日常表现。它从一开始就始终紧密地与榨取依附劳动、农产品、地租和过境税以满足其主人的利益这一职能联系在一起，因为诸种所有权方面无不与土地有关。"②

所以传统阶级社会专业化分工程度很弱，对土地的高度依赖使其基本组织形式呈现为极为单一的组织形式。而其组织内部的构成形式则建立在土地这一生产资料占有形式的基础上，也即人身依附。无论是奴隶主庄园经济下的非自由劳动，还是封建庄园下的等级制劳动都确立在对土地的高度依附基础上的身份控制之下。如布洛赫所认为的，"人身依附"是欧洲封建制的基本特征之一。传统阶级社会的组织形式是建立在以土地为主导的生产资料基础上，整个社会经济分布集中体现为土地基础上的单一农业生产，社会的结构形式便沿着农业生产这一垂直的单线分布实现劳动分工。而单一农业生产经济组织内的劳动分工与社会生产关系高度一致，所以社会结构便体现为生产组织内部的生产关系，即身份制、等级制的阶级关系。"在庄园结构内，生产组织（人身依附、强迫劳动、劳役）和对剩余劳动的榨取（以劳役地租形式），就被用来为封建领主——一种高贵的地主和政治特权及司法特权的所有者——的利益服务。"③ 所以单一组织形式与身份依附关系就成为传统社会的组织原则。在这一组织原则下，社会关系整体表现为附庸、效忠关

---

① 〔德〕马克斯·韦伯：《韦伯作品集Ⅰ》（2），康乐等译，广西师范大学出版社，2004，第76页。

② 〔美〕贾恩弗兰克·波齐：《近代国家的发展》，沈汉译，商务印书馆，1997，第33页。

③ 〔法〕米歇尔·博德：《资本主义史1500~1980》，吴艾美译，东方出版社，1986，第4页。

系、人身依附、私人对臣仆的权力以及被封建制同化或取代的家庭或部落制纽带关系。生产组织所具有的身份依附性决定了社会的整体秩序必然是以稳定为主，无论在政治领域还是在经济领域，保持组织结构与社会结构的稳定都成为最大使命。

第二节　重商主义到自由资本主义社会组织原则

随着农村土地上自由劳动和农民资产形式的发展，劳役地租逐渐改变成实物地租和货币地租，同时随着贵族的衰落，采邑逐渐商业化，以及作为自由人的封臣可以从多个领主手中取得采邑，从而形成"多重臣属"的关系，严重破坏了原有的忠诚关系，经济利益协议代替了个人之间的忠诚契约。地租的货币化和传统采邑制的破坏一同瓦解了传统的阶级控制与经济组织形式。以自耕农为基础的社会生产形成，自由贸易开始从传统的阶级控制中脱离出来。庄园制经济崩溃的原动力首先来自于内部，而且基本上是经济性的，直接因素是地主和农民双方的市场活动与市场利益的发展，以及联系于货币经济的农产品市场的不断成长。但仅这些因素未必就能导致庄园经济的崩溃，还有外部因素，即新兴城市市民阶级的兴起和城市工商业的发展，它要求拥有更为广阔的市场空间，而庄园经济对其构成一种限制和阻碍。内外因素的共同发展促使庄园经济走向崩溃。从农业生产到工业生产，从农村到城市，所有生产领域的社会劳动分工范围不断扩大，生产组织形式趋向多元化，行业部门多元化，从而使社会经济呈现韦伯所说的以自由劳动为主的经济发展，即当自由劳动占上风时，经济的进步首先要求市场的扩展，亦即在外延上把新的地理区域纳入交换经济，在内涵上把更多的人口纳入交换经济。[①] 到此，传统

---

① 〔德〕马克斯·韦伯：《民族国家与经济政策》，甘阳译，生活·读书·新知三联书店、牛津出版社，1997，第8页。

阶级社会下的单一经济组织形式与身份依附关系的社会组织原则已更新并失去原来的意义。

一 社会基本组织形式的演进

只要市场本身还具有地方性色彩，法人团体和地方组织联合起来就足可以应付社会的一切需要，但技术进步和大工业迅猛发展使这一状况发生根本性改变。[①] 中世纪后期，在同一城镇或村庄，甚至同一行业，生产关系都可能极不相同。根据自主性程度不同，行会的雇工可以分为三类：独立的手工匠，受雇于外加工生产的手工业工匠，以及非独立的领酬工人等，这三类人员之间的界限是不固定的，一个人可能在这三者之间进行转换，甚至同属其中两者。同时在工业生产中也出现多种多样的组织形式、劳动关系和劳动条件。[②] 由于手工业技术的发展与手工业种类的不断增加，行会依靠自身的垄断强化对雇员的人身依附已很难做到，工人开始在不同领域、不同经济组织形式间进行选择。这种选择一方面显示了雇员流动趋于自由，另一方面对工业传统垄断式的行业发展提出竞争性挑战，促使其努力推进自身的规范化、职业化和技术化，以提高竞争力。随着社会生产力的发展和社会需求的不断增加，新的工业类型和行业不断确立；社会可利用的生产要素（土地、技术、资本、劳动力等）也逐渐丰富，而且资本成为最重要的因素；经济组织中的生产关系（独立工匠、受雇外加工、管理员工、投资人、所有人等）也呈现多样化和复杂化。"十六世纪，未来资本主义发展的条件基本具备：各国银行业、商业资产阶级有了自行支配的巨大财产和银行及金融机构网；各民族国家有了用于征服和统治的工具；世间观念重视财产和富有。正是在此意义

---

① 〔法〕埃米尔·涂尔干：《社会分工论》，渠东译，生活·读书·新知三联书店，2005，第二版序言第35页。
② 〔英〕罗伯特·杜普莱西斯：《早期欧洲现代资本主义的形成过程》，朱智强等译，辽宁教育出版社，2001，第47页。

上，把十六世纪定义为资本主义时代的开端。"① 由于生产要素的多元化且在商业过程中具有很大流动性，这使任何经济组织都不再可能依靠单一具有支配性的因素实现对组织本身的控制，必须从生产要素、组织管理方式、产品质量等方面全方位进入市场竞争。

从中世纪后期到重商主义时期再到自由资本主义时期，是一个急速推进的过程，整个进程缺乏稳定的社会组织形式，法团组织、分散化工商业组织以及工业化组织等相互混杂在一起，但整体的趋势是技术进步和产业分化导致传统法团性垄断组织的不断瓦解，工商业组织不断分散化，进而形成自由市场机制。我们通过涂尔干的描述来展示这一过程。

> 首先，过去的经验告诉我们，职业群体的组织结构经常与经济生活发生关系。法人团体体系的消失，就是由于缺少了这个条件，因此，从前以自治形式出现的市场，已经越来越成为国家的和国际的，法人团体同样也应该如此。它不能只囿于城镇的工匠阶层，而应拓展到整个国家所有职业的范围，无论法人团体发展到哪个地区，是城镇还是乡村，它们彼此总是相互联系的。它们总要共同承担生活。从某种意义上讲，既然这种共同生活是超出所有地区界限的，那么我们应该创立一套相应的机制来展示生活，规定生活……它关系到整个国家工业企业的发展问题，它一定会产生普遍的反响，所有这些国家不能不感受到和干预到它。因此大工业一经出现，就被皇室自然地揽在自己的权力之下。②
>
> 由于皇权与这一职能是很不相称的，所以对这种特权的直接保护不可避免地会变成一种压制力量，一旦大工业发展

---

① 〔法〕米歇尔·博德：《资本主义史 1500~1980》，东方出版社，1986，第14页。
② 〔德〕埃米尔·涂尔干：《社会分工论》，渠东译，生活·读书·新知三联书店，2005，第二版序言第36页。

和分化到了一定程度，皇权也就会显得无能为力。这就是古典经济学家要求驱除这种控制的原因所在。[①]

在传统封建经济组织不断瓦解和前工业化的法团性经济组织兴起时，第一次提出了进行市场重构的要求，此时的市场构建主要围绕这些专业化或者说是行业化的团体的利益格局，政府早期的活动方式正是这些前工业化社会利益的反映，行会和同业会受到法律的全面保护，实行学徒制。早期立法对劳动力自由流动产生了障碍。但对劳动力和行业组织的保护，并没有延续封建经济的封闭性，相反为了这些法人团体利益的需求，国家不断对私人交易进行干预并逐渐构建统一流通市场。但在市场化过程中，法人团体组织本身的流通性也开始加强，同时工业化的要求也在增加，这些不仅对法人团体性的组织形式构成冲击，更是提出了第二次进行市场重构的要求。这一次的市场重构主要围绕不断分化的工商业组织和新兴工业化力量的要求而开展，取消对那些团体性专业化利益的保护，取消对劳动力流动的行业以及部门性限制就成为第二次市场重构的核心。自由市场在这一基础上兴起，不断催生分散化的经济组织从行业性体制中解放出来，同时伴随大工业的兴起，工业化组织也开始逐渐形成。

二 分散化组织形式的形成

技术进步和大工业的兴起不仅瓦解了传统法人团体，而且也迫使皇权对经济的掌控方式发生根本变化，自由市场经济逐渐形成。但这并不意味着工业化的组织形式成为社会基本的组织方式，工业化初期更多的仍是简单加工业，通过简单雇佣劳动来完成生产。从亚当·斯密的论述中也可以体会出，在这位奠定自由市场经济模式的思想家笔下，是手工业工场资本主义的世界，工场里聚集着具有

---

① 〔德〕埃米尔·涂尔干：《社会分工论》，渠东译，生活·读书·新知三联书店，2005，第二版序言第35页。

手工艺的工人（制钉业、制针业）；他所谈到的行业是手工业水平的行业，比如漂洗工、染工、织工、纺工、缝衣匠、泥匠、锁匠等；店主是杂货商、药剂师、面包师；运输工人是指驾驶货车的人、装卸工、搬运工；在他的经济世界里还常常有农民、牧羊人、伐木工。在自由资本主义时期工业化和城市化尽管得到发展，但地方性职业和传统意义上的城镇生活继续存在，这减弱了工业和城市对生产方式的深远影响。19世纪上半叶，只有英国的都市化年增长高于0.2%，直到19世纪末，都市比速度达到1801年英格兰和威尔士水平的国家还不到12个。事实上前工业的老城市，限于它固有的行业性分工，没有几个能吸引新产品前去安家落户，典型的新工业区一般来说是由几个村子共同发展成小城市，几个小城市又发展成大城市的。整个过程中，工业生产与人们的日常生活紧密相连，城里居民离田野很近，只要几步就可能到达。直到19世纪70年代，德国西部的工业大城市，如科隆和杜塞尔多夫，都是靠四周农村提供粮食。霍布斯鲍姆的笔下，工人可以在新工业化地区保持半农状态，工人可以因为要回家翻晒干草而罢工，也可以季节性失业时到附近农场找工作。① 这是自由资本主义初期社会经济自我整合的真实写照，它表明了当时城市、农村、资产者、农民、工人等一切因素，都是在最基础的物质生活层面上被整合到市场经济的自由运作中，也即人的物质生活领域、生产领域以及资本积累的社会再生产过程皆处于统一的社会秩序之中。

如斯密所强调的"在交易中取得最大好处，就要从事自己擅长的工作，其结果便是社会化劳动分工"，"私人利益和个人感觉自然会使他们把自己的资本转向在一般认为对社会最有利的用途"，人们有理由认为自由市场经济本身是一个自由契约的联合体，人们在市场的流通与交换中寻找对自己最为有利可图的、最适合自己的工作方式和劳动环境，最大限度地发挥自身的资源、资本、能力、技

---

① 〔英〕艾瑞克·霍布斯鲍姆：《资本的年代》，张晓华等译，江苏人民出版社，1999，第282~283页。

术等等属于自我的生产资料，以获取最高的经济效用价值。由于市场经济本身的公平性、自由性和机会的均衡性，整个经济领域也因此呈现共赢基础上的最大效率增长。分散化的经济组织通过对货币、信用、土地、生产性设备以及原材料等不同资产的拥有或占有方式，以完全开放的组织形式在资本流通中进行循环再生产，以资本为主导生产要素的经济组织必然要追求在最大范围的市场流通中实现利润积累和资本扩张。斯密在其《国富论》中揭示了分工与资本之间的内生必然关系，专业化分工中分化出的经济组织正是通过资本这一流通手段统一到一个有机的经济过程中，资本作为一种流通手段在价格机制的作用下实现对专业化分工和经济组织的协调，并协调人们依据自身的优势和长处去选择合适自己的专业化工作。杨小凯曾引用杨格（Allyn Young）的观点这样表达对资本的认识："资本既不是资源配置的问题，也不是可用资源多少的问题，它只是中间产品生产中分工演进和生产迂回程度演进的问题，或者更准确地说，是经济组织的问题。"[①] 所以资本与专业化分工和多元化经济组织是一个紧密的整体，资本一方面在经济组织内部发挥作用，形成组织内部的资本雇佣关系，另一方面在经济组织间发挥作用，使多元化的经济组织统一在一个有机的经济过程中。

在以上对当时社会状况的认识基础上，我们会很容易理解为什么德姆塞茨将这一时期的社会经济描述为"完全分散化模式"，"在完全分散化模式中，边际成本递增限制了一个企业的规模，并且原子式的产业结构使得价格接受者的行为变成一个合乎情理的预期"，"完全分散化模式没有给权威或控制的实行留有活动空间，尤其没有给企业提供任何理论基础"。[②] 也就是说当时的分散化组织与后来的企业组织是完全不同的组织形式，其组织构成方式只是一种简单的雇佣劳动关系。按科斯对"企业的性质"的研

---

① 杨小凯、黄有光：《专业化与经济组织》，经济科学出版社，2004，第10页。
② 〔美〕德姆塞茨：《竞争的经济、法律和政治纬度》，陈郁译，上海三联书店，1992，第19、26页。

究结论，企业具有交易场所的特征，在这个交易场所中，市场制度被阻抑，资源的配置是由权威和命令来实现的，也就是说企业是由权力来实现控制的。如果说企业是某一层面上的市场代替者，那么当时完全分散化的组织是与市场完全融合在一起的，尽管其也具有专业化和技术性形式，但是它完全不具有企业的职业等级、规则命令、权威或权力支配等特征，组织和市场之间没有运作方式和理念上的差异，组织与市场之间几乎不存在竞争，分散化的组织高度依赖于市场经济的存在并与其融合成一个整体。所以在分散化组织形式与简单雇佣关系这一社会组织原则下，无权威存在的自由竞争就成为社会运作的基本机制。在没有权威和外在支配力量的情况下，经济的自由运作就处于资本流通与价格调节机制下。多元化经济组织形式与资本流通关系的社会组织原则决定了社会必将以经济与效率的最大化为统一指导。自由市场运作的主要目的在于以专业化和自由竞争提高生产效率，而由经济的专业化（利益集团崛起）引起的竞争性政治，不断推进政府的增长，这种由专业化引发的政府增长目的更主要地集中在如何更有效地推进经济增长，使得政府的治理方式也以效率最大化为指导。

第三节　组织化资本主义社会原则的形成

从18世纪末到19世纪70年代这段时期，被广泛赞誉为自由资本主义时期，它推进了市民社会的形成，实现了自由市场的运作机制，这一时期"曾被当时的传统人士认为是经济增长、政治发展、技术进步和文化成就的典范时期，只要稍加适当改进，就可以理所当然地持续到无限的未来。但事实上并不像这些人所认为的那样，它只是一段特别的插曲"[①]。伴随大工业经济的迅速到

---

① 〔德〕艾瑞克·霍布斯鲍姆：《资本的年代》，张晓华译，江苏人民出版社，1999，第55页。

来，社会基本组织形式开始发生根本性改变。

一 组织化资本主义形成

古典自由主义的市场秩序是在完全分散化的经济组织基础上的完全竞争。亚当·斯密所强调的自由市场机制、平均利润率机制对专业化和分工的协调也是建立在这样一种认识基础上。斯密所强调的自由价格机制和平均利率机制面对的是平等均衡且为数众多的"小而散"的经济组织，用德姆塞茨的话说就是"完全分散化的模式"。它们建立在与人们日常生活紧密相关的基础生产上，如原料加工、生活用品、手工业用品、基础工业等方面，资本仍是作为一种简单的生产要素伴随生产、流通、销售等整个再生产过程循环，而没有形成大规模经济组织。"完全分散化模式没有给予权威或控制的实行留有活动空间，尤其是没有给企业提供任何理论"，自由竞争理论强调的是以价格为主导的市场本身的运作机制，而企业则是一种控制机制。但事实上由于竞争的不完全[①]，专业化经济组织在自由放任的竞争环境中导致了规模企业以及垄断经济的形成。德姆塞茨指出：如果在一些产业中，竞争的先决条件是有成本的信息和通常不存在急剧上升的边际生产成本的综合，那么就有足够的理由可以预料，自由放任竞争将导致产业结构的倾斜（垄断或规模经济不可避免）。[②] 也就是说自由放任的市场竞争将不可避免地导致规模经济组织的出现。"在一个被浓缩的自由放任经济中，对市场来说充分的、但并非必要的条件是具有重要意义的规模经济。"[③]

这样规模经济组织或企业本身的控制机制和权威性开始在

[①] 德姆塞茨认为竞争秩序是多维的，价格仅是其中的一个，它至少应当包含经济、法律、政治三个纬度。

[②] 〔美〕哈罗德·德姆塞茨：《竞争的经济、法律和政治纬度》，陈郁译，上海三联书店，1992，第25~26页。

[③] 〔美〕哈罗德·德姆塞茨：《竞争的经济、法律和政治纬度》，陈郁译，上海三联书店，1992，第25页。

自由市场经济中凸现出来,建立在价格机制基础上的自由市场就成为低效率的。这样以机器生产和科层化、职能部门化为特征的管理型企业应运而生,这些管理型企业将本属于自由交换领域的原料加工和产品交换纳入企业内部生产以降低生产成本,提高资本使用效率。在当时,这些企业主要集中于重工业、机械制造业、化工、食品加工和包装以及能源等领域。这就是罗纳德·科斯所指明的企业内在的生产意味着价格机制的废弃。当经济利润越来越向复杂产品的生产加工集中时,资本以其趋利性开始大规模向管理型企业汇集,与人们日常生活紧密相关的基础性生产和商品流通越来越被新的生产企业所抛弃,资本与生产开始逐步远离人们的日常生活和正常的市场流通。这一趋势的发展必然导致组织化资本主义或者说是垄断性经济组织的产生。今天人们有理由相信垄断经济组织诞生的始作俑者正是工业资本主义下的自由放任市场竞争。在自由放任的竞争中,工业化企业一方面改变了竞争单位,有组织的以机器为基础的生产单位取代了工匠或工匠团体,以及手工作坊;另一方面改变了竞争过程,生产的最大化和成本的最小化取代了质量可靠性成为竞争的关键因素。这就意味着规模经济形式会大量产生,因为大型的经济组织可以集原料、半成品、成品于一体,省去了许多烦琐的中间交易环节,从而使其有可能降低生产成本,同时这种大型的经济组织也有条件和动力进行技术创新。这一系列竞争条件的改变以及自由竞争的环境,都将使得社会经济组织向产业资源与产业规模积聚方向发展,但是这一切也正是自由放任市场机制发展的自然结果,也可以说,自由市场经济是规模性专业化经济组织诞生的前提条件。

二 专业化组织形式

斯密强调的自由竞争和市场配置不仅需要政策上的公平合理,而且还要求生产经营者建立的基础与发展的水平是均等的,也就是说生产组织的公平竞争必须建立在所有民众熟知且能够公平参与的基础上，建立在所有生产组织基础、生产、发展等水平大体相当，竞争能力基本均衡的基础上，同时还要求劳动与资本处于自然状态下。斯密所要求的这种理想的竞争状态与现代经济学中配置理论上的帕累托原则其实是一致的，都是以社会公平、均衡以及普遍认同为基础。只要是确立在这一基础上，资源的配置效率和资本增长都将达到最优水平，社会的经济交往和市场机制中的流通与交换都将是双赢或多赢的，而不可能是一种零和游戏，资本的积累与扩张也正是在这种双赢或多赢中实现的。但这种理想中的公平竞争情景要求可以说是一种静态的社会模型，在现实中很难存在和持续。因为社会处于高度的竞争状态，经济组织为了自身的经济利益和资本积累必然采用更有利自身的竞争规则或权力因素。而自由放任的市场竞争恰恰为经济组织自身的扩张提供了有利条件。在这一认识基础上可以说，自由放任竞争的结果只能导致经济组织体系的不均衡，并进而导致自由市场机制下的流通与交换不再是双赢，而是向某一方集中或倾斜。

"在一个前后一致的自由放任的市场经济里，每一位企业家都不是首先追求利润，而是首先追求一种垄断的也就是'有权力'的地位，它允许企业家实现利润最大化，其利润将超过他在自由和平等竞争中所能达到的程度。"[1] 经济组织在对资本与效率最大化的追求中，不断在机器的帮助下延伸产业链条，努力使自身成为一个完整的工业体系，以支配整个行业发展，使自身凌驾于自由市场之上，并努力从自由市场中获取低成本的资源。在大工业的主导下，专业化就成为社会经济组织最为突出的特点。规模经济组织呈现职业化的管理和专业化的垄断。管理职能大部分集中到购并企业的总部，因而单个的被合并或兼并的企业失去了其自主权，专业化经济组织在一定程度上在一个产业内将购买、

---

[1] 〔德〕何梦笔主编《德国秩序政策理论与实践文集》，庞健等译，上海人民出版社，2000，序言。

销售、工程、营销,特别是融资逐步集中到总部,从而形成钱德勒所说的"集中的、以各部门职能划分"的管理结构。① 正是这种结构确保着专业化经济组织的决定得到服从,并引诱着中小企业加入其中,使专业化经济组织不断增强其自身对整个行业的控制与整合力。这样专业化经济组织在实现其对整体工业部门强大整合后成为一支非市场性力量,凌驾于自由市场之上,并以其垄断性权力达到对本行业产品及供应品的价格支配。也就是说,专业化经济组织开始将自由市场机制作为其获取利润的工具。随着社会经济组织形式由完全分散向相对集中的专业化规模经济组织演化,实现完全竞争的社会基础基本丧失,自由市场机制不再可能通过其对专业化分工的经济组织协调来实现社会的整体共赢,在非均衡的经济组织间形成统一的经济过程,市场机制将从古典经济学视野下的专业化分工协调机制走向经济组织间的资源配置机制,经济学也由对专业化分工的强调走向对规模经济的强调。正是在这一形势下,古典经济学开始向新古典经济学发生转移,由公平基础上的社会共赢增长转向价值失范的规模经济的组织效率,以马歇尔等人为代表的新古典经济学成为主流。

对资源配置和规模经济的强调是新古典经济学的主要特征,或许说今天的经济学者不再关注规模经济,甚至提出规模经济无关论②,但这并不意味着在组织化资本主义时期新古典经济学对规模经济的强调没有意义,以今天日新月异的科技发展带来的社会分工的细化来对那一时代的经济组织形式进行判断必然存在不

---

① 斯科特·拉什:《组织化资本主义的终结》,征庚圣等译,江苏人民出版社,2001,第58页。
② 杨小凯以大量现代关于规模经济与经济成长无关论的文献展开对新古典经济学的批判,其理论重返古典经济学对专业化分工的重视,指出专业化分工才是真正的经济成长源动力,尤其是今天不断分散化的经济组织与经济成长的正相关走向进一步证实了这一观点,即规模经济无关论。参见杨小凯《规模经济无关论》,载《杨小凯谈经济》,中国社会科学出版社,2004,第141~145页。

当之处。组织化资本主义时期，经济由于专业化分工走向由规模经济组织所把持，专业化的规模经济组织本身成为某一经济行业或产业的代替者，经济过程与市场协调都是在专业化经济组织间完成的，市场机制或是价格机制必然变成一种规模经济组织间的资源配置机制。如果说古典经济学描述的是一种在完全分散化模式下的经济组织间公平的、共赢的经济发展，那么新古典经济学则强调规模经济组织如何获取最佳资源配置。新古典经济学并没有错，社会本身使然。我们回顾那个时代便能够发现，在那里规模经济的确与经济发展呈现正相关。德姆塞茨在对20世纪70年代以前的企业规模与其收益率关系的研究中指出：对于大企业，在利润率与它们所处的产业的集中程度之间存在正相关。这种关系对于小企业是不存在的。[①]

三 职业化、等级化的组织构成方式

随着工业化组织的不断壮大，19世纪前70年所确立的自由竞争市场机制成为新的工业化经济组织追求利润的基础和工具，经济利润的获取越来越依靠规模和市场占有力量，工业化组织在对本行业资源、加工、商业等进行整合中不断使自身成为一个工业体系或一个行业体系的化身。组织的构成方式和运作模式成为一个重要问题。由于职业和行业对社会各个领域的统一规定，一切的生活都服从于一种共同的估价形式——可计算，即对待特殊目的的技术上最有效的手段的估价。这使得各种生活方式都建立在理性与效率的基础上，而体现理性与效率的最佳形式就是官僚制和科层制结构。由于官僚制和科层制所要求的专业化、职能化和技术化普遍确立在效率与经济最大化的基础上，所以无论在哪个领域都遵循着效率最大原则。这一原则本身蕴含于官僚制与科层制组织中。官僚组织本身就是一种替代个人选择安排的决策，

---

① 〔美〕德姆塞茨：《竞争的经济、法律和政治纬度》，陈郁译，上海三联书店，1992，第27页。

能够减少与个人选择运用有关的某些成本,是提高运营效率的一种方法,通过雇佣契约和生产市场竞争性的力量提供权威的限制或者使交易成本或决策成本最小化。① 这正如韦伯所说:一种充分发达的官僚体制机制与其他形式的关系,恰恰如同一台机器与货物生产的非机械方式的关系一样,精确、迅速、明确、精通档案、持续性、保密、统一性、严格的服从、减少摩擦、节约物资费用和人力等等。② 韦伯很明确地指出:只有在现代官僚体制的制度里,资本主义工商业经济组织才可能得到经济、效率最大化的保证。③ 现代官僚体制确立在纵向垂直的经济结构基础上,这使其一定要高度集权并遵循层级制原则,如韦伯所认为职业官僚在这一路径上只不过是为整个体制规定着的完全固定行动路径的不断运作机制上的一个小小的齿轮而已。④ 正是因为其组织的专业性、行业化和权威性,才使得整个官僚体制呈现出高效、迅速的特点,并能够按照不同经济组织的利益要求去追求经济与效率的最大化,因为在一个专业化、职业化的机构中,官僚体制能够以其支配地位垄断本行业的信息以及支配性的权能,最大限度提供经济效率上的支持。韦伯与威尔逊都认为等级组织的完善与以成本计算的效率是一致的,专业化、职业化程度越高,在单一命令链条里,线性组织越完备,效率就越高。官僚化科层制最大的特点就是职业化和等级化安排。所以组织化资本主义时期的社会组织原则呈现为专业化组织与职业等级安排关系。权威与效率也成为组织化资本主义社会运作的基本特征。

---

① 〔美〕文森特·奥斯特罗姆:《美国公共行政的思想危机》,毛寿龙译,上海三联书店,1999,第66页。
② 〔德〕马克斯·韦伯:《经济与社会》(下卷),林荣远译,商务印书馆,1997,第296页。
③ 〔德〕马克斯·韦伯:《经济与社会》(下卷),林荣远译,商务印书馆,1997,第427页。
④ 〔德〕马克斯·韦伯:《经济与社会》(下卷),林荣远译,商务印书馆,1997,第309页。

第四节 后组织化资本主义社会组织原则的形成

专业化组织形式下，企业作为自由市场的一种代替物，它更加突出经济增长与效率最大化的要求，垄断经济组织的发展的确能够在这一意义上得到解释，垄断资本主义的发展使极大化—稀缺配置—效率这一范例成为整个经济领域发展的核心问题。布坎南认为这一范例在本质上与体现在古典经济学上的那种范例完全不同，它使人们的注意力从交易的契约中的个人行为上转移出来，而转向某种假定是客观的并在概念上是独立存在于个人选择之外的配置准则。[①] 科斯对纵向一体化企业性质的解读以及新古典经济学对规模经济的追求都反映了那个时期的经济组织特征，并没有什么不对。但20世纪下半叶以来随着生产力的发展，专业化分工进一步推进，新兴行业不断涌现，同时经济组织内部的分工也趋向精细化。传统的纵向一体化经济组织管理模式以及对规模和垄断经济追求的竞争方式都将发生新的变化。

一 组织的社会化与专业化组织形式的瓦解

在这种情况下，社会资源的组合迟早要发生变化，无法得到充分价值体现的资源或投入品必将会退出原有的垄断经济组织下的组合方式，寻求其他新的、能够促进其生产力水平发展的方式。这种新的组合方式便是通过自由契约的办法形成新的经济组织，并可形成新兴产业或新的经济领域。当各种资源或投入品不断从原有的垄断经济组织中脱离，并形成新的经济组织时，这就意味着社会分工的进一步细化，新的经济组织形式不断涌现，并从传统产业结构的行业组织中脱离出来，垂直单线条的产业分工体系和职业化标准也

[①] 〔美〕詹姆斯·布坎南：《自由、市场与国家》，平新乔等译，上海三联书店，1989，第37页。

就逐渐被打破，经济组织日趋高度分散。新的经济组织和商业发展都证实了这一点，如企业的外包（contracting out）、特许连锁（franchising）、外购中间服务或来料加工、缩减企业规模（downsizing）、贴牌生产、拆分企业等等。由于新兴的经济组织是建立在自由的社会契约基础上，其经营方式和运作秩序更多的是通过自由市场的方式实现其生产要素的提供与产品的销售；由于经济组织相互间身份的平等与利益需求的一致，相互间的协作同样也便建立在自由契约的基础上。当整个社会的经济逐步由垄断组织向自由契约基础上的资源组合和经济协作转变，整个社会的经济运行也将暴露于自由市场中，经济运行的公平与均衡重新来临。

由于资源进行重新组合的方式与渠道呈现多样化，同时也由于经济组织社会化程度的提高，任何一个经济组织或企业再试图对一个产业进行垄断几乎是不可能的事，企业试图对不断分散化的产业进行整合或构筑统一力量，也成为很困难的事，如国内和外国公司之间、公路与铁路之间、银行与保险公司之间、生产商与零售商之间，以及原料生产商与成品生产商之间都形成了相互独立的利益力量。在这种情况下，没有哪一个大的经济组织或企业仍固守着对传统的某一产品的垄断，它也必须参与到整个社会的自由契约组合中，以寻求最佳的资源组合和利益增长。今天，实际上没有哪一家大企业的活动领域只生产一种产品，它们都是跨行业的，生产多种不同产品。[①] 新技术的不断涌现、新技术应用的速度以及可利用的资金、熟练的管理以及日益扩大的竞争力，使得没有哪一个行业可以避免竞争。建立在广泛的自由契约基础上的资源组合与经济协作，使所有经济组织的内在运作与外在交往都展现在自由市场的面前，同时也将使它们面对整个社会并接受监督。

组织的社会化在很大程度上改变了原有专业化组织形式的社会基础。专业化组织形式"为了最大程度地提高效率、控制性和

---

① 〔美〕乔治·斯蒂纳等：《企业、政府与社会》，张志强等译，华夏出版社，2002，第356页。

一致性,它假定组织几乎不受外环境变化的影响。这个假定实际上为古典模型组织的生存提供了条件,因为它能使组织内的一切因素免受外部变化的影响,包括它的任务、政策、程度、通过命令链条进行交流的要求,以制度规则为基础的决策权和管理空缺由内部人填补的惯例机制"①。专业化组织形式的生存条件并不是一种假设,在组织化资本主义时期,它是确实存在着的。但随着组织社会化程度的日益提高,组织分化与组织边界的模糊都在从根本上改变着专业化组织形式的生存条件。社会化的组织形式成为一个不可阻挡的潮流和趋势。

二 契约化的组织构成方式

自由契约成为经济组织间以及内部的统一运作方式。科斯在其后来的一篇关于"《企业的性质》的影响"一文中开始自我反省,称其文章的主要弱点之一是使用雇主—雇员关系作为企业的原型,它给出了一个不完全的企业图像。杨小凯说:"直到20世纪80年代,张五常(1983)对科斯的企业理论才有一个实质性发展。"② 对于张五常来讲,企业绝不是用非市场的方式代替市场的方式来组织分工,而是用劳动市场代替中间产品市场,也就是说企业与市场在本质上没有什么区别,两者具有统一的运作方式和制度形式。张五常明确强调"企业"一词只是对在不同于普通产品市场的契约安排下组织活动的一种方式的速写式描述。企业中的契约安排"投入的使用权被授给另一方,而使用投入生产出的商品则出售给消费者。没有完全的让渡,因为投入所有者保留了一些其他权利,契约就成了一份有结构性的文件"③。可见在张

---

① 〔美〕菲利普·J. 库珀:《二十一世纪的公共行政:挑战与改革》,王巧玲等译,中国人民大学出版社,2006,第218页。
② 杨小凯:《企业理论的新发展》,载《杨小凯谈经济》,中国社会科学出版社,2004,第149页。
③ 张五常:《企业的契约性质》,载张五常的论文集《经济解释》,商务印书馆,2002。

五常这里已经明确认识到科斯关于一组被界定的使用权让渡的缺陷，契约不是对权利的转让、买卖和占有，而是一种专业化和协作。使用权的让渡是程度问题，授予权利的界定是缔约问题，个人与企业的契约便呈现一定意义上的主动性，投入品所有者可以将投入品一次转让，也可以出租，也可以参与专业化的协作，还可以多方面进行合作。如果说使用权的让渡和价格信息的传递仅仅是程度不同而已，那么投入品所有者就有足够的理由与企业进行平等基础上的协商，并签订契约。确立在公平自由基础上的契约，必然导致企业构成形式的多样化，结构的松散化。企业可能小到两个投入者之间的契约关系，如果允许契约的链条扩展，它又大到整个经济。一般而言，"投入的所有者们进行合作的经济组织将会更好地利用他们的比较优势，尽可能使有利于报酬的支付与生产力相一致。如果报酬是随意的，不与生产性的努力相对应，那么该组织就没有提供生产性努力的激励；如果报酬与生产力为负相关，那么该组织就将容易遭受破坏"[①]。这段话很朴实地揭示了专业化合作必须建立在对等、公正与自由的基础上，因为资源所有者是要通过合作来增加生产力的，而不是为了这一资源本身所固有的价值，由自由契约形成的专业化协作就是一种共赢的经济形式。在经济组织走向分散化和契约化的形势下，企业的效率提高与经济增长不是建立在命令、权威、纪律处分等基础上，而是建立在自由契约协作的基础上。也就是说自由契约的团队协作生产远远胜于纵向一体化的控制。

阿尔奇安与德姆塞茨指出："联合的团队生产出现时，可以证明企业是被利用的特殊的控制形式。"[②] 也就是说传统意义上的企业组织如纵向一体化只能是社会自由契约进行生产中的一种特殊的组织形式，自由契约的团队组合使社会的经济组织、生产形

---

① 〔美〕阿曼·阿尔奇安：《生产、信息成本和经济组织》，参见《社会成本》，参见盛洪主编《现代制度经济学》，北京大学出版社，2003，第119页。
② 〔美〕阿曼·阿尔奇安等：《生产、信息成本和经济组织》，载盛洪主编《现代制度经济学》，北京大学出版社，2003，第126页。

式、联合模式、组建方式等呈现全面开放之势,对于信息成本的每一来源,可能对应有一种不同的控制和契约安排类型。这种团队化的自由协作,一方面将企业的组织形式由传统的纵向一体化的科层制、职能化管理体制向自由市场组合的方向延伸,从而使经济组织的形式越来越趋向社会化,并不断摆脱单纯的生产或商业领域限制向社会的各个领域发展,只要它能够促进自由契约下的团队化发展,能够促进投入所有者之间的利益共赢。这就导致社会的经济组织形式日趋分散化(不再受制于传统企业模式)、市场化(所有投入所有者据自我判断,自由组合)、社会化(只要是能够促进利益增长的领域都可能出现)、形式多样化(不同领域、不同资源配置方式形成不同的契约组合方式)、拥有形式股权化(团队合作下的经济组织不存在单一的领导者或支配者,每一位参与者都可能是拥有者,一支团队的领导者,或者说管理层在决定这支团队和它的成员应该做什么的问题上,是具有比较优势的成员,而且这个管理者不必是企业的所有或者部分所有者)。团队契约协作的组织形式会很多,如合资企业、共同基金、合作社、社交俱乐部等,即使在同一企业内部,也可能呈现混联企业或由分离的生产主体的集合组成一个可拥有的组织,它可能被说成是一个投资托拉斯或投资多样化主体。在这样一种联合体中,传统企业与资本的紧密关系被打破,相信"资本"在某种意义上是"老板"并雇佣"劳动力"的看法,理解不了塑造企业的最基本的力量,真正的支配性因素变成了自由契约。若仍以"资本"的存在或资本雇佣劳动的假定对今天走向自由契约化的企业进行分析,便无法把握问题的症结。威廉姆森在《资本主义经济制度——论企业签约与市场签约》一书中正是以契约性的"签订合同"将自由市场交换与等级组织以及介于二者之间的、不可胜数的混合形式或中间形式囊括起来。[①]

---

① 〔美〕奥利弗·E. 威廉姆森:《资本主义经济制度——论企业签约与市场签约》,段毅才等译,商务印书馆,2002,第28页。

三 自由契约的形成

我们注意到所谓的自由市场经济也正是建立在契约自由①关系基础上的社会经济秩序,如斯密所强调的"在交易中取得最大好处,就要从事自己擅长的工作,其结果便是社会化劳动分工","私人利益和个人感觉自然会使他们把自己的资本转向在一般认为对社会最有利的用途",即自由劳动分工和最优资源配置都将在市场经济的自我调节中实现。人们有理由认为自由市场经济本身是一个自由契约的联合体,人们在市场的流通与交换中寻找对自己最为有利可图的、最适合自己的工作方式和劳动环境,最大程度地发挥自身的资源、资本、能力、技术等等属于自我的生产资料,以获取最高的经济效用价值。由于市场经济本身的公平性、自由性和机会的均衡性,人们相互之间的自由契约往往都成为共赢的,整个经济领域也因此呈现共赢基础上的最大效率增长。与此同时斯密强调的社会分工组合也是建立在个人自由选择与公平竞争基础上,即也是一种自由契约性组合。不过这种契约的自由是建立在斯密所要求的各经济组织的生产基础与发展水平是均等的,是为所有民众熟知且能够公平参与的基础上。由于完全分散的经济组织规模较小,不足以构成对自由交换的影响,这一时期的市场交换与分工组合都统一至自由契约之下,市场经济作为一个市场机制与完全分散经济组织的统一的代名词掩饰了自由契约的意义。然而随后大工业时代的到来彻底打破了这一格局,对规模经济的追求使垄断经济组织规模不断膨胀,并凌驾于自由市场之上,规模经济组织垄断了市场中的资源配置,这导致经济结构的失衡。经济结构的失衡使得规模经济组织变成韦伯意义上的

---

① 当然我们应当清楚的是自由契约可能是两个概念,一个是卢梭等政治意义上的社会契约,另一个则是斯密等人从市场意义上提出的市场契约,而真正的进步正体现在市场契约对政治契约的代替。这种形式上的代替本质上则意味着民众对国家的独立,而不必为屈从国家而牺牲自己的利益,形成国家与社会、政治与经济的分离。

"支配性经济组织",在这种情况下,公平、自由契约便不再可能。我们可以从科斯纵向一体化企业组织中体验到其中的操作性和支配性。对此韦伯也曾有过如下思考:

> 同其他人进行契约关系的可能性,契约内容完全由个人达致协议,同样地,可以随意利用愈来愈多的模式的可能性,法为最广义的社会化提供了诸多可资利用,同过去相比,至少在货物流通领域和人员的劳动和劳务领域里,在现代法里,这种可能性是扩大了。在实际结果上,在决定自己生活方式的条件时,在多大程度上因此而表现出个人自由的增加,或者尽管如此——有部分也许与此相联系着——在多大程度上出现了生活方式的强制性模式的增加,这绝不可能仅仅从法律形式的发展上看出来。因为被准许的契约模式哪怕在形式上多么丰富多彩,而且形式上授权可以无视一切官方的模式,可以随意确定契约的内容,这本身绝对没有保证,这些形式上的可能性实际上也是人人都可企及的。首先由法保障的实际财产分配的分化就是绊脚石。一个工人形式上有权同任何企业家签订任何内容的劳动合同,对于寻找工作的人来说,这实际上并不意味着在自己创造劳动条件上有最低的自由,本身也没有保证他对此有任何影响。而是至少首先可以从中得出结论,只有对市场上较强者——在这种情况下,一般是企业家——拥有可能性。[1]

真正的自由契约是在后垄断资本主义社会时期生成的。随着生产力的发展,社会经济组织日益分散化,社会的整体均衡再度呈现,这为自由契约的生成提供了社会基础条件。契约与市场的一体化现象被张五常揭示出来,他说:若每项活动都能被衡量和

---

[1] 〔德〕马克斯·韦伯:《经济与社会》(下卷),林荣远译,商务印书馆,1997,第89~90页。

定价，那么产生于专业化和协作的收益，在没有"要素市场"（企业）的情况下也能实现——决定和使用某人要素的权利不需要授予某位代理人或企业家，因为在产品市场中要素所有者的每一份贡献都会获得报酬，如果所有交易没有成本的话，契约安排及其对收入分配和资源配置的影响可以被忽略。[①] 这就是为什么在人们通常意念中，市场价格机制远比契约安排意义大的原因。我们对斯密理论的深究，目的不是对其进行证伪，而是对其均衡、公平、正义的市场理念寻找根源，而这一根源恰恰是市场经济价格机制为什么能够湮没自由契约的原因。斯密至少从理论上告诉我们，只要经济组织内部分工组合与市场交易同属自由契约（平等自愿基础上的契约），或者所有的经济组织都弱小到对自由契约没有什么影响时，那么经济组织与市场这两种组织形式、经济制度和运作方式就能够统一起来。

自由契约作为普遍的组织构成形式，使企业与市场真正融合起来，经济组织内部与市场一样开始以专业化的组织分工和契约协调机制促进经济增长。"从分工分层结构的观点看来，企业的本质可能是组织分层结构适应分工分层结构的必然产物。从这个意义上来说，市场、企业以及企业内部管理层系的各个层次正是分工分层结构的各个层。市场中的组织与企业的组织本质相同。"[②] 这样企业的边界模糊了，区分"内"和"外"的显著界线不见了。尽管我们一直在使用企业一词，但是我们相信一个更好的和更有用的概念是联合体（coalition）：一个受契约关系约束的资源所有者的集合，这些契约关系依赖于资产的依赖性和特殊性程度。在此我们认为，在自由契约的团队协作或联合协作中一方面经济组织与自由市场重新统一起来，都是确立在共同的社会自由契约基础上，另一方面，这一过程不断加速推进经济组织运

[①] 张五常：《企业的契约性质》，载张五常的论文集《经济解释》，商务印书馆，2002。
[②] 杨小凯、黄有光：《专业化与经济组织》，经济科学出版社，1999，第16页。

作社会化以及功能的社会化。在这一意义上后组织化资本主义社会基本组织原则就是社会化组织形式与自由契约关系。

第五节 对诸社会组织原则的简要梳理

以大量篇幅来描述社会组织原则的形成和演化历程，目的并不在于借助历史的力量来展示组织原则的合理性，更不在于描述一个不可抗拒的历史轨迹。我们只是为了寻找一个理论上可能存在的逻辑，使政治、经济秩序的整体演进成为一个可解对象。从传统社会到自由资本主义、组织化资本主义，再到今天的后组织化资本主义，社会组织原则演进是确立在社会组织公共化和社会化程度不断提升的基础上的，从非理性的权力支配性运作方式到理性运作，再到规范化运作，社会组织原则每一次演进所展现的都是一个整体的秩序演进，而非某一个领域的变化。

在单一组织形式与人身依附关系这种社会组织原则下，社会组织的运作呈现高度的封闭性和独立性，相互之间几乎没有关联，社会权力被分割到这些相互封闭的权力组织内，中央权力被严重弱化。所以组织中的权力运作是缺乏外部约束的。在组织内部，由于人身依附性的组织构成方式，组织权力的运用呈现单向的支配性，不存在任何意义上的制衡，权力的非约束性也意味着权力的非理性。这一原则下所造成的社会关系整体上呈现为依附、效忠、附庸等，而在依附性关系之间并不构成任何实质性的社会关联。首领需要确保的是其地位与身份的统一，也就是通过其首领身份所具有的神圣性、世袭性等特征来实现其权力的权威化。所以这是一个非理性权威时代。

在封建社会后期所呈现出的法人团体组织形式，无论在组织本身还是组织内部都初步产生了职业分布，所以行业、同业会等组织内部开始出现规范同一行业行为的规范。这种规范是法人团体内部的规约，往往用来控制人身，防止行业自由发展。所以这种规范形成的权威是一种非理性权威，但在一定时期内这种权威促进了法人团体的快速发展，使其成为支配经济领域的重要因素。当权威性法人团体对市场和空间提出要求时，与王权的结合也就成为自然。王权的权威来源于其以主权者自居，"而主权者是法律的来源，因此不受法律约束，它只服从神法和自然法"[①]。在重商主义时期，王权权威与法人团体的权威是对称的，仍依靠非理性权威整合和规约社会是那个时代的显著特征。但在王权政治下，一切团体的产生、一切事务的处理，不再以个人或团体根据历史久远的特权所提出的传统性要求为出发点，而是通过中央集权的国家权力加以持续地、公开地处理，政治领域对整个社会的控制方式开始向公共行政的方向迈进，为现代理性化的官僚行政奠定了基础，逐步呈现其理性化的一面。相对于传统权威它体现了政治上的进步。

而随着资本在市场流通中的作用远远大于政府的直接干预时，王权权威也就开始下降，同时，大量工商业组织从传统法人团体中脱离出来，社会组织开始呈现高度分散化的特征，资本雇佣劳动成为新的组织构成方式。组织运作不再依靠权力或权威，呈现为市场化的理性化运作方式。理性化的运作方式一方面在社会经济领域不断瓦解传统法人团体权威，另一方面在政治领域也要求破除王权至上，确立议会制和理性官僚行政方式，从而开启了一个无权威时代。无权威时代恰恰是确立在对传统权威不断破除的基础上，所以无权威不等于无权力，相反，正是不断增长的政府权力才有能力去破除传统权威，扭转社会秩序格局。

随着大工业时代的到来，分散化的工商业组织不断被整合至专业化的组织形式中，大工业推进的专业化分工不仅带来了组织形式的变革，还带来了组织构成方式的变化，单纯的资本雇佣劳动已不可能适应专业化分工和职业化用工要求，管理、技术、资本、熟练劳动都是专业化组织的构成要素，专业化的性质和理性

[①] 〔美〕克拉勃：《近代国家观念》，王检译，商务印书馆，1957，英译序。

化的目标使组织构成必须按照职业化和等级化的方式来进行。这样就迎来一个理性权威时代。缺乏约束的权力是不可能产生权威的，但受规约的权力也并不一定就是理性权威，正如法人团体组织形式内的非理性权威，"权力转化成权威它涉及到社会控制的结构化问题"①，只有当权力受的规约来源于专业化和职业化要求时，当组织目的不再是个人的目的时，组织中的权力运作才可能呈现理性权威。理性权威的运作方式也就是韦伯所说的科层制运作方式。在理性权威主导下，整个社会无论哪个领域都呈现科层制的运作方式。

当营利组织、非营利组织、政府组织与非政府组织都在社会治理中发挥重要作用时，当各种组织边界日益模糊时，专业化将成为一个推进社会化的工具，职业化则将成为推进社会责任公共化的角色。在这种情况下，单纯依靠职业等级的组织构成形式已无法实现组织与其生存环境间的协调与统一，组织权威不再能够从组织内部实现，必须依赖组织环境和组织与外界的关系。这样，平等自由的契约将取代职业化等级化成为社会化组织形式的构成方式。自由契约内含的平等与自由理念，使传统的权力与权威对组织运作的重要性降至最低。"契约模式将这样的判断扩展到组织中，它最终要求研究各种各样具有自愿体系的权利和责任。""从契约的角度看，那些管理组织的人的基本责任是促进自愿合作——在尊重所有参与者道德权利和制度权利上达成一致。"②这样，基于权利基础上的制度与规范就成为组织运作的基础，基于这一基础上的契约化运作方式也成为整个社会普遍的运作方式。

通过以上分析，我们可以看出社会组织原则的演进是通过社会组织形式与组织构成方式这两方面的同步演进来实现的，社会组织形式由单一组织形式、法人团体形式、分散化形式向专业化

---

① 〔美〕杰费瑞·普费弗：《认识决策中权力的作用》，载《国外组织理论精选》，竹立家等编译，中共中央党校出版社，1997，第239页。
② 〔美〕迈克尔·凯利：《组织管理和管理教育中的价值》，载《国外组织理论精选》，竹立家等编译，中共中央党校出版社，1997，第302、303页。

形式和社会化形式逐一演进，同样社会组织构成方式也由人身依附关系、身份控制、资本雇佣向职业等级关系和自由契约逐一转变。前一个过程体现的是社会组织公共化和社会化程度的不断提高，后一个过程体现的是组织运作方式的理性化和规范化程度的不断提高。综合这两个方面，社会组织原则的演进将规约着社会的整体运作由传统权威社会不断走向现代理性化规范化社会。正如上文所说，从历史的角度展示社会组织原则的形成，目的在于寻求一种理论上可能存在的逻辑，使社会秩序整体演进成为一个可解对象。通过对社会组织原则变迁历程的描述和梳理，这一理论上可能存在的逻辑似乎已若隐若现，若隐若现之中我们也似乎能够从中体会到社会政治、经济作为一个整体演进的图景。

第四章
政府增长与政府角色转变

第一章使我们对作为社会秩序演进的政府增长有了一个基本认识，通过第二章和第三章关于社会组织原则的详细论述后，我们会发现，政府增长之所以能够展现社会秩序成长的意义，根本原因不在于政府权力本身的增长和推动，而在于社会组织原则的统一规约。社会组织原则以其演进的历程不仅使政府权力成为一个持续增长的过程，而且使政府增长与社会经济秩序的演进成为一个整体。从传统权威到理性权威再到权利化的规范性权威，社会秩序的演进其实就是权力公共化过程所表现出来的国家与社会关系的变迁。这就是说政府增长其实表达的是政府在国家与社会关系变迁中的政府角色的演化。

第一节　政府增长过程中的
国家与社会关系

国家与社会关系的变迁可以从政府权力方式变迁中得到解读，也可以从市场经济的形成发展中进行分析，但社会作为一个秩序整体在演进过程中，这两方面是不可分割的。"政治逐渐从信仰的领域蜕化为一个管理的问题，进而又从对主权的关注发展为对于个人主体的关注。正是在这一过程中，有关市场关系的发展与个人主义政治权利之间的内在联系的理论假定得到确立，市场的充分运作建立在个人自由权利最大化基础之上。"① 汪晖先生的这段话不仅精辟地概括了现代政治发展过程,也揭示出社会整体秩序以及国家与社会关系演化的内涵。自由市场的形成不只是一个经济领域的问题,本质地讲它是以个人权利自由为基础的,而个人权利的自由一方面需要个人对传统经济组织形式的挣脱,另一方面则需要政治层面对传统权力体系的瓦解。这恰恰是一个现代政府增长的过程。

一 王权专制与国家—社会的分离

如果说近代国家以来国家与社会的分离首先表现为公共财产与私有财产以及公共权力与私有权力的分离,那么,在传统社会这些是糅合在一起的,政治、经济、社会、文化等各种资源集中于一种权力形式下,权力本身的目的不在于资源,而在于依托资源实施社会控制。这就形成了传统社会较为稳定的组织构成形式——人身的依附与控制。"如果我们把国家看做是公共领域,那么,在庄园和领主所行使的权力中遇到的就是一种次一级的公共权力,相对于国家的支配权力,它是一种私有权,但是它和现代私法制度所规定的私有权是截然不同的。因此在我看来,'私人所有权'和'公共所有权'在封建社会是融为一体的,它们同源同宗,都依附于土地,因此,也可把它们当作私有权对待。"②

但是这种稳定的组织结构在社会经济的发展过程中,必然会逐渐趋于松动。马克·布洛赫对封建社会的社会结构变迁有过经典的论述,认为11世纪的社会结构主要是垂直线型结构分布,这种结构表现为社会分成许多以一个首领为中心的集团,而这个首领自身又依附于另一个首领,这些集团包括农奴、佃农和从属的

---

① 汪晖:《是经济史,还是政治经济学?》,载许宝强等编《反市场的资本主义》导言,中央编译出版社,2001。
② O. Brunner:《国家与统治》,转引自哈贝马斯《公共领域的结构转型》,曹卫东译,学林出版社,1999,第5页。

"同伙"。但从12世纪中叶起，人群由相反按水平方向组成各个层次，许多大行政单位——公国、君主国——吞并和消灭了小领主庄园，形成等级制的阶级，尤其是很快形成贵族阶级。同等地位者之间互助的宣誓代替了旧的下级对上级顺从的宣誓。人与人关系的依附性趋向削弱。① 当人身依附性关系面临挑战，原有组织构成方式越来越变得松动时，社会流动性增加，进而不断促进城镇、手工业者阶层和贸易的复兴。由于货币流通日趋活跃，规模不断扩大，税收和领取薪俸的官员出现，军队付酬制也开始代替世代契约劳役这种效能低下的制度。由于国王或诸侯拥有的土地和附庸多于其他人，另外国王和诸侯权力的性质也给了他们很多的征税机会，特别是向行会和城市征税的机会。当国家拥有任何个人和团体都不能比拟的巨大财富时，国家不仅开始获取自尊和权威，而且使得公共财政和公共权力得以呈现，国家开始对公共事务发挥自身的影响，官僚体制作为一种新的权力开始崛起。② 布洛赫的这种分析方式不仅解释了公共财政的形成过程，而且也说明了在公共财政出现的同时，官僚制作为近代政府的公共行政方式也正式确立起来。这是一种从经济层面的解读方式，同时还可以透过政治层面的解读来认识这一问题。

如上文所说，在长期的封建社会中，庄园和领主所行使的权力既是一种代表国家治理的公共权力，同时又是领主自己的私人权力，因为这种权力关系只体现在领主与其成员的人身依附关系上，是一种私人占有权，而非是一种地域意义上的行政首长权力。即使国王委派下去的公爵为保持其公共职位的性质，也必须与部族地方性关系结合起来。③ 也就是说国家授予的特权往往是领主

---

① 〔法〕马克·布洛赫：《法国农村史》，余中先等译，商务印书馆，1997，第121页。
② 〔法〕马克·布洛赫：《封建社会》（下），张绪山等译，商务印书馆，2004，第671~673页。
③ 〔法〕马克·布洛赫：《封建社会》（下），张绪山等译，商务印书馆，2004，第639页。

个人的特权。但是，很明显这种特权之所以能够毫无悬念地成为个人特权是因为领主对各种社会资源的把持，与其成员间构成的是高度人身依附关系。但是，一旦这种依附性关系发生变化，基层民众的人身自由度增加，领主行使特权的自由度就会大打折扣。随着庄园内部人与人关系的依附性弱化以及城市居民把权力从原先教士那里夺回来，从而就发生了被马格斯·瑞安称之为"政治转喻（metonymy）"的过程，即国王授予的特许权逐渐从个人占有转向地区占有，即特许权的地域化。

"譬如，我们最后一次回到英国的事例上来，许多国王赐予伯里圣爱德蒙兹教堂的各种特许权很快就被说成是属于伯里的地理区域的，并以'伯里特许权'而闻名。当伯里特许权而不是所有由于各种原因而从属于伯里圣爱德蒙兹修道院长的那些人的特许权处于危若累卵之际，人们采取了把特许权从单个贵族的权力中分离出来的关键步伐，并将这些特许权一般化，使其成为更加非个人化、更加区域化的某种东西的表达，即自由。"①

"因为在这里皇帝承认：各城市基本上由它们自己的惯例来界定自己的性质，也就是承认每座城市是一个实体，在这样的实体中，某种法律适用于任何一个城市里的人，原因是他们生活在城市里无需其他理由……在一个可以确认的地理区域里，当一个共同体，比如说一个城市，由于广泛的王权的赐予而获得所有的自由时，属于一个集体的领土的概念很可能就会取代个人的和封建领主的概念。"②

与此同时，法人团体越来越呈现为一个公共化的组织，法团社会是王权时期的一个重要特征，大多数的公共事务都由社团或其他类别的团体来履行，在这种条件下，统治者把他统治的对象

---

① 〔英〕马格斯·瑞安：《自由、法律和中世纪的国家》，昆廷·斯金纳等主编《国家与公民》，彭利平译，华东师范大学出版社，2005，第66页。
② 〔英〕马格斯·瑞安：《自由、法律和中世纪的国家》，昆廷·斯金纳等主编《国家与公民》，彭利平译，华东师范大学出版社，2005，第71页。

当作团体的集合而不是个人的集合来看待就不足为奇了。① 从这一分析方式中，我们能够理解权力是如何从个人属性转向地域属性和团体属性的。这种权力属性的转移本质是一种权力公共化的过程，尽管它依然呈现为某种形式的特权。但权力的地域性和团体性，使组织成员认识到权力是整个地域或团体内所有人的权力，而不是某个人的权力。这不仅导致集体权力与个人权力的分离，而且也导致集体权力与个人权利间关系的诞生。人们开始以个人利益关注公共利益，以个人权利关注公共权力。公共权力和公共财政的概念在个人权利与个人利益的基础上进一步得到强化。公共权力无论作为一个概念还是作为一种观念都逐渐明晰起来。

随着公共财政与私人财政相剥离，公共权力与私人权力相分离，封建领主和封闭城镇已很难作为一种社会秩序形式独立存在，如何使原有这些相互分离的权力体系融在一起，使各种特许权成为普遍的一般性权力，就成为一种政治发展选择。霍布斯的主权理论正是基于权力统一的基本表述，权力的统一需要对统治权的垄断，包括对法律规则的捍卫和实施以及保卫国家所必需的武力权。当公共权力不断从私人手中剥离，并重新由国王统一掌握，一方面王权的公共性加强了，另一方面，权力的下放方式由原来的私人委托转向公共委托，权力的团体性和地域性得到加强。国王通过对特许权力的把握和重新委托实现了上文所说的"法团社会是王权时期的基本特征"。王权政治将封建支配结构下分散的和地方领主支配的权力集中起来，形成一种单一秩序类型的绝对王权，原先多层采邑分封中的领主变成了一般意义上的君臣关系，附着于采邑关系之上的私人性权力也集中于王权及其中央机构之中，转变成以君主为中心，针对所有臣民的公共性权力。同时王权对特权行业的控制将自身的权力扩张到以前被认为是超政治的等级特权领域所控制的社会生活范围之内，显示了王权不受任何

---

① 〔英〕E. E. 里奇等编《剑桥欧洲经济史》（第五卷），经济科学出版社，高德步等译，2002，第506页。

约束的倾向。托克维尔对法国大革命时期的治理体制作出这样的描述:"在18世纪,教区的一切事务都是由一些官吏主持的,他们不再是领地的代理人,也不再是由领主选定;他们当中的有些人是由该省总督任命,另一些人则由农民自己选举。分派捐税,修缮教堂,建造学校,召集并主持堂区大会的,正是这些权力机构。他们监督公社财产,规定其用项,以公共团体名义提出并维持公诉……所有教区的官吏均隶属政府,或归中央政府统辖。"[1]

如果说社会层面的公共财政与私人财政、公共权力与私人权力的逐步分离使得国家权力不断增强,传统地方权威不断瓦解,那么强调主权的王权以及与其一体的官僚制的确立在真正意义上将国家与社会分离开来。

二 官僚制下的国家与社会关系沟通

王权政治推进集权专制的过程,的确将传统庄园、领主和城镇的私人化特许权不断收回,并以公共权力的形式作为地方行政权力存在,确立起集权化的王权权威,但即使在极端专制的时代,国王的权力并未达到霍布斯、马基雅维利的主权学说所要求的程度。事实上,专制君主不过是得到一种把他的意志加诸于人民的普通法的非常有限的权力罢了,他的规章命令多数是属于行政的,而对私法实际上不过行使极少的立法权。[2] 尽管王权政治将国家与社会分离开来,但这种分离很大程度上造成国家行政与基层社会分别在王权支配的公法与传统习惯法基础上的私法两种权威的并行,这就是说王权政治对基层民众的影响是有限的,或者说王权权威是有限的。

从社会组织原则的角度理解,王权权威确立的基础在于它对城镇、庄园、领主经济特许权的重新把握,并依靠这种特许权将

---

[1] 〔法〕托克维尔:《旧制度与大革命》,冯棠译,商务印书馆,1992,第68页。
[2] 参见〔英〕克拉勃《近代国家的观念》英译者序,王检译,上海商务印书馆,1967,第13~14页。

传统的法人团体置于国家的统一领导下，通过对垂直的同业会和法人团体的直接监管和国家统一市场的构建确立起国家主权的地位。"社团安排的必然结果就是特权——不管其目的是为了贸易、商业、农业、行政、战斗、追求知识，还是为上帝服务——都有各自的特权。"[①] 尽管王权政治一定程度上迎合了基层民众的自由兴起，但作为主权的象征，其手中权力主要依靠的是对特许权的把握。所以说王权只是更高层次上的特权。这种特权安排表现在社会秩序层面将出现两种不良后果：一是不同特权组织间呈现横向的社会分裂，"实事上特权就意味着在法律上个人的私人地位和公共地位之间没有任何区别，这在德国称之为法律的分裂，即这样一种情形，皇家的法令不得不考虑每个城镇、行政区'领地'的特殊法律特权，也要考虑各阶层和社团类似的特权，以至于几乎不可能在阿贝·西叶斯的意义上来使用'习惯法'这个词，即一种运作于每一个个体的法律。"[②] 二是王权之下的法规和命令更多是一种针对特权经济领域的规则，而对基层社会秩序的影响意义不大，这也是重商主义国家普遍存在的问题。但是资本主义的兴起不可能仅仅依赖于特权经济形式的发展，正如布罗代尔指出，社会经济发展本质地在于物质生活和市场经济的充盈，资本主义仅仅是这种充盈的受益者。[③] 当工商业经济组织不断突破传统特权经济组织形成分散化的社会经济组织形式时，依靠特许权来实现的王权权威就会被削弱。于是，对于整个社会普遍意义上的法律规范成为必须的。

王权权威的有限性使人们不得不重新反思主权学说的观念，并产生了以洛克为代表的民权学说，思考如何将更大范围的民众

---

① 〔英〕E.E.李奇等编《剑桥欧洲经济史》（第五卷），经济科学出版社，王春法主译，2002，第506页。
② 〔英〕E.E.李奇等编《剑桥欧洲经济史》（第五卷），经济科学出版社，王春法主译，2002，第507页。
③ 〔法〕费尔南·布罗代尔：《资本主义的动力》，杨起译，生活·读书·新知三联书店，1997，第50页。

纳入新的国家权力体制。这样在历史层面上，将主权从国王转向议会就成为一个大的趋势。"因代议制度的推广和管理行政的国会权力的发生，国家事实上能够比君主的专制权更完全地使法律统一。代议士会逐渐吸收立法权，直到制定的法律不但是行政权限的一种限制，并且是这种权限的基础。"① 国会对行政的管理与国会立法权的扩大和立法范围的扩张，一方面使行政权力的公共性得到加强，另一方面使行政权力不断扩展和延伸，并以此将社会各个层面纳入到国家的公共权力体制内，使法律成为一种普遍的规则得到尊重。在这一基础上，公法权威与传统习惯法权威的并行格局在普遍性和统一性的立法过程中逐渐消失，王权权威也逐渐被法理性权威所取代。可见，法理性权威的确立存在两个前提条件：一是立法权的扩大，二是执行法律的行政内阁官僚制的发展。从王权政治到议会内阁制的发展，是一个政府权力持续扩张的过程，也是法理性权威确立的过程。这一时期的政府增长在历史使命上完成了国家政权建设的任务，在政治使命上推动了宪政在立法与行政上的整体发展，并推进主权从王权移至议会，主权在民的观念开始深入人心。

近代理性国家是在市民社会的基础上，在打破传统"魔法观念"之后建立在职业官员制度和理性法律之上的，理性国家是作为垄断合法暴力和强制机构的统治团体。② 通过强制性官僚体制不断瓦解传统地方权力结构，确立新的政治体制和政治文化，实现政权的官僚化和合理化，以达到传统国家向现代国家转变的目的，这是民族国家进行国家政权建设的必然过程。国家政权建设是"它特别指分散的、多中心的割据的权威体系逐渐转变为一个（以现代国家组织为中心的）权威结构"③。其核心内容是要建立

---

① 〔法〕费尔南·布罗代尔：《资本主义的动力》，杨起译，生活·读书·新知三联书店，1997，第14页。
② 〔德〕马克斯·韦伯：《经济与社会》（下卷），林荣远译，商务印书馆，1997，第720页。
③ 张静：《现代公共规则与乡村社会》，上海书店出版社，2006，第45页。

合理化的官僚制度，使国家行政权力深入基层社会，加强国家对基层社会的监控和动员能力。也就是说国家政权建设是指在近代国家与社会的分离中确立官僚化的管理体制，以实现国家与社会的重新整合。所以国家政权建设通过现代官僚体制建设一方面强化国家主权和推行国家权力，另一方面体现市民社会统一性与规则性的要求。集中表现就是现代官僚机构的权力公共化。

国家与社会的分离"首先是指社会再生产和政治权力分离开来"①。在社会化生产与市场流通中，市民社会形成了以市场交换和商业流通为核心的社会运作模式，但是这种运作模式绝不是自发的。因为当市民社会冲破等级统治的桎梏，便需要确立保证市民社会良好运作的统一制度、规范和程序，这些制度规则的制定和执行需要新的国家机关，需要体现社会公共权力的国家官僚机构。正如布罗代尔指出的，资本主义的各种手段、程序、习惯、竞争规则必然是社会秩序的一种现实，必然是政治秩序的一种现实，甚至是文化秩序的现实。②

所以说，国家政权建设的本质意义并不在于确立一套新的官僚机构，而在于通过官僚机构的运作将国家与社会、政治结构与社会结构紧密联系在一起。官僚机构与其社会化的运作机制的总和构成了完整意义上的现代官僚体制。正如张静所说："表面上看国家政权建设是国家等级机构的建设和延伸……更为实质的是国家自身角色的转变，以及它同一系列重要社会单位、个体行动者制度化关系的改变，在这个意义上可以称它为一场现代社会'革命'。"③ 正是现代官僚体制实现了国家角色的转变，确立了新的国家与社会关系。如马克斯·韦伯所说：迈向官僚体制的官员

---

① 〔德〕尤尔根·哈贝马斯：《公共领域的结构转型》，曹卫东等译，学林出版社，1999，第170页。
② 〔法〕费尔南·布罗代尔：《资本主义的动力》，杨起译，生活·读书·新知三联书店，1997，第43页。
③ 张静：《基层政权》，浙江人民出版社，2000，第294页。

制度的进步是国家现代化明确无误的尺度。① 官僚体制是一个动态概念，在官僚机构职能社会化的运作过程中，将政治结构与社会结构紧密联系在一起。官僚体制建设一方面是为了实现国家权力的扩张和集中，强化对基层社会的监控和动员，同时努力获取社会的心理资源，实现政权的"合法权威"；另一方面是为了解决发展及其他问题，在社会的发展过程中，实现政治功能与结构的分化，提高执行政治功能和建设政治结构的能力。

三 新公共行政下国家与社会的融合

理性官僚体制是在韦伯所说的法的平等的基础上，以技术化、专业化和非人格化的治理方式成为普遍和平等的法的执行者，进而成为公共权力的化身。在官僚制下，无论程序、方法、控制还是责任等都遵循着理性、系统、科学的原则，而不受政治、个人偏好等因素的影响，从而能够把社区、行会、同业会、合作社、教会以及形形色色的团体都置于其监督之下，取消所有业经许可的、有章可循的和受控制以及所有未经许可的权利。从社会组织原则的角度理解，官僚行政和平等的法作为一个整体能够确立的基础在于拥有一个分散化和平等化的社会基础——工商组织的广泛分散化以及社会各领域日益与市场经济紧密结合起来，社会经济的整体运作脱离特许权和王权的支配。官僚制促使了自由竞争市场经济的形成与发展，但官僚制自身的理性权威并没有因此迅速确立，因为自由竞争时期是一个不需要权威存在的时代，而是在随后的大工业组织渐渐成为经济主体的情况下，官僚制的法理性权威开始发挥功效。官僚体制的支配地位依靠的往往是对信息和对职业权能的垄断，它所确立的基础是职业和行业对社会各个领域的统一规定。在专业化组织形式与职业化等级性的成员关系构成方式中，官僚制因其自身的技术性、专业化等优势，理性权

---

① 〔德〕马克斯·韦伯：《经济与社会》（上卷），林荣远译，商务印书馆，1997，第736页。

威迅速确立。在专业化和等级性的社会组织分布格局下，社会组织的专业化程度较高，且行业性和技术性都较为单一，所以，往往存在封闭性和垄断性的可能。官僚体制通常采用科层制和多权力机构层次原则，使其有一个严格的上下级体制，高级部门可以对低级部门进行监督管理，低级部门可以根据自身掌握的情况向高级部门做请求。所以官僚制的优势在于它能够顺利实现从较高等级向较低等级渐进地消除或吸收不确定性，同时又从较低等级移向较高等级时渐进地提供灵活性[1]，从而形成一个高效便捷的双向通道。但随着社会组织原则的变迁，官僚制的这种有效性很快受到挑战。

　　传统的官僚体制在行业化和职业化的基础上，的确能够达到其经济与效率最大化的目的。但是，当社会的利益分化不再以经济组织的行业和产业为主导，社会的利益需求变成分散化经济组织过程中对普遍社会公共利益的要求时，官僚组织所确立的基础便不再坚固。分散化经济组织与自由契约关系不断推进经济组织的分散化与社会化，并促使各个领域、行业的产业布局与组合分散化，中小企业发展得到突出，大企业在产业的结构调整与行业分化中逐步分权化。当整个社会经济组织趋向分散化时，经济权力集中度也在分散化，社会经济结构由原来的纵向垂直不断趋向扁平化。在纵向经济组织结构主导地位丧失，经济组织不断趋向分散化和社会化时，"官僚组织原则应用于公益物品和服务提供时，大量潜在的制度性缺陷或者制度失败根源就变得显然了"[2]。巨大的官僚制：①对不同的需求的反应会日益变得毫无区别；②对预定为受益者的人所引起的成本会越来越高；③无法根据需求分配供给；④无法采取行动阻止一种用途阻碍其他用途，使公益物品受到侵蚀；⑤日益变得会犯错误，不可控，公共行动剧烈

---

[1] 〔美〕詹姆斯·汤普森：《行动中的组织：行政理论的社会科学基础》，敬乂嘉译，上海人民出版社，2007，第173页。

[2] 〔美〕文森特·奥斯特罗姆：《美国公共行政的思想危机》，毛寿龙译，上海三联书店，1999，第67页。

地偏离于有关公共目的和目标的言辞;⑥最后导致补救性的行动恶化而不是缓解问题。在大型官僚制产生制度性缺陷和失败的情况下提出的问题要求重新考查应用于公共企业的决策规则。①

由于社会经济组织的社会化程度不断提升,组织与市场、组织与社会、组织与组织间的边界日趋模糊,相互间的职能和责任越来越需要社会各方共同承担,政府部门、一般公共部门、私营部门开始共同参与社会公共物品的提供。正是在这一背景下,新的公共行政改变了专业化、行业化的管理体制,一方面让公民通过多种形式更直接参与管理,另一方面把服务与职能从掌管他们的集中部门中分离出来,在政府的运作中引入市场化的管理方式。政府试图通过分权、委托或者采取私有化等办法为社会提供公共物品,它不仅扩展了签约外包的领域,在教育、医疗卫生以及许多基础性行业领域中运用这一手段,而且在国家治理中也运用这一管理手段。新的公共行政所推行的行政方式和管理方式如分权、委托、契约外包、私有化以及市场化的激励机制都与经济领域的运作方式高度趋同,政治与经济两个领域不断融合。国家化的领域与社会化的国家领域相互渗透,有组织的私人利益寻求直接的政治表现形式,具有政治意义上的权力实施和权力均衡过程,直接在私人管理、社团组织、下级和公共管理机关之间展开。②"因为国家与社会不再分离,国家通过预备、分配和管理干预社会秩序,所以,规范'普遍性'原则就不再能持续下去了……法律和规章之间的区别因而模糊了。有时立法认为有具体化的必要,以求干预行政管理的具体权限。更多的时候,行政管理权限扩展了,以至于行政管理行为不再是纯粹的实施法律行为。"③

---

① 〔美〕文森特·奥斯特罗姆:《美国公共行政的思想危机》,毛寿龙译,上海三联书店,1999,第71页。
② 〔德〕尤尔根·哈贝马斯:《公共领域的结构转型》,曹卫东等译,学林出版社,1999,第201页。
③ 〔德〕尤尔根·哈贝马斯:《公共领域的结构转型》,曹卫东等译,学林出版社,1999,第203页。

"在现代公共行政中,我们可以看到,职业化的、掌握专业知识的、具有公民理念和公民精神的公务员,与作为个体的公民或私人营利组织、非营利组织、志愿组织、准政府组织和政府组织中有组织的公民群体之间,存在着日常的积极相互作用。"①20世纪90年代中期以来以英国为代表的"第三条道路"崛起,开始建立政府及公民社会间的信任与合作,试图建立一个市场组织、社会治理、政府治理以及相互间的有效合作治理体系。对于那些"天职"的公共服务,政府应该是一个安排者,决定什么应该通过集体去做,为谁做,做到什么程度或水平,怎样付费等问题,至于服务的生产和提供,完全可以通过合同承包、补助、凭单、政府出售、特许经营、自愿服务等形式由私营部门或社会化的公共部门来承担。传统官僚体制拥有的公共权力和公共责任逐步转移一部分给社会组织承担。② 在这一过程中市场经济一方面开拓公共领域这一边疆地带,同时也使公共利益和公共责任通过市场经济的循环实现合理分配和分摊,政府与市场的边界日益模糊起来。

第二节 政府增长与行政理念演变

在现代社会的成长过程中,社会组织的理性和效率降低了权力和政治在社会治理和整合中的重要性,并使大量权力和财富在组织里得到合法有效的利用,但社会组织的理性化和社会化同时也推进了行政权力的扩张与延伸。一方面是权力重要性的降低,另一方面又是权力的扩张,而且是一个同步的过程,似乎有点令人难以理解。这个看似矛盾的现象,恰恰展示了组织化与公共权力扩张的内在关联:组织化过程中降低的权力是非理性权力,而

---

① 〔美〕乔治·弗雷德里克森:《公共行政的精神》,张成福译,中国人民大学出版社,2004,第12页。
② 〔美〕E.S. 萨瓦斯:《民营化与公私部门的伙伴关系》,周志忍译,中国人民大学出版社,2002,第69~70页。

扩张的权力则是公共权力或者说是理性权力。降低非理性权力意味着权力的公共化与垄断性社会经济资源的社会化,这一过程恰恰是作为公共权力的政府增长过程。政府增长和行政理念的演变都是在非理性权力降低与公共权力加强这一同步过程中展现出来的。

一 权力与权威方式变迁

从传统权威到王权权威再到理性权威,这一走向是现代政治的基本趋势,也正是韦伯所说的"祛魅"的理性化过程。这一过程也是我们刚谈及的非理性权力降低与公共权力增长的过程。从历史的角度我们会轻易发现,这是一个非理性权威蜕变的过程,神圣的、身份的以及其他不可控因素在权威中的地位和作用越来越少,这一过程同时也是行政权力结构日益复杂化、行政管理手段日益多样化以及行政技术不断创新的过程。政府增长似乎是实现理性权威的必然选择。

在传统社会组织形式内,组织的单一性与人身的依附性使得组织控制方式十分简单,绝对的权力完全可以实现对组织的控制。但是由于这种依附性关系是一个不断拉长的链条,权力的间隔缝隙自然会存在,稳定这样一个权力体系,权威的重要性是不可或缺的。在组织构成所依赖的资源条件(如土地)单一,容易控制情况下,权威的意义主要在于领主身份的确认。形成这种权威的因素大多集中在宗教性、皇权的恩赐以及身份的继承等方面。正如贾恩弗兰科·波齐所说:"人们可以说封建关系变得失去了个性,但是并没有因为制度化而成为更加一般的、抽象的、等级协议的政治模式;相反,这种关系开始与门第的排他的特殊神龛论、其统治家族的骄傲,它对于保持和增加它的世袭财产狂热的投入、对其身份的维护建立了密切关系。"[1] 现在需要解

---

[1] 〔荷兰〕贾恩弗兰科·波齐:《近代国家的发展》,沈汉译,商务印书馆,1997,第35页。

释的是为什么只依赖于这种非理性权威，而没有形成等级化的制度安排。

布洛赫对 11 世纪的社会结构的理解仍可以作为我们解释的起点，它表现为社会分成许多以一个首领为中心的集团，而这个首领自身又依附于另一个首领，并如此延伸下去，从而呈现一个垂直线型结构，其他学者也指出封建时期的主要倾向是每一个大的统治制度分裂成许多小的碎片。这样的垂直线型社会结构以及组织成员的人身依附性，都使其不存在权力结构性分化的可能，没有任何力量对首领的地位及其手中的权力构成监督和挑战，所以等级间的协议不可能产生。首领需要确保的是其地位与身份的统一，也就是说通过首领身份所具有的神圣性、世袭性等特征来实现其权力的权威化。对于现代社会而言，权力向权威转化的确需要通过权力结构的调整来实现，但对于缺乏结构化的权力，其权威化的路径就是使权力身份的神圣化。

当社会结构按水平方向组成各个层次时，许多大行政单位——公国、君主国——吞并和消灭了小领主庄园，形成等级制的阶级，尤其是很快形成贵族阶级。同等地位者之间互助的宣誓代替了旧的下级对上级顺从的宣誓。[①] 在社会组织形式上，这是一个法人团体普遍崛起的时代，法人团体对外扩张不断冲击传统封建格局，这样传统权威存在的社会条件便不断失去，并产生一个整合社会的王权权威。尽管王权仍依旧是以神法、自然法等来展示自身的权威，并以对社会各领域特许权的把握来实现其统治，但在一个不断横向分化的社会结构中，社会各方面已可能对王权构成监督与制约力，这使王权政治下权力的行使不再可能依赖于国王个人的威力，还需要一些与王权相配的强制性力量，如军事与官僚性。如第一节所指出的，王权政治的推进产生两个与其权威形式相悖的现象，一是公法与私法作为两种完全不同的权威并行同在，二是社会组织形式的日益分散化。这两点也成为确立理

---

① 马克·布洛赫：《法国农村史》，余中先等译，商务印书馆，1997，第 121 页。

性官僚体制、构成市场社会的基础，理性权威逐渐开始兴起。关于理性权威与其后的权利性规范权威的形成在上文已有详细讨论，这里不再赘述。

每一种权威形式都体现着权力的行使方式，因为权威都是通过权力转化而来的。拥有权力而追求权威体现了在权力与权威间存在着根本性差别。但是，同样是权力向权威转换，为何不同时期权威的生成模式会有如此大的差别。这需要从权力本身的存在形式和内在要求来解释。

在传统社会由于领主对各种社会经济资源的绝对占有，使任何试图与其分享资源的人都必须与其产生依附性关系，这种依附性关系构成了权力的单向性和强迫性，权力本身隐含着敌意。[①]领主对附庸或其他依附性人员的权力，直接表现为一个人对另一个人的权力，而不是一个单位或组织对个人的权力，但更确切地说，它是一种身份对另一种身份的权力。对权力的服从本身也就是对领主身份地位的服从，也就是说领主的身份在传统权力行使中是至关重要的。在这种情形下，权力向权威的转变重点需要强调的就是领主的身份和地位的合法性，所以强调领主宗教神圣性、权力的正统性以及身份的世袭性等非理性因素就成为重点。

在王权政治中，需要将分散到各领域的特许权集中起来由国王统一掌控。但这里已不再是一种单向的权力关系，因为国王对权力的掌控意味的不只是集权，还需要放权，但是在集权与放权之间，国王是核心。在这里权力向权威的转变意味着一方面是国王的身份，另一方面则是特许权发放的合理性与社会认同性，国王需要小心避免与社会中最强有势力的集团发生抵触。国王仅仅依赖于自身的权威性地位已很难确保整个社会稳定和有序，还需要一些强制性和理性的措施，如官僚制、法人团体、强制性机构等。这一点正如罗伯特·罗素所认为的在治人之权中分为影响个

---

① 〔英〕罗德里克·马丁：《权力社会学》，丰子义等译，生活·读书·新知三联书店，1992，第128页。

人的权力和有关组织的权力，影响个人的权力有诸如对其身体有直接的物质权力，以奖赏和惩罚得来的权力以及舆论的权力；组织形式的权力有军队、警察形式对身体强制性的权力，经济团体利用奖赏和惩罚的鼓励或威慑以及教会政党等舆论。[1]王权政治时期，权力的形成已经由个人对权力的垄断向个人权力与组织化的权力分化。在这种权力形式下，权力向权威转变，国王一方面需要制造世袭、独裁、势力等这些当时社会的本质的信仰[2]，另一方面，还需要通过一些组织化方式增加自身权力的理性度。这种权威形式相对于传统社会已明显降低了对神圣性和身份性的依赖。

随着自由市场发展和大工业组织化的生成，社会组织的构成方式越来越向职业化、等级化关系转变。当专业化、技术化成为组织运作的基础性要求时，王权权威和特权经济必须退出历史舞台，高效率的、专业化的官僚体制成为新的权力运作模式。在官僚体制下，权力是以对信息与资源的高度整合与集中传导为主要使命的，所以这种权力是建立在专业化的等级分配基础之上。从权力构成方式上来看，这种权力是一种垂直的等级权力体系，构成了上级对下一级的强制，如韦伯所说"权力意指行动者在一个社会关系中，可以排除抗拒以贯彻其意志的机会，而不论这一机会的基础是什么"[3]。从目的上来看，这种权力呈现为"能够为有效的集体行动调动资源的一般化媒介"[4]。在职业化和等级化的官僚体制内，权力的行使不再是一个人对另一个人的行使，而是一个职位对另一个职位的行使。这种权力关系体现的是一个组织系统化要求，即只有这种权力安排方式才符合组织的最大化利益。

---

[1] 转引自沈启容《权力概念分析》，http://www.zisi.net/htm/ztlw2/whyj/2005-05-11-21362.htm。

[2] 〔英〕E.E.李奇等编《剑桥欧洲经济史》（第五卷），高德步等译，经济科学出版社，2002，第508页。

[3] 〔德〕马克斯·韦伯：《韦伯作品集Ⅶ》，康乐等译，广西师范大学出版社，2004，第71~72页。

[4] Talcott Parsons, *On the Concept of Polical Power*: *In Sociological Theory and Modern Society*, New York: The Free Press, 1967, p.314.

在这一意义上，我们认为帕森斯的权力概念更适合这一时期的社会组织原则，他与韦伯一样强调权力的强制性，但他把权力视为一种组织资源。"当根据各种义务与集体目标的关系而使这些义务合法化时，在如果遇到顽抗就理所当然会靠消极情境采取强制实行的地方，权力是一种保证集体组织系统中个别单位履行有约束力的义务的普遍化能力。"① 当权力成为一种系统性资源，成为一种角色化和职责化的权力时，权力将成为一种客观的规则化的东西，不再是任何人或单位随意掌控，任意行使的力量。在这种权力情形下，权力向权威转化就成为一种法理性的问题，把权力在法律和规则层面确定下来，也即授予每一个角色与岗位以合法化的权威。接受合法性权威作为科层结构的补充对于管理者的社会化来说是绝对重要的。②

随着社会组织不断分化，组织间边界日益模糊，组织结构越来越扁平化，组织的责任越来越社会化，组织构成方式倾向于采用自由契约的方式来达到。在扁平化结构和自由契约型组织中，人与人之间的关系逐渐呈现平等协作关系，个人对组织而言本身就是一种资源，组织对个人来说也是展现个人能力的一种资源。在这种情形下，传统官僚体制下的专业化和等级化的权力运作模式开始变得僵化。权力仍必须存在，即使是在协作中也需要确保协作各方按既定的协议来合作。但这种权力必须赢得协作各方的尊重，或者说权力需要体现协作各方的权利要求。如罗伯特·达尔所认为的，权力是一方在与另一方的关系中获得对自己有利的交换条件的能力，权力关系可以被认为是双方参与的一种交换关系和协商关系。③ 同样福柯认为权力本质上不是压迫性的，而是一种生产性的实践和生产性的网络，"福柯有关权力的论述不是

---

① 〔英〕罗德里克·马丁：《权力社会学》，丰子义等译，生活·读书·新知三联书店，1992，第84页。
② 〔美〕杰弗瑞·普费弗：《认识决策中权力的作用》，载《国外组织理论精选》，竹立家等编译，中共中央党校出版社，1997，第245页。
③ 李有梅：《组织社会学及其决策分析》，上海大学出版社，2003，第164页。

要提出权力的'理论',而是要探讨权力关系得以发挥作用的场所、方式和技术,从而使权力分析成为社会批评以及社会转变的工具。"① 在他看来,权力是通过社会规范、政治措施来劝规和改造人的一种手段。所以在社会化组织与自由契约关系社会组织原则下,权力在社会中的运作已逐渐摆脱作为消极权力的定位,更倾向于一种积极权力,权力与每个公民都紧密相关,每个人都可能根据自己利益要求而展示出权力的社会性力量,权力的权威性开始与公民的权利和社会责任挂钩,"权威将更多地依赖于知识和责任的适当组织,而不是传统组织金字塔式的等级规则"②。

二 有限政府与新公共行政

"如果说传统公共行政主张职业主义、行政专才和强有力的行政部门,那么当代公共行政则主张小政府,更直接的公民参与,政府服务契约外包和民营化,以及市场化的激励机制。"③ 把服务与职能从掌握它们的集中权力部门分离出来,通过契约外包、民营化等方式扩大政府参与范围,压缩政府规模,提高公共服务的效能,当代公共行政所关注的对象以及采用的方式很容易使人们从观念和认识上将它与有限政府等同起来,并在理念上导致一种认识,即当代政府治道变革是对有限政府理念的追求。但实际上对新公共行政的追求已实现了对传统有限政府理念的超越。

有限政府是在划定政府与市场边界的情况下,限制政府权力范围,确保市场经济的自由。有限政府理念的形成一般基于以下几方面的原因。其一基于政府-市场二元分离这一认识前提。政

---

① Michel Foucault, Two Lectures in Power-Knowledge: Selected Interview and Other Writings, *The Subject and Power*, 1927 - 1977, ed., Colin Gordon, New York: Pantheon, 1980. 转引自李猛《福柯与权力分析的新尝试》,载于谢立中等编《现代性后现代社会理论诠释与评论》,北京大学出版社,2004,第161页。

② Soshana Zuboff: *In the Age of the Smart Machine: The Future of Work and Power*, New York: Basic Books, 1988, p. 6.

③ 〔美〕乔治·弗雷德里克森:《公共行政的精神》,张成福译,中国人民大学出版社,2004,第39页。

府行为具有权力支配性和干预性,而市场经济则是规范性的自我运作,只有将政府权力限制在其自身的范围内才能确保市场经济的自由与发展。其二,有限政府是针对专业化官僚行政的治理模式提出的。由于官僚体制是一种信息与权能的垄断者,并且能够直接对某一经济行业或产业的运行进行干预,所以政府的行为往往不是以纯粹的公共利益为出发点,而是代表着集团性或行业性的利益价值,为防止因此造成的权力专有和膨胀,必须坚持有限政府。其三,有限政府追求的目标是自由竞争市场经济下的经济效益最大化,约束政府权力的目的就在于促进市场经济的自由竞争,实现经济最大化。而随着社会经济的发展,支撑有限政府理念的三个条件都在发生巨大变化,一是政府与市场、政治与经济的边界日益模糊,科层化的理性官僚行政方式也发生了变革,经济效益最大化也不再是政府追求的基本方向。在这样的背景下,不仅对传统官僚行政方式变革是必须的,而且对传统有限政府理念的更新也是必要的,目前不断推进的新公共行政正体现了这两方面的意义。只是人们对新公共行政的关注更多集中于前者,而忽略了它对有限政府理念的超越性。

新公共行政不断推进政府权力扩张。新公共行政通过契约外包、民营化和市场机制的引入,将更多的公共责任和公共问题转交给各种营利、非营利和自愿者组织承担,一定程度上实现了对政府规模和行政成本的压缩。但压缩政府规模和行政成本绝不等同于压缩政府权力范围,相反,通过各种政府组织、非政府组织、公共组织、营利组织、非营利组织以及各种志愿组织等多元化的治理方式,公共权力得以更广泛地介入人们的日常生活。正如弗雷德里克森所说,当代公共行政追求契约外包和民营化,但它追求的并不仅仅是管理主义的企业型政府,在治理意义上,它体现的是政府从内部转向外部的公共责任的分摊,新公共行政追求更多、更有力的政府管理,而不是市场化过程中的更少政府。[1] 也

---

[1] Frederickson, Painting Bull's Eyes Around Bullet Holes, in *Governing*, Oct. 1992.

如克里夫兰（Harlan Cleveland）指出的，人们所想要的和需要的并不一定是更多的政府，而是更多的治理——这意味着政府组织、准政府组织、非营利组织、承包组织、志愿组织等各种组织广泛地参与公共事务的管理。① 采用契约外包和民营化方式，不仅仅意味着管理主义的效能提高和对政府规模的压缩，在治理意义上，它体现的是政府内部转向外部的公共责任的分摊。所以新公共行政是在追求更多、更有力的政府管理。②

新公共行政追求更多的社会责任。在社会化程度不断提高的今天，每个人、每个组织都可能是消费者、生产者、股民、租借者、纳税人、养老金或抚恤金领取者，以及医疗保险、环境保护等多重角色参与者，社会的利益组合更为普遍化和公共化。这一形势决定了新公共行政不再是基于经济增长与效率最大化，而是以促进经济的协调发展和生活质量的提高为目的。当代的公共行政和管理方式尽管仍在追求绩效、成本、质量等经济性指标，但这种追求明显不同于官僚体制下的经济和效率最大化，因为任何以总量经济和效率最大化为目的的追求，都可能在微观层面丧失公正，以部分民众利益的丧失为代价。新公共行政对绩效的追求，是建立在对公共物品的提供上，政府可以提供公共服务，但不一定非要包揽所有公共服务的生产。"由于公益物品的提供和生产的分离，为我们研究公共经济问题提供了更为广阔的研究视野。公益物品和服务的提供与其生产相区分，开启了最大的可能性，来重新界定其公共服务经济中的经济职能。在服务提供方面，根据绩效标准可以维持公共控制，同时还允许在生产公共服务的机构之间发展越来越多的竞争。"③ 政府对公共利益的追求以及公共物品的提供不再是基于经济增长与效率最大化，而是以促进经济

---

① 〔美〕乔治·弗雷德里克森：《公共行政的精神》，张成福译，中国人民大学出版社，2004，导言。
② Frederickson, Painting Bull's Eyes Around Bullet Holes, in *Governing*, Oct. 1992.
③ 〔美〕迈克尔·麦金尼斯编著《多中心体制与地方公共经济》，毛寿龙等译，上海三联书店，2000，第58页。

的协调发展和生活质量的提高为目的,将社会责任和成本合理分摊到每一个应该承担的群体身上,推进公民责任的落实,从而使社会作为一个整体呈现出均衡有序并面对未来开放。弗雷德里克森经典地指出:新公共行政认为,公共行政的合法性建立在受益者的需求和利益的基础上,它要关注公共利益的实现,更要关注少数族群和弱势群体的利益,要致力于实现社会的公平与正义。同样约翰·罗尔(John Rohr)也指出,行政管理不能仅强调专业技术,更应强化对宪法道德责任的承担,而且这种道德责任必须超越行政绩效的技术要求。① 新公共行政的这种追求完全不同于官僚体制所追求的经济与效率的最大化,而是转向追求更多的社会责任。

三 管理主义与治理主义

有学者指出新公共管理反映了当代西方公共行政发展的趋势,② 也有学者认为新公共管理在研究范围上已远远超出公共行政的视野,并将其包含其中。而胡德则认为所谓的新公共管理只不过是新瓶装旧酒。③ 新公共管理将自身视为对传统公共行政的彻底颠覆者,而新公共行政则坚持自己是传统公共行政的扬弃者。张成福认为公共行政中的管理主义和其他公共行政的理论和学说一样,均代表着人类寻求良好政府治理形式的一种努力。④ 而欧文·休斯则认为两者彼此之间有所不同,二者没有从属关系,应把它们看做两个相互竞争的典范。

20 世纪 60 年代,公共行政作为一门回应和解决社会公共问

---

① John Rohr, *To Run a Constitution*: *The Legitimacy of the Administrative State*, University Press of Kansas, 1986. p86.
② 金太军:《新公共管理:当代西方公共行政的新趋势》,《国外社会科学》1997 年第 5 期。
③ Hood, C. A., Public Management for All Seasons, *Public Administration*, 1991, (69): p. 3 – 19.
④ 张成福:《公共行政的管理主义——反思与批判》,《中国人民大学学报》2001 第 1 期。

题的科学，孕育着新的变革，回应新的挑战，并不断走向新的行政方式。然而新的公共行政方式在理论上扬弃传统官僚行政的同时，并没有像官僚行政理论那样将公共事务的管理方式与社会治理方式统一起来，而是在其发展中形成了两个分支：新公共行政和新公共管理。20世纪70年代之前，公共管理被看做是公共行政下面的一个较低层次的技术领域，"关注效率、责任、目标实现以及许多其他管理和技术问题"。1970年代末形成的新公共管理，主张以民营化为主导的管理方式，强调管理主义，从公共行政中脱离出来。90年代的政府重塑运动中新公共管理理论与新公共行政呈现竞争之势。今天新公共管理的发展势头远远超越新公共行政。从行政理论变革的社会角度来认识传统官僚行政向当代公共行政的演进，我们将会发现"新公共行政"和"新公共管理"任何一方都无法全面体现当代公共行政的含义，因为它们只是从不同的层面对传统官僚行政做出扬弃，一个是追求经济、效率和效能的管理主义，一个是追求公平均衡的社会秩序的治理主义。

新公共管理认为其在研究范围上不仅关注政府体制内的命令服从，更关注战略、组织的广泛使命与目标、灵活的管理策略等更为广泛的内容，可以说在研究的范围上。新公共管理已超越公共行政，并将其纳入其中，甚至认为新公共管理已包含新公共行政。但新公共管理在研究范围上的扩大并没有改变其研究的对象和研究的目的，这一点是其无法包含新公共行政的主要原因。

首先，从管理的含义来看，"管理就是整合和优化组织的资源以实现组织的目标，实现组织利益的最大化。管理是以高效率、高效能、低成本和符合正义的方式为实现组织目标所必需的一切努力的总和。基于这样的理念，公共管理的服务性就是，公共管理所有活动的价值取向都是服务于整合和优化一个社会中的资源以实现社会公共利益的最大化这样的目标……"[①] 在此意义上，公共管理关注的是公共服务的效能和质量，而不可能涉及对社会

---

① 黄健荣：《公共管理新论》，社会科学文献出版社，2005，第4页。

的治理方式。

其次,从新公共管理的研究对象来看,主要是公共事务管理,包括政府管理的理论、方法和规律的科学。通过民营化、契约外包、市场机制以缩小政府成本,建立以顾客为导向的企业家政府,同时在政府部门内引入商业管理理论、方法、技术和市场竞争机制,以提高公共服务的质量和绩效。市场导向和管理主义成为20世纪80年代以来世界各国政府改革的纲领。① 而社会秩序意义上的政府治理并非其关注重点。

其三,从新公共管理追求的目标来看,政府施政的基本价值在于经济、效率与效能,也就是强调企业价值的优先性和工具性。在新公共管理的视野中,民营化、契约外包、市场机制等都是针对传统官僚组织管理方式的彻底更新,是追求效能、降低成本等管理方法上的创新。尽管在重塑政府和治道变革中,带动了政府治理方式的变化,但这被认为是新公共管理引发的结果,而不是新公共管理的本身。

新公共管理作为一种管理方式,仅仅从管理这一层面实现了对传统官僚制行政的超越,而没有触及社会治理层面。新公共管理无论其应用的范围有多广,也只能是追求效率,降低成本的传统组织管理方式的演变,而不可能是针对整个社会秩序的治理方式。所以,新公共管理并不是一个能够与传统公共行政对等的概念,它也没有能力否定传统公共行政方式。以效率为导向的工具理性只会引导人们关注达成既定目标的手段,而忽略对目的本身的关切,从而使行政工作越来越远离社会价值,而顾客导向的理念,更造成公民与政府之间的角色错乱。同时公共行政固然需要向企业学习,但大可不必走向"自我解构",甚至反国家的道路。② 正因如此,管理主义的倾向使新公共管理在追求效能的同

---

① 董晓宇:《由传统公共行政到公共管理》,《北京行政学院学报》2004年第1期。
② 张成福:《公共行政的管理主义——反思与批判》,《中国人民大学学报》2001年第1期。

时与其追求的政府治道变革存在诸多的内在矛盾。①

通过以上分析可以看出,将公共行政纳入新公共管理的范围是有困难的,所以更多的学者仍认为新公共行政和新公共管理是两个相互独立、互不隶属的概念,正如休斯认为应把它们看做两个相互竞争的典范。新公共管理只是在管理的层面追求对传统公共行政方式的彻底扬弃;而在社会治理意义上,与传统公共行政相对应的,或者说能够在理论上超越传统公共行政的不是新公共管理,而是新公共行政。

在弗雷德里克森的新公共行政理论中,公共行政被视为一种民主国家的治理过程,而不仅仅是一种管理过程。应当承认政府在国家治理过程中的正当性,避免过度强调市场,造成"空洞化的国家",应当关注公共性,避免公共精神丧失,应从政府与社会、公共部门与私人部门、政府与公民的互动中体现公共行政方式。公共行政的目的不再是基于经济增长与效率最大化,而是以促进经济的协调发展和生活质量的提高为目的,社会利益组织的分散化直接推进了各种经济或社会团体职能与责任的公共化,它们开始更多地承担社会责任。政府更多地通过各种政府组织、非政府组织、公共组织、营利组织、非营利组织以及各种志愿者组织对社会实施监督和控制,从而使公共行政介入人们的日常生活。正因为如此,新的治理方式使政府更广泛地卷入社会经济的管理决策制定中,涉及的范围极大增加,公职人员的扩充,财政支出的大幅度增长,以及新增设机构与扩充机构的增长,都是某种意义上的政府权力扩张。

在这一意义上,人们似乎看到新公共管理与新公共行政在理论上的矛盾与冲突,其实所谓的矛盾与冲突只是理念上的不同,两者遵循着统一的公共行政方式。"如果说传统公共行政主张职业主义、行政专才和强有力的行政部门,那么当代公共行政则主张小政府,更直接的公民参与,政府服务契约外包和民营化,以

---

① 王丽莉:《新公共管理理论的内在矛盾》,《南京社会科学》2004 年第 11 期。

及市场化的激励机制。"① 把服务与职能从掌握他们的集中权力部门分离出来,通过契约外包、民营化等方式扩大政府参与范围,压缩政府规模。新公共行政同新公共管理一样强调分权化、扁平化、公私伙伴化的组织形式,但它主张的并不是瓦解传统官僚体系,也不是管理方式上的创新,而是从治理方式上主张公民更广泛的参与;新公共行政与新公共管理同样追求契约外包和民营化,但它追求的并不是企业化政府或政府规模最小化,而是政府内部转向外部的公共责任的分摊,主张更多、更有力的政府管理。新公共行政与新公共管理同样扩大其研究范围,从传统的政府机构扩大到所有参与公共事务的组织,但它追求的不是战略组织的广泛目标和灵活的管理方法,而是形成新的社会治理方式。新公共行政在治理中,行动的网络包括了全部的公共组织——政府的、非政府的、营利的、非营利的组织,政府通过多元化和多层次的治理方式将公共权力更广泛地介入到人们的日常生活中。

在此意义上,"作为治理的新公共行政"是在治理层面与传统官僚行政相对应的;而作为管理主义的新公共管理则是在管理层面与传统官僚行政相对应。两者都强调对传统公共行政的超越,但任何一方面都无法单独实现对传统官僚行政的整体超越。在这一层面上,将管理主义与治理主义视为对立的观点存在偏差。

第三节 政府角色演进的内在统一性

无论从行政理念还是从行政的权威形式,每一次的演变都是建立在对原有行政方式的彻底变革上,一种行政理论也往往是建立在对原有理论的颠覆基础上。表现最为典型的就是新公共管理对传统官僚行政的颠覆,人们甚至在用"清算"这样的字眼来形

---

① 〔美〕乔治·弗雷德里克森:《公共行政的精神》,张成福译,中国人民大学出版社,2004,第39页。

容新公共管理对传统官僚行政的变革。但人们在关注变革的时候，却忽视了行政变革只是社会经济秩序演进的体现，无论是传统官僚行政，还是新公共管理都根植于社会的组织与结构中，由社会组织原则统一规约。本节以传统官僚行政向新公共管理演化为例，解读政府角色在行政变革中的统一性。

一　根植于社会的组织结构中

行政方式的治道变革体现的是社会经济秩序的演进，任何行政方式和行政理念都根植于社会的组织与结构中，马克斯·韦伯的《经济与社会》开宗明义地阐明了解释社会行为的社会学方法，他对政治社会学的研究正是力图从社会根源上探讨政治和行政的内在意义。这一目的使得政治秩序无论是权力的支配与运作，还是政治组织机构之间的冲突与合作，抑或是社会控制机制都不再重要，重要的是要将这些政治现象带入社会的组织与结构中探讨其内在根源。[①] 在韦伯看来，西方的社会和经济生活的本性代表着职业化和例行公事活动的顶点，多种多样的活动，每一种都以职业或行业的形式加以规定，并据以建立其独特的职业途径和一套专门的权利和义务，也就是说社会的各种活动和不同领域都处于职业和行业的规定中。由于职业和行业对社会各个领域的统一规定，一切的生活都服从于一种共同的估价形式——可计算，即对待特殊目的的技术上最有效的手段的估价。这使得各种生活方式都建立在理性与效率的基础上，而体现理性与效率的最佳形式就是官僚制和科层制结构，在这一基础上，公共行政的基本组织形式也正是理性官僚制和科层制。正是因为科层制体现着社会各个领域普遍的社会组织特征，使其能够作为一种理解和分析政治秩序和社会秩序的平台。科层制作为理性、规则、效率、职业化的组织形式，更主要的是与社会行业和集团利益高度相关，每

[①] 参见安东妮·奥勒姆《政治社会学导论——对政治实体的社会剖析》，董云虎译，浙江人民出版社，1989，引言。

一行业、集团或企业组织为了争取竞争优势或使自身利益得到长久的保持,都必然采用科层制的管理组织形式。

同样地,新公共管理所确立的新的行政方式也根植于社会的组织与结构中。"如果说传统公共行政主张职业主义、行政专才和强有力的行政部门,那么当代公共行政则主张小政府,更直接的公民参与,政府服务契约外包和民营化,以及市场化的激励机制。"① 在韦伯那里,官僚体制的支配地位依靠的往往是对信息的垄断和对职业权能的垄断,它所确立的基础是职业和行业对社会各个领域的统一规定。而当经济组织越来越趋向社会化,并不断摆脱传统经济行业或产业限制时,传统的职业与行业也就无法实现对社会的统一规定,垂直官僚组织体系满足不了这种社会经济组织结构的治理需求。如弗雷德里克森所言:新理论并不将组织看成是上级和下级构成的层级结构,而是把组织看成是出于自身利益或组织利益进行着平等交易的委托人和代理人之间的关系模式。②

二 体现社会整体的运作方式

韦伯说:"'行政管理'不仅仅是一个公法的概念。有私人的行政管理,诸如自己家庭预算或者一个赢利企业的行政管理,也有公众的行政管理,也就是说,通过国家机构或者其他的、由国家给予合法化的、即他治的公众机构进行的行政管理。"③在公法的统治里,构成一种官僚体制"行政机关"的存在,在私有经济的统治里,则构成一种官僚体制"企业"的存在。无论在什么领域,凡是团体机关的机关行为都有共同的行政方式,都由个人就

---

① 〔美〕乔治·弗雷德里克森:《公共行政的精神》,张成福译,中国人民大学出版社,2004,第39页。
② 〔美〕乔治·弗雷德里克森:《公共行政的精神》,张成福译,中国人民大学出版社,2004,第8页。
③ 〔德〕马克斯·韦伯:《经济与社会》(下卷),林荣远译,商务印书馆,1997,第4页。

团体的能力和个人能力之间的奉献和报答达成一致。从而行政管理与"私法"的对立界线模糊了。所以在韦伯那里,"在一切领域中,现代组织形式的发展与科层管理的发展和不断推广实际上是一回事,这一点同样适用于教会和国家,适用于军队、政党、经济企业、利益集团、捐赠机构、俱乐部以及其他许多组织形式。总之,科层制的发展显然是西方现代国家的根本"①。"地位集团(职业等级)常常运用科层制机构所固有的权力来保证他们对其地位集团的优势,这是韦伯的控制行政管理手段在社会中的重要性这个更一般观点的一个特殊应用。"②

可见官僚制和科层制的行政方式在韦伯那里同时体现了政治和经济两个领域的运作方式。这一点对今天正在推行的新公共管理方式也具有同样的意义。由于社会经济组织的社会化程度不断提升,组织与市场、组织与社会、组织与组织间的边界日趋模糊,相互间的职能和责任越来越需要社会各方共同承担。这种要求是整个社会整体运作的需要,不是政治领域或经济领域单方面的要求。在这一基础上所形成的新公共管理方式也就代表着整个社会的运作方式需要。新公共管理所推行的分权、委托、契约外包、私有化以及市场化的激励机制都与经济领域的运作方式高度趋同,政治与经济两个领域不断融合。人们对新公共管理的认识一直将其视为是适应市场经济的发展产物,如毛寿龙所说:当代各国政府改革的普遍趋向是,适应市场经济的需求,进行政府职能转变、放松管制、调整政府与市场关系,把市场机制引入公共管理领域,实现政策执行的自主化等改革。③ 这种将行政的治道变革简单地化归为对市场经济发展的适应,将政治与经济两个领域的关系过分简单化了。因为新公共管理所推进的行政方式,一方面促使政

---

① 〔德〕马克斯·韦伯:《经济与社会》(上卷),林荣远译,商务印书馆,1997,第248页。
② 〔美〕安东妮·奥勒姆:《政治社会学导论》,董云虎等译,浙江人民出版社,1989,第83页。
③ 毛寿龙等:《西方政府的治道变革》,中国人民大学出版社,1998,第8页。

府权力更大范围地向社会和经济领域扩张,同时也使市场运作的范围得到更大程度的拓展。新公共管理所推动的是政府与市场的不断融合。

三 体现管理与治理的统一

科层制的官僚行政作为应对国家行政管理数量扩张和复杂性增加的管理方式,首先体现了一种科学化组织管理方式,在专业化、科层制、等级化的官僚行政中,准确、速度、知识、连续性、灵活、统一、严格服从、摩擦少、物力和人力成本低,成为严格的官僚行政的属性。韦伯所强调的科层制官僚行政在技术上明显优于其他形式的组织形式,能够确保行政管理的高效率。同时作为一种国家政权建设和社会治理手段,官僚行政方式更是一种社会治理方式。国家通过职业化、理性化、强制性官僚体制的确立、延伸,瓦解各种传统意义上的政治、经济、文化性特权形式,将社会各个层面纳入国家权力体制框架内,实现国家政权建设的目标。"正是官僚体制发展的政治机构,最终摧毁那些基本上建立在不稳定的平衡状态上的混杂体"[1],一种统一的、强制的规范性社会秩序得以形成。由此可见传统官僚制行政包含了以提高效率为目的的组织管理方式和以社会秩序为目的的社会治理方式两个方面的内涵。

今天日益社会化的社会经济组织形式,使得行政管理的任务相对于官僚体制确立时期无论在数量上、质量上还是复杂性上都有更高的要求。相对于官僚行政时期而言,这种要求同样体现在两个方面:一是管理效率,二是社会秩序。在这一意义上,新公共管理对管理主义的追求与新公共行政对治理主义的追求,并没有在理论上导致当代公共行政方式的杂乱无章,相反它们共同承担起传统公共行政中最基本的两种任务:管理和治理。而且无论

---

[1] 〔德〕马克斯·韦伯:《经济与社会》(下卷),林荣远译,商务印书馆,1997,第292页。

管理主义与治理主义在理念上有多大差别，它们都追求并遵循着共同的行政模式，这种行政模式就是更直接的公民参与，民营化和政府服务的契约外包，以及市场化的激励机制。也就是说，这两种理论是同一行政模式下的竞争性典范，一个倾向于组织内部科学化的管理方式，另一个则倾向于面向社会的秩序化治理方式。新公共管理和新公共行政在同一行政模式下的竞争性典范，说明它们在本质上是统一而非矛盾的。所以现实中的当代西方公共行政的变革，其实就是在直接的公民参与、政府服务的契约外包和民营化、市场化的激励机制这一行政模式下新公共管理与新公共行政的综合。这就要求当代公共行政在理论发展上必须跨越"左"与"右"的意识形态，不能过分追求管理主义，也不能过分强调治理主义，两者都是当代公共行政不可或缺的重要内容。当代公共行政的这一理论趋向能够将新公共管理与新公共行政这两个流派综合起来。20世纪90年代中期，公共管理与公共行政在理念上不断融合，新公共管理也开始强调"治理"和价值，新公共行政也不再排斥效能的观点，新公共管理开始主张通过社区自主组织管理、外包、公私伙伴关系、民营化等途径，以多种组织形式生产和提供公共物品和公共服务，使公民组织、民营机构与政府组织共同承担公共管理的责任，实现合作共治。同时，90年代中后期兴起的"治理"理论，以公共事务的复杂性、多样性、动态性为依据，开始对政府内部关系、政府组织体制、公共事务治理规则和操作手段等管理层面的内容进行全方面反思，以求建立政府、市场、公民社会三者相互依赖与多元化合作的治理模式。在这一意义上，我们才能理解广义上的新公共管理越来越成为一个更为宽泛的概念，它包括狭义上的新公共管理（管理主义）、新公共行政（治理主义）以及后现代公共行政等。这其实表达的就是当代西方公共行政变革的一个基本趋势：管理与治理的统一。

四　追求最大化的行政效率

由于官僚制和科层制所要求的专业化、职能化和技术化普遍确立在效率与经济最大化的基础上，所以无论在哪个领域都遵循着效率最大原则。这一原则本身蕴含于官僚制与科层制组织中。如韦伯所说，一种充分发达的官僚体制机制与其他形式的关系，恰恰如同一台机器与货物生产的非机械方式的关系一样，精确、迅速、明确、精通档案、持续性、保密、统一性、严格的服从、减少摩擦、节约物资费用和人力等等。但官僚行政在其发展过程中，逐渐变得臃肿、僵化、呆板、缺乏灵活性，行政效率大大降低，行政成本却日渐提高。这只是由社会经济结构变迁引发的官僚行政的不适应性，并不能以此否定官僚行政本身是一种追求行政效率的体制。同样新公共管理追求的契约外包、民营化、市场激励机制等都是为了提高行政效能，降低和压缩行政成本。所不同的是，科层化的官僚行政方式是在专业化和职业化的社会组织结构中发挥效率最大化功能，而新公共行政的行政方式则是在社会化的组织结构中来展现其效能最大化的。"管理就是整合和优化组织的资源以实现组织的目标，实现组织利益的最大化。管理是以高效率、高效能、低成本和符合正义的方式为实现组织目标所必需的一切努力的总和。基于这样的理念，公共管理的服务性就是，公共管理所有活动的价值取向都是服务于整合和优化一个社会中的资源以实现社会公共利益的最大化这样的目标……"[①]通过民营化、契约外包、市场机制以缩小政府成本，建立顾客导向的企业家政府，同时在政府部门引入商业管理理论、方法、技术和市场竞争机制，以降低行政成本，提高行政效率。

　　行政方式的变迁本身是确立在社会经济演进的基础上，它所反映的应当是社会整体秩序的演进。在这一意义上，无论行政方式如何变革，公共行政都将拥有其不变的内涵，即其所体现的社会秩序意义。所以尽管新公共管理相对传统官僚行政在行政方式上已发生颠覆性的变革，但并不意味着两种行政理论间发生截然的断裂，相反，在社会秩序层面，传统官僚行政与新公共管理具

[①] 黄健荣等：《公共管理新论》，社会科学文献出版社，2005，第4页。

有很大程度上的统一性。

通过对政府角色和行政理念变迁的分析，我们可以看出无论是关于政府权力和政府权威还是行政方式都有诸多理论，相互间存在极大的争议，甚至存在理论上的对立，但每一种理论观点都并没有正确与错误之分。以社会组织原则演进所体现的逻辑来看，这些理论以及这些理论所体现的行政方式和行政理念不仅存在着内在统一性，而且展现了社会组织原则演进的理性化和公共化要求，也体现了社会的运作秩序从压迫服从到合作创新的艰辛历程。

第五章
封建权威到理性权威的社会秩序

任何一个时期的历史都充满着魅力，这不仅因为它远离我们而产生的神秘，还在于它总能时不时地通过某些因素将今天的社会与远去的时代连接起来，历史不只是基础，还是一种持续的规约力量。今天所呈现在我们面前的这个日益成熟的社会运作秩序不仅可以从自由资本主义和组织化资本主义中寻找到自身的根基，而且还能明显感受到传统力量和王权政治的规约，这是因为历史本身无法分割，市场秩序不是突发生成的，王权专制也不是革命的产物，它们都是从过去传统中逐渐演变，缓慢建立起来的。当然历史的演进有着太多的偶然与必然因素，但这并不构成让我们放弃理解和认识它的理由，如果我们时刻为历史与现实的关联所困扰的话。社会组织原则是一概念，不能成为一种方法，但透过分析，它能够以一种历史逻辑的力量将宏观社会层面上的诸多因素统一在一起。

第一节 封建社会的遗产

人们可以从宗教文化、传统习俗、社会制度等诸多方面来探寻为什么现代市场经济没有在中国兴起，但我认为欧洲中世纪的封建经济组织形式是所有原因的关键。当我们今天说民主政治、谈市场经济时，我们不得不说民族国家，不得不谈特权经济，因为这是基础，如果要谈起源，仍需要从中世纪的封建社会谈起。

欧洲的封建社会有两个重要遗产为市场经济兴起奠定了基础：一个是作为经济组织的庄园经济，因为它在实践中逐步成为共同体式的经济组织；一个是城市的发展以及城市内的行会等法人团体的兴旺发达，为其后欧洲工商业布局和行业规范的确立奠定了基础。从中世纪欧洲的经济共同体与中国传统的村落共同体之差别中，我们似乎能够窥探到两种社会为什么会呈现完全不同的秩序走向。我们认为封建社会最为重要的遗产是封建社会在制度上的相对"自由性"，正是这一点催生了经济组织的独立自主和城市的兴起。

一 封建社会的"自由性"

关于封建社会的遗产，贾恩弗兰科·波齐在其《近代国家的发展》中有过较为经典的论述，他认为封建社会有三个方面的重要遗产：一是它构成了给曾经遭遇很多蹂躏的不牢靠的国家建立一种稳固的可以很好运转的统治机构的第一次尝试；二是从封建化中融合进最初军人阶级的欧洲贵族成为未来等级制国家基本的等级；三是封建主义确立了关于权力与正义的看法。[①] 关于封建主义与军人阶级的关系，我们无法做出评论，但其他两项遗产，从封建社会的组织结构来分析，应该说都源于封建社会的相对"自由性"。这可以从封建社会制度构成的角度来分析一下。

上文中我们一直在强调封建关系是一种依赖土地资源和传统权威的身份控制关系，这种身份关系构成了封建社会关系的本质，诸如"委身"、"恩赐"、"豁免"等重要的封建关系都是身份控制关系的基本体现。通过身份关系，地位高的人可以把自己的封地部分地依次赐予一个或多个地位低的附庸，地位低的人也可以把自己托付给一个地位权力较高的人来保护。首先从恩赐的角度来

---

① 〔美〕贾恩弗兰科·波齐：《近代国家的发展》，沈汉译，商务印书馆，1997，第36页。

说，封建社会的分封制不仅是爵位的封赏，还是某种权利的授予。这种权利包括土地、土地上的奴隶、农奴、自由人和农业的附属权利，意在满足某种宗教和行政责任的某些个人或团体的物质需求。① 作为一种权利的恩赐，被恩赐者就会因这种权利而具有独立性，权利的独立性使领主（无论在地位上多小）自由支配手中的资源以及由资源引发的权力，而不会因为任何事情都去求助于上级，在自身的利益与上级的利益间存在很大的自由掌控空间。另一方面，在这种恩赐与托付之间并没有建立起紧密的联系，尤其是随着附庸体系的复杂化，一个附庸可以有几个领主。"贯穿大多数封建时期的主要倾向，是每一个大的统治制度分裂成许多较小的碎片并增加了它的自主性，各种制度在其实施统治工作的方式上以及相互之间进行冲突的方式上有区别。"②

上文我们曾经对垂直线型结构中为何无法确立制度性协议进行过分析，这里我想从身份控制与封建制度的关系中来进一步解读，为什么这种身体控制关系在长期的封建历史上始终没有成为一种制度化或体制化的关系，导致波齐所说的封建关系作为统治结构的一种关键的补充成分在历史上没有成功。我们认为根本的原因在于以身份控制为主导的社会关系模式无法成为一种制度关系。在这一点上需要引用布洛赫对封建制度的讨论：

> 虽然从血缘关系产生出来的各种义务在封建社会具有重要的作用，但封建社会并不依赖血缘关系。更确切地说，严格意义上的封建关系纽带正是在血族关系不能发挥有效作用的时候才发展起来的……虽然它特有的个人从属关系仍保留着原始亲兵制中准家庭性成分，但无数小首领所行使的政治

---

① 〔美〕贾恩弗兰科·波齐：《近代国家的发展》，沈汉译，商务印书馆，1997，第25页。
② 〔美〕贾恩弗兰科·波齐：《近代国家的发展》，沈汉译，商务印书馆，1997，第31页。

权力表面上大部分是对"国王"权利的僭取。①

从中我们可以体会出一些非常微妙的情形，封建分封制形成的既不是绝对的权力结构，不是真正的血缘秩序，也不成为一种制度化的模式。权力结构要求的不仅是上下级的服从关系，更是一种支配关系，它强调权力的绝对性和彻底性以及权力对各种资源的严格控制和把握能力。对于封建关系下的附庸结构，通过资源和权力赐予来体现自己的权力和地位的做法，不仅权力无法构成绝对性，同时也会逐渐丧失自身对资源的把握能力。对于血缘关系而言，它强调的不是身份控制，而是身份间的亲密关系以及对这种亲密关系的依赖，它往往存在于家庭或家族性的共同体之中，不可能成为一种更大范围的治理体制。在封建关系下的委身、赐予、豁免关系中，一方面延续了血缘关系的某些特征，但也明显摆脱了这种纯粹的血缘关系，逐步呈现一种普通意义上的身份。缺乏血缘的身份关系就不可能产生血缘关系下的紧密与统一，这也导致封建关系的松散和自由。从制度角度来谈，制度首先是一种习俗和规则，这种习俗和规则不应当随着个人和团体的变迁而随意改变。在这一意义上，制度确立的基础应当是一种结构，或者说是一种权力结构；另一方面制度还是一种非人格化的力量，它只对特定的组织结构负责，而不针对具体的人与物。这就是说一种较为稳定的权力结构是形成权力制度化的基础，但当权力结构本身缺乏稳定性时，将身份关系确定成一种固定的制度化的协定，必定是存在困难的。权力结构、血缘关系与制度化的协议都是实现社会秩序稳定与健康发展的需要，而且这三种权力关系几乎代表了有史以来人类社会发展过程中基本的秩序结构。封建社会关系，没有呈现为其中的任何一种，也没有偏向其中的任何一种，它是一种典型的折中，拥有三种权力关系中任何一种的特征，

---

① 〔法〕马克·布洛赫：《封建社会》（下），张绪山等译，商务印书馆，2004，第700页。

同时又与任何一种有别。这是封建社会能够呈现"自由"特性的内在原因。封建制度"自上而下的内聚力并不高：领主既定的计划被所有处于不同等级而最终'为他所控制的'附庸以同样的方式一致支持的机会是很少的"①。

马克斯·韦伯曾对罗马帝国的情景作出这样的阐述："帝国的乡间公地开始成为与城市平行的行政单位，而在这些乡间行政单位，地主就是地方行政首脑的当然人选，就像今天普鲁士的庄园地区庄园主就是地方行政首脑一样。"② 这种封建关系和权力运作方式不只是基层社会的状况，也表现在宏观政治领域，封建制下的政治权力是一种被分割的状态，传统城镇、封邑以及地方领主下的地域特权，使社会呈现王权分散、各自为政、相互封闭的政治格局，中央权力几乎为地方瓜分完毕。在这种四分五裂的社会中，国家统一只是一种形式上的象征，即依靠上层的王国或帝国象征来维系，而在王国或帝国之下发展起来的政权，从领地大公国到普通贵族领地或城堡领土完整地按一种几乎察觉不到的等级上下排列，并不断脱离王国或帝国的控制。在这种形势下，国家的治理只能继续依靠特权的赐予，由各地方封臣和领主来完成。国家仍依赖于这些大地主并赋予他们行政权力，因为正是这些大地主为国家征收其"辖域"的租税，也是这些大地主从其庄园领域的人口中为国家提供兵源。一般来说，封地持有者融合了司法—政治特权和经济特权，用这样一种方式，纯粹世袭财产的成分逐渐占据统治地位，直到地产本身逐渐被看做半政治的固有载体。③从中可以看出，封建特权本身造成了各种地域和团体与王权的脱离，并逐渐演变成自身自由支配权。所以在中世纪，特权就

---

① 〔美〕贾恩弗兰科·波齐：《近代国家的发展》，沈汉译，商务印书馆，1997，第32页。
② 〔德〕马克斯·韦伯：《民族 国家与经济政策》，甘阳译，三联书店、牛津出版社，1997，第20页。
③ 〔美〕贾恩弗兰科·波齐：《近代国家的发展》，沈汉译，商务印书馆，1997年，第33页。

是自由，特权与自由一样是一种权利。"就自由来说，中世纪背景才是真正意义上的背景，没有比这更可靠了。"①

由于封建关系中特权与自由权的广泛存在，使得封建关系作为一种结构性权力体制的补充，没有承担起社会统一与社会整合的职责。随着社会经济的发展，这种"自由"不断引发下层民众的权利意识和经济团体的独立意识。

二 封建经济的"自主性"

对封建关系的认识不能局限于我们通常所说的地主与农奴之间的阶级关系，真正的封建关系指的是通过分封和授权形成的关系，如"委身"、"恩赐"、"豁免"等，这些封建关系所体现的主要是领主与附庸之间的关系，而非地主与农奴之间的关系，封建社会的"自由性"所指的也是附庸相对领主所存在的自由度。领主与附庸关系是封建社会关系的本质。"封建关系不是指一种经济生产方式，而是确保社会控制的一种手段，不是地主与农奴之间的生产关系，而是在领主与其附庸之间的一种司法上的关系和保护与庇护关系。"②这样看来，封建社会存在着两种关系结构，即领主与附庸间的封建关系与庄园经济下的领主与农奴的依附关系，前者是一种政治关系和社会控制手段，而后者是一种经济关系和经济运作模式。这也说明封建社会的政治控制与经济运作并不是一个整体，或者说两者是相脱离的。封建社会最典型的经济特征就是领主控制下的庄园经济。领主本身是一种特权的存在，相对于上级领主它拥有自己运作的自由空间。这就是说领主下的庄园经济也就成为特权或者说领主自由权庇护的经济组织，众多领主与贵族在其土地上的生产经营中行使着支配权，使封建庄园经济拥有自己独立的运作空间和自主的经济运行方式。

---

① 〔英〕马格努斯·瑞安：《自由、法律和中世纪的国家》，参见昆廷·斯金纳等编《国家与公民》，彭利平译，华东师范大学出版社，2005，第 73 页。

② R. J. Holton, *The Transition from Feudalism to Capitalism*, London: Macmillan Publishers LTD., 1985, p. 25, p. 23.

领主以自身对土地等资源的把握程度构成与其成员的关系，有农奴、佃农，还有自由农，大家共同生活在领主的庄园里，向领主承担不同程度和不同形式的义务。由于身份的有序性以及各自承担责任的明确，庄园经济内并不总是人们想象中的阶级压迫与抵抗，反而会因为各自身份与责任的明确而呈现一种有序的经济合作形式。合乎自然的分配理念和神圣化的传统强烈地统治着生活的一切现实和它的正确的和必要的秩序与现实一致的理念，社区与领主之间的关系，尤其是社区和它的成员之间的关系，不是用契约来说明的，而是像家庭的关系那样，用默认一致来说明。[1] 这里有统一默认的轮作时间和耕作制度，遵循传统提供租税和劳役，农业生产与传统手工业共同生存，相互交换，从而构成一个自给自足的经济体。布洛赫说：庄园是一个大的农业与手工业的综合体，当然主要成分是农业，只是综合体不是以工资而是以土地作为劳动报酬。[2] 布洛赫将这种经济意义上的综合体与现代的经济组织相对比，充分说明领主统治下的庄园经济已经具有作为一个独立经济组织的基本特征。

在庄园经济中，由于其运作方式遵循着较为统一的制度和理念，从而使它的运作越来越趋向一个经济共同体。滕尼斯曾大段引用奥·基尔克关于封建庄园经济作为共同体运作的描述：

> 受到凌驾于他之上的全体权利的限制，在经营他的草地、田地和葡萄园之时，农田耕作强制制度约束着他遵守共同体的制度，然而，在这方面，几乎不需要有一种明确的规定，来使农民遵守传统的轮作、耕耘和收获时间。因为对他来说，在实际上和经济上都不可能使他的独立经济从公有经济中解放出来，独立经济没有补充的、甚至是创造性的共同体的法

---

[1] 〔德〕斐迪南·滕尼斯：《共同体与社会》，林荣远译，商务印书馆，1999年，第88页。
[2] 〔法〕马克·布洛赫：《法国农村史》，余中先等译，商务印书馆，1997，第89页。

是无法生存的。详细的细节，尤其是包括田野和牧场开放和封闭的时间，一般都由古老的习惯来确定。但是，一旦古老的习惯不够用或者需要修订，这时就会出现社区的决议。因此，社区决定封闭和开放草场和田野，决定土地耕作夏熟作物、冬熟作物和休耕期，规定播种和收成时间，确定葡萄的采摘，后来甚至规定收获季节的工资。[1]

奥·基尔克所描述的是中世纪德国的农村经济，但这并不是一个孤立的现象。布洛赫在其《法国农村史》也详细描述了法国农村共同体的情况，与德国的情形基本一致。在这样一个经济共同体中，其独立运作能力是出乎意料的，当这个经济共同体能够因外界条件变化而自动调节其内部运作方式时，便逐渐成为一个封闭性的经济和商业体系，这种情况下庄园经济作为共同体，它的独立性和自主性已经超出某个人的统治能力范围，并会寻求对外的经济扩张。

关于城镇的性质，韦伯曾这样谈及：一方面是用来保障和平的城堡和城市的军事—政治性市场，另一方面是保障城市和平的经济市场，这两方面通常二元并存。[2] 贾恩弗兰科·波齐在研究韦伯关于东西方城市的对比时指出：在中世纪的西方，城市的发展不只是生态学那种独特的、稠密的定居，居民专心地从事生产和商业经营，而且还是政治上的自治统一体。"如何把市民聚集在一起并且把他们结合在比我们所知的农村更复杂更有生气的商业和生产行业的劳动分支中；它主要是建立一种统治条件和法律环境，以使商业行业和工艺活动有可能获利，并使城市能够取得政治自主权和军事上的自给自足。更为新奇的是它尊重领域统治者和封建因素，因为二者都是它的领导，统治的实施和管理方法

---

[1] 〔德〕奥·基尔克：《德国的团体概念历史》，参见斐迪南·滕尼斯《共同体与社会》，林荣远译，商务印书馆，1999，第88~89页。
[2] 〔德〕马克斯·韦伯：《经济与社会》（下卷），林荣远译，商务印书馆，1997，第710页。

的实践成了他们固有的使命、个体的中心和他们的生活方式。"①从韦伯和波齐的论述,我们可以清楚地看出中世纪城市是一个政治体与经济体的结合。但这并不是说它是一个政治与经济不分的混合体。城市在政治上和军事上的努力完全是为了在封建权力关系中赢得自治的特权,有了这种特权城市就会自由,它就会为城市工商业发展造成适合发展的条件。城市在政治上的追求不是去统治别人而是去统治自己的权利,甚至在那时也只是要求精心设计并保护一种考虑获得和生产需要的产品和生活方式的安全,而不是领导的实践和战争的经验,封建统治制度对城市的这种要求无法抵抗。② 城市的特权和自由便产生了。

在这种条件下,城市工业的发展与城市本身越来越构成一个整体,每一个行会和同业会都是城市生活中不可缺少的一个环节。由于各行各业的整体越来越构成城市的本质,于是在同整体的关系上,各行各业实现完全的自由和统治,城市成为它们的共同体的和平以及各种制度的守护者。③ 这样城市作为一个独立自由运作的经济体的力量日益凸显,"正如村庄社区及其机构一样,城市更加发展为一个经济的团体,它具有奇特而强劲的活力,囊括一切,无所不包……任何城市,尤其是每一座较大的城市,都企图把自己作为一个经济的整体,封闭起来,尽其所能地对外扩张它的经济和势力范围"④。

当城市和庄园经济都呈现为经济团体特征时,法人团体性质的经济组织形式就形成了,社会的结构形式也随之开始发生变化。首先,经济团体的发展使劳动分工成为内部组织结构的基本特征,

---

① 〔美〕贾恩弗兰科·波齐:《近代国家的发展》,沈汉译,商务印书馆,1997,第43页。
② 〔美〕贾恩弗兰科·波齐:《近代国家的发展》,沈汉译,商务印书馆,1997,第43页。
③ 〔德〕斐迪南·滕尼斯:《共同体与社会》,林荣远译,商务印书馆,1999,第92页。
④ 转引自斐迪南·滕尼斯《共同体与社会》,林荣远译,商务印书馆,1999,第94页。

无论是等级间的分工还是相互协调性的分工，都开始由单纯的人身依附性关系向以专业化分工为基础的职责关系方向发展。而职责与义务的承担必然携带着权利的到来，这样传统的权力方式也将随之发生改变，权力的行使不再是一种私人关系。代表权力的身份意义也发生了变化，身份是一种地位，附属于它的有一系列权利和职责、特权和义务、法定的资格和无资格，这些均为社会承认，它们能够由公共权力、在许多情况下由法律规定并强制推行。① 其次，经济团体的发展也促进了空间地理概念变化，团体对外的经济和势力扩张必然会打破城市与乡村、领地与领地、城市与城市之间的封闭，使相互间的商品交换和经济流通日益增多。在这一过程中，各自都会形成属于自己地区范围内的制度规则，以使自己对外交往中占据有利形势，这样，传统的城镇和领地都成为一种地理上的概念，而不再是领主或贵族的私人权力。作为一个地理概念，权力是指一个城市或一个领地范围内的权力，全体民众都成为权力的拥有者，等级议会也就在这一基础上逐渐形成。其三，经济团体间的互动使传统局限于一个城市或一个领地内的制度或统治方式不得不做出符合历史趋向的调整。

封建社会的"自由"特性使整个社会逐渐改变着垂直线型结构，催生出各种相对独立的政治经济团体，使整个社会结构向横向化的方向发展，横向联合逐步取代领主与附庸关系时，封建关系和封建制度便面临严峻挑战。而封建社会经济的相对"自主性"，使经济运作不断走向共同体化的有机运作，从而能够摆脱封建权力的控制，走向团体性的对外扩张。在这一过程中，崛起的不仅是经济团体的力量，还有基层民众对传统权力控制的反抗。我们认为，现代民主意识和市场观念在这里应当能够找到起点。

---

① 转引自贾恩弗兰科·波齐《近代国家的发展》，沈汉译，商务印书馆，1997，第46页。

第二节　王权政治的理性发展

中世纪晚期的工业生产中多种多样的组织形式、劳动关系和劳动条件不断突破城镇和封邑下的地域特权，各种形式的行会、协会在相当程度上对欧洲工业的结构、组织培训和行业规范都进行了规定，这为资本主义的形成在产业组织构成方面打下了基础。这种不断形成自治的行业组织，同时也是形成机构组织或者合作社组织的前提，所以韦伯说中世纪的团体法在自治中保证着生产，因而也是各种法的有关利益者圈子在其法的形成中实际自治的产生，正是它才给西方的合作法和机构法的发展，以及特别是资本主义的联合体形成与发展提供了可能。① 同时各行业不断向专业化和商业化方向推进，加之农业生产的专业化和商业化，传统封建制的地域特权成为一种严重的阻碍性力量。重商主义时期的政治秩序与社会秩序正是在这一基础上形成的。依靠王权瓦解传统特权城镇和采邑等地方特权，并将地方特权下的同行会或特权经济组织置于国家的统一领导下，国家开始通过把握经济产业的布局来构筑全国性统一市场，从而确立起现代市场经济的整体架构。与此同时，通过对垂直的同业会和特权经济组织的直接监管和国家统一市场的构建使得主权国家得以确立，王权或议会的权力得到全面加强，主权国家通过形形色色的协会、同业会、行会等建立起自己对整个社会的控制渠道，使国家权力延伸到社会生活的各个领域。可见，这一时期也正是欧洲民族国家进行国家建设的重要时期，国家权力的增长、集中、延伸程度都得到前所未有的发展，国家全面加强了对社会经济的控制力和汲取力，但所有这一切都与重商主义政策和市场经济的发展紧密相连。

---

① 〔德〕马克斯·韦伯：《经济与社会》（下卷），林荣远译，商务印书馆，1997，第88页。

一　王权政治的理性趋势

在社会秩序由传统的城镇、封邑与农村之间相互隔离走向统一时，王权得到真正意义上的确立。当旧的社会权力体系和权力结构也趋于衰落时，国家对社会的控制便不可能再依靠传统的阶级结构，而要从传统城镇、封邑和领主的地域特权中解放出来的特权经济组织中寻找对社会整体控制的渠道。重商主义作为绝对主义制度独特的经济政策在很大程度上是一种削弱以地方为基础的经济管理机构的自主权，抑制它们，或者更经常的做法是把它们整合进一个统一的国家范围内的制度。①

国王通过建立负有集体责任的强制性团体，为自己保障了维护法律和行政管理所需要的效率。任何社会团体的组建，不管是公法的也好，私法的也好，都要经过国王的授权，从而被置于控制与监督之下。在这一过程中，国家全面加强了对各种工商业行会、同业会的管制，各种团体和行会也仅仅依据国王的授予或容忍，才拥有一些权利。② 与经济特权相连的是国家对行业的严格控制（如生产的规格、数量、质量等），国家在对各种生产行业的培植与控制中不断自上而下延伸权力，实现国家对整个社会经济的控制。当然在这一过程中，传统的工业行会也发挥着重要作用，工业行会在国家政策的推动下对本行业的规范、培训及发展进行了制度性规定，国家通过工业行会这一渠道推行国家对社会经济的有关政策，这就导致工业行会具备了转变成国家机构的倾向，进而导致工业行会的普遍国家化：

> 尽管绝大多数行会和技工团体继续在运转，它们却在事

---

① 〔英〕克拉克：《十七世纪》（G. N. Clark, *The Seventeenth Century*, London, 1927）第21页，转引自贾恩弗兰科·波齐《近代国家的发展》，沈汉译，商务印书馆，1997，第65页。
② 〔德〕马克斯·韦伯：《经济与社会》（下卷），林荣远译，商务印书馆，1997，第87~88页。

实上在现时由统治者颁发的精巧的规章之下作为一个治安机构在活动。在法国，1560年和1563年分别由弗朗索瓦二世和查理九世颁布的敕令禁止了独立的商人法庭的活动，并把它们的司法功能转交给国家司法机构；但是，被禁止活动的法庭原先的成员则被吸收进国家法庭作为陪审法官。法国国王颁布的用以管理商业关系的法令时常从许多先前商人和行会成员为了他们自己的利益而自动推行的法规和习惯中吸收了它们许多内容。①

也就是说重商主义者相对于封建主义者而言，政府的治理方式已由分封性治理方式转向对专业化、职业化的行业经济治理。在这一意义上两者的区别仅仅在于治理的渠道。正如博兰尼所指出的，它们之间的区别在于不同的调节手段：行会、城镇和各个省份都愿意求助于习俗和传统的力量，而新的国家权威则乐于颁布法令和条款。不过它们全都反对劳工和土地商业化这个市场经济之前提条件，直到1790年，法国才废除同业行会和封建特权；而英国则在1813~1814年间才撤销《职工法》，在1834年撤销了伊丽莎白时期的《济贫法》。重商主义者所关心的是，借助贸易和商业来发展国家资源，包括充分就业，对它们来说，传统的土地和劳工组织是理所当然的事情。② 但这并不意味着重商主义的治理方式相对于封建制结构没有实质意义上的变化，相反，从封建治理转向经济行业的治理，反映了政治治理开始由单纯的权威性治理向制度规范化的治理方式转变。在法国1663~1668年间，专制主义与重商主义的联盟最为成功，尽管宫廷仍是贵族的天下，但资产阶级接管的国家职能日益增多，此时的重商主义达到了顶

---

① 转引自贾恩弗兰科·波齐《近代国家的发展》，沈汉译，商务印书馆，1997，第66页。
② 〔英〕卡尔·博兰尼：《自我调节市场与虚构商品：劳动、土地与货币》，参见许宝强、渠敬东主编《反市场的资本主义》，中央编译出版社，2001，第18页。

点，贸易公司好比国王的军队，手工工场是国王的后备军。①

通过加强对特权行业的控制和传统特权力量的瓦解，封建支配性结构日趋衰落，造就了新的权力结构和政府治理形式，这就是王权政治。王权政治将封建支配结构下分散的和领主支配的权力集中起来，形成一种单一有序的绝对集权的王权，原先多层采邑分封中的领主变成了一般意义上的君臣关系，附着于采邑关系之上的私人性权力也集中于王权及其中央机构之中，转变成针对所有臣民的公共性权力并以君主为中心。同时王权通过对特权行业的控制将自身的权力扩张到以前被认为是超政治的等级特权领域所控制的社会生活范围之内，显示了王权不受任何约束的倾向。绝对君主权力控制"一个庞大的中央政权，它将从前分散在大量从属机构、等级、职业、家庭、个人，亦即散布于整个社会中的一切零散权力和影响，全部吸引过来，吞没在它的统一体中"②。

这就是说，政治过程主要不再由统治者和等级议会这两个独立的统治中心之间的连续性合法化的紧张状态与合作所构建，它围绕着前者并只依靠前者而构建。③ 君主自己汇集了所有有效的公共特权，而确立在阶级等级基础上的等级议会已失去了像倡导集体行动，参加决定社会政策并监督执行等统治权力。

> 君主统治从他的宫廷而不是通过宫廷来进行统治，宫廷仅构成了他进行统治的形式方面，因此还存在一些与宫廷相交叉的其他机构，它们处于一种与统治事务更加直接的和实质性的联系，并作为统治者个人权力实施的中介来运转的地位，这些设置包括一些委员会，每个委员会都有大量的代理

---

① 〔英〕米歇尔·博德:《资本主义史 1500~1980》，吴艾美等译，东方出版社，1986，第 36 页。
② 〔法〕托克维尔:《旧制度与大革命》，冯棠译，商务印书馆，1996，第 48 页。
③ 〔美〕贾恩弗兰科·波齐:《近代国家的发展》，沈汉译，商务印书馆，1997，第 69 页。

人和执行人,并始终与所有由统治者个人指挥的机构设置相联系,委员会的成员由君主亲自任命并且作为他的臣仆工作。这种体制拥有许多包括大量低级代理人的分支——从常备军到海军军官、管理和监督公共工程的官员,到指派到一个指定区域内整顿和监督所有政府行政事务的监督官员。①

在绝对君主专制的权力结构中,君主日益将自己置于法律限制之外。伴随绝对君主专制的形成,主权国家兴起了。"主权"观念推崇国家拥有最高权力,但这种最高权力不再像封建支配结构下被当作是一种分离的权力和特权的汇集,它超越法律并运用法律手段来表现和支持统治意志变成一种单一的权力体系。在这一意义上,主权开始使自己在概念上区别于统治者有形的个体,即主权把统治者包含在主权之中。"它把法律从一种框架转变成一种统治工具,而且这样的法律是签署后统一地用于一切领域的,地方和地区的等级议会便丧失了根据地方条件采用它的能力,通过这种新的法律,统治者甚至可以更加清晰地和更加咄咄逼人地对领域所有居民说话。"② 包括委派、任命和责任制在内的复杂的法律结构被用于与统一的国家权力中心相联系的日益交错的行政机构,并使它的机构对中央迅速作出反应。新的国家观念正像是一个更高级的意志的工具,无保留地委身于君主,由他授权并依附于他,根据绝对主义理性国家的精神,每一职位上的人员不再是一个官员,而是一个代表了新型国家臣仆的公务员。③ 一切团体的产生、一切事务的处理,不再以个人或团体根据历史久远的特权所提出的传统性要求为出发点,而是通过中央集权的国家权

---

① 〔美〕贾恩弗兰科·波齐:《近代国家的发展》,沈汉译,商务印书馆,1997,第71页。
② 〔美〕贾恩弗兰科·波齐:《近代国家的发展》,沈汉译,商务印书馆,1997,第74页。
③ 〔美〕亨策尔:《国家与宪法》,转引自贾恩弗兰科·波齐《近代国家的发展——社会学导论》,第73页。

力加以持续地、公开地处理。政治领域对整个社会的控制方式开始向公共行政的方向迈进。绝对王权为国家主权确立了政治发展方向，为现代理性官僚体制的形成奠定了基础。

二 王权政治与统一市场构建

传统的经济组织在不断商业化和趋向行业分化过程中，开始努力摆脱传统城镇、封邑以及地方领主下的地域特权控制，致力于将更广泛的地域和人口纳入资本与市场的流通。但是传统的城镇和地方领主则是由分封制造成的王权分散、各自为政、相互封闭的政治格局，大大限制了其发展。新的经济组织的经济活动期望拥有广泛、统一的统治环境，统一的权力可以提供可靠的、安全的货币和贸易往来，统一的法律使社会有统一的制度规范，统一的国家有助于造就并维持经济活动秩序。而所有这一切都意味着新的市场秩序形成必然与国家主权的实现、与王权的统一高度一致。但是封建制下的经济组织存在于一种定型化、分散化的权力结构中，且这些权力结构互相分割独立，这样的权力结构使得国家与君主推行其政治意志和自主性受到极大限制，社会在整体上缺乏一种统一的政治和法律制度之上的显著权力。在这种情况下，国家和君主便有最大积极性借助于经济组织的专业和行业化去瓦解传统的社会权力结构。也就是说国家推行重商主义的政治目的一定意义上是在形塑经济产业结构和构筑国家统一市场过程中实现的，在这一过程中，国王或君主的权力在瓦解传统地域特权的同时将各种行业组织、同业会、合作社以及形形色色的协会以特权经济的方式控制在自己的手中。

15~16世纪，国家竭力消除市场上各种排他性限制，如关税与禁令，每一个步骤都会危及生产和分配的组织体系，把贸易从享有特权的城镇和封邑中解放出来，重商主义政策通过彻底打破城镇与封邑两种非竞争性贸易间的藩篱，摧毁了地区贸易和城市之间的排他主义倾向，逐渐消除了城乡之间、城镇之间和省份之间的差别，为统一国家市场奠定了基础。① 就国内政治而言，重商主义的努力必然会产生出自己的副产品，即把被封建和地域排他主义割解得支离破碎的国家统一起来。从经济角度来说，统一的工具就是资本，就是以货币的形式贮存着的，因而特别适合商业发展的私人资本。作为中央政府经济政策基础的行政技术，最终伴随着传统的地方制度的瓦解和行业经济特权的解放扩张到整个国家更大范围的疆域中。在法国，工匠行会已经具有了转向国家机构的倾向，行会制直接扩展到了整个国家的疆域；在英格兰，围墙包围起来的城镇最终衰败，农村实现了工业化，② 彻底发扬了 16 世纪已经定下的农业商业化方向，最终使整个共同体不同领域、不同行业、不同地域纳入统一的国家市场。农民为维持生存而从事的劳动仍是自给自足的，但它是整个经济体系的广泛基础，由于国家市场已经形成，这种农村经济形式也被整合进更大规模的国家市场中。这种社会秩序相对于传统的权力性、人身依附性的社会秩序不同的是，后者更愿意求助于习俗和传统的力量，而前者更依靠理性的法令与条款。

　　国家在促进统一国家市场的同时也加大了发展生产的产业政策力度。以法国为例，路易十四和柯尔培统治的时期，法国的重商主义达到了顶点：

> 柯尔培于 1663 年实施了一系列发展生产的政策。广泛调查法国的资源，调查每个地区发展农业、贸易、工业的各种条件，采用的方法和人民的态度等情况。一旦情报凑齐，柯尔培便准备了一个计划，列出需要生产什么，需要在哪些地方从事这些生产。某些生产的必须物品要从外国进口，如机器，特别是法国还未使用过的机器，像'比手织针快十倍

---

① 〔英〕卡尔·博兰尼：《市场化模式的演进》，载许宝强、渠敬东主编《反市场的资本主义》，中央编译出版社，2001，第 12 页。
② 〔英〕卡尔·博兰尼：《市场化模式的演进》，载许宝强、渠敬东主编《反市场的资本主义》，中央编译出版社，2001，第 12 页。

的'织袜机。还有技术工人，德国、瑞典的炼铁工；荷兰的织布工；威尼斯的刺绣和制玻璃工人；米兰的丝绸工人等；所有这些都在法国领事的招聘之列。①

用这种方法，法国督促建立了四百多种制造业。与此同时，在德国也积极推进弗里德里希·李斯特的理论——"创造财富的生产力比财富本身，不晓得要重要多少倍"②。德国政府致力于培植重工业发展，包括机械制造、能源、原材料工业等。在国家的推动下，传统的工匠中心联合成的"集体"工场，作为一个综合性的生产组织，获得特权（如生产销售上的垄断、免税以及财政支持等），享受这些特权的行业涉及羊毛、针织品、基础工业、采矿等。应该说国家在集市、市场和产业组织方面的决定性作用，推动了重商主义时期的整个社会经济发展。当时的产业政策、税收政策在很大程度上解释了为什么这些市场得以发展。集市、市场和产业的发展同王国的发展联系在一起，现代国家靠哺育生长，这就是为什么要鼓励贸易，并把贸易自由看作其自身繁荣的条件。"重商主义政策的目的：主要问题不是积累贵金属，而是使其在流通中产生有利可图的结余。"③ 在这一意义上，我们完全可以理解"脱离市场经济的发展，重商主义的经济政策就失去了意义。这一政策证明了民族国家的政治形式与市场的经济和社会形式具有内在的联系"④。

---

① 〔德〕韦伯：《世界通史》，转引自米歇尔·博德《资本主义史 1500～1980》，吴艾美译，东方出版社，1986，第 37 页。
② 〔德〕弗里德里希·李斯特：《政治经济学的国民体系》，陈万煦译，商务印书馆，1983，第 118 页。
③ 〔英〕米歇尔·博德：《资本主义史 1500～1980》，吴艾美译，东方出版社，1986，第 21 页。
④ 〔法〕皮埃尔·罗桑瓦隆：《乌托邦资本主义》，杨祖功等译，社会科学文献出版社，2004，第 140～141 页。马基雅维利在其《君主论》中明确地指出：16 世纪的一个中心问题就是怎样增添并保持君主的财富，从而在理论与认识上将君主集权体制与重商主义紧密结合起来。

综合以上分析，我们可以明白重商主义时期的政府治理方式是王权控制与特权经济组合的统一，同时这一时期国家对特权经济组织的培植与国家统一市场的构建，也形成了这一时期特有的特权经济组织与市场流通的经济运作方式。这一时期的政府治理方式与经济运作方式本身还没有形成一种完善的运作机制，但在王权和国家主权的确立和集中过程中，政府权力增长与行业经济体系的构建和统一市场的构筑明显是一个统一过程，这一过程体现在政治领域就是王权国家开始向现代公共行政迈进，体现在经济领域就是资本主义的工商业体系得到初步确立，分散化的经济组织形式在重商主义的国家权力形塑下逐步形成，资本流通也在日趋统一的市场中确立起自身的支配性地位。

第三节 官僚制与自由市场运作机制

随着专业化分工的不断深入，各种工商业组织不断从传统的垄断性法人团体中解脱出来，社会经济组织不断分散化。经济组织通过对货币、信用、土地、生产性设备以及原材料等不同资产的拥有或占有方式，以完全开放的组织形式在资本流通中进行循环再生产，以资本为主导生产要素的经济组织必然要追求在最大范围的市场流通中实现利润积累和资本的扩张。亚当·斯密在其《国富论》中揭示了专业化分工与资本之间的内生必然关系，分散化经济组织正是通过资本这一流通手段统一到一个有机的经济过程中，资本作为一种流通手段在价格机制的作用下实现对各种经济组织的协调，并协调人们依据自身的优势和长处去选择适合自己的专业化工作。在这里资本与分散化经济组织构成自由市场经济运作的整体，资本一方面在经济组织内部发挥作用，形成组织内部的资本雇佣关系，另一方面在经济组织间发挥作用，使分散化的经济组织统一在一个有机的经济过程中。在分散化社会组织形式与资本雇佣劳动这一社会组织原则下，社会逐渐呈现出自由市场经济的运作模式，它排斥权威，排斥权力支配，这样，集权化的王权政治和重商主义的经济运作方式就走到了尽头。

一 关于自由市场经济兴起的理论争议

从专业化分工和组织原则演进的角度看，自由市场经济的兴起符合长期以来自由主义坚持的自发理论，从分散化社会组织形式与资本雇佣劳动这一社会组织原则对权威的权力排斥也使我们相信自由主义的自发理论。但以卡尔·博兰尼、布罗代尔、迈克尔·佩罗曼等为代表的历史资本主义学派，从历史的角度揭示自由市场是一种反市场的资本主义。如果说自由主义作为一种理论本身具有其合理性，而后者对历史的研究又不能说没有依据，那么面对同一个问题为什么出现截然不同的解读呢？我们认为这两种认识之间并没有对与错之分，或者说两者都是对的，只是我们在理解的过程里潜意识地把它们对立起来。

自由主义者一向主张自由市场的成长根植于社会经济的自发秩序中。从亚当·斯密"看不见的手"对市场经济的自我调节，到大卫·李嘉图强调的市场供求关系自发调节法则是"支配每一社会最大多数人的最大幸福法则"和萨伊的"供给能够自动创造需求"定律，到马歇尔将以生产成本分析为中心的供给理论和以边际成本分析为中心的需求理论综合的新古典经济学体系，都以社会经济的自发秩序为基础。直到今天，自由主义经济学家仍在高喊"回到斯密"、"回到萨伊"那里。哈耶克在其《个人主义与经济秩序》中明确强调自由市场价格体系的协调作用是一种偶然被发现的自生自发秩序。可以看出，整个自由主义经济学的发展都是以斯密的"那只看不见的手"为核心不断进行外围性阐述。当然亚当·斯密理论的严谨和完善不只为经济学，也为政治学所无法轻易超越，因为斯密的市场机制不只是一种经济运行机制，同时也是一种社会运作和整合机制。正如上文所说，能够将经济运行机制扩展到社会意义上的整合机制，在于斯密的市场理论是一种完备性的竞争理论，它不仅要求政策上的普遍公平合理，而且要求生产经营者的经济基础、发展水平、竞争能力都是基本均衡的，要求经济组织的竞争必须建立在所有民众熟悉、并能够共同参与的基础上，还要求劳动与资本处于自然均衡的状态。所以，根植于此基础上的市场经济是最能够体现平等的、保持参与者力量均衡的。不管是个人还是团体，只要进入了市场，便都以交换为纽带被联系起来，分享着个人的利益并实现着公共大众的福祉，市场本身就有了社会整合的意义，它并不是一个单纯的经济竞争场所。斯密的这种完备性的竞争状态与其说是市场经济发展的基础，不如说是构建自由竞争市场追求的目标，因为这种理想的市场在现实中从来没有存在过。古典自由主义的市场理论是一种完全竞争理论，在一定程度上反映了当时分散化的社会经济组织形式和组织原则。在这一意义上，斯密的专业化分工和自由市场理论绝不是单纯的经济学意蕴，它给我们一种理论暗示，市场机制本身可以超越纯粹的经济意义，它可以上升到社会运作机制的高度。

但是，针对自由市场经济理念的滥觞，以卡尔·博兰尼、布罗代尔以及迈克尔·佩罗曼为代表的历史资本主义学派对古典经济学的乌托邦性进行了批评。他们以历史研究的方式重新思考19世纪有关资本主义和市场的诸种论题[①]，清楚地揭示出历史中的"自由市场"和资本主义是如何依赖国家、权力和垄断的，从而颠覆了亚当·斯密以来逐渐形成的自由市场、自由贸易和资本主义的神话，阐明了市场经济发展中国家权力的重要性和必要性。如果我们承认斯密的理论是合理的（如果不合理，它也不会成为持续影响至今的经典政治经济学理论），又承认历史学派的观点是符合历史事实的，那么这种理论间的矛盾与冲突究竟是如何表现出来的呢？

其实，细究起来，这两种争论不是在同一层面进行的，市场自由主义者是站在纯理论的角度，把复杂的经济过程抽象为自由

[①] 参见许宝强、渠敬东主编《反市场的资本主义》，中央编译出版社，2001；迈克尔·佩罗曼《资本主义的诞生》，广西师范大学出版社，2001。

市场，化约了各种复杂的社会、文化和政治关系，从而构建出一个自由市场的理论模型；而历史学派则站在历史事实的角度，将历史资本主义和自由市场产生的过程进行还原，从实际的历史关系出发质疑自由市场理论构架的解释力。抛开两种研究方法的是非纠缠，这两个层面的阐述更为全面地为我们展示了自由市场诞生的场景。在资本主义的发展过程中，自由市场并不是像自由主义者所主张的在自发秩序中形成，或者本身就是一种自发秩序，市场的成长与持续从来没有也不能离开国家，自由市场的成长伴随着国家权力的增长而成长。从这一点来说，两种理论和观点基本是一致的：亚当·斯密的理论尽管有些乌托邦化，但其毕竟阐明了自由市场是什么样的，需要什么样的条件，为我们评价市场经济的发展程度和好坏提供了参照标准。比如必须消除贸易壁垒，主张贸易自由，要求破除源于职业本身性质的不平等和源于欧洲政策的不平等，要求破除地域和经济特权，努力形成统一市场，创造自由、公平、透明的竞争环境。[①] 那么这些充分竞争的环境是怎么形成的呢？必然需要理性的、强制性的力量去促成，经济领域的这种理性要求与政治领域政府权力的增长并不矛盾，相反它们是一致的。因为政府增长的目的就在于努力瓦解地方、行业特权以及其他不属于国家的垄断性力量，确保国家权力向基层社会不断延伸，从而提高国家对社会的控制与汲取能力，同时在瓦解特权的过程中实现市场畅通与商品的自由流通。

重商主义的实质在于把资本主义的观点灌输到政治当中去，加强政府对内、对外关系的力量，这就直接意味着国家作为一个政治权力得到发展。[②] 重商主义时期的王权确立所实行的中央集权和王权专制，就是要瓦解传统城镇、封邑等地域特权，建立国家和资本主义的联盟，将王权与各种特权经济行业组织（如行

---

① 〔英〕亚当·斯密：《国民财富的性质及原因研究》（上），郭大力等译，商务印书馆，2004，第 112~136 页。
② 〔德〕马克斯·韦伯：《世界经济通史》，姚曾廙译，上海译文出版社，1981，294 页。

会、同业会等）结合起来，国家垂直把握各种经济行业或产业，将自身的权力广泛延伸，以垄断权为支柱，人为地促进工业发展，构筑起统一市场。尽管由于特权经济仍然存在，这一时期的市场并不自由，但相对于封建治理体制下的社会结构，统一市场的构建使经济运作获得了很大自由性。也正因为如此，绝对王权（或议会专制）为国家政治确立的发展目标，为现代理性官僚体制的形成奠定了基础。在接下来的自由资本主义时期，随着产业革命导致的经济产业独立性与自由的增强，经济组织对理性与自由的追求促使其从特权行业体制下解脱出来。这一时期，强制性官僚体制取代王权专制成为一种更为理性的力量，开始针对王权（重商主义）时期保留的特权经济发动持续的攻击，使得各种行业特权纷纷瓦解。强制性官僚体制作为一种理性的公共权力，一方面确立起自身的理性权威和对国家意志的执行能力，另一方面则在瓦解特权经济中确立起一个自由、公平的竞争环境，尽可能对所有行业团体与经济组织一视同仁。所谓的自由放任时期并非是最小政府或无政府时期，恰恰相反，这是一个强制性官僚体制确立，权力不断扩张延伸的时期，正是理性官僚体制的发展保证了自由市场的兴起和市场的进一步扩大。也就是说这一时期的市场经济已由重商主义时期的联盟型市场发展成自由市场。所以自由市场与强制性官僚体制的确立和发展是统一的，如韦伯所说，两者都是瓦解传统特权经济的理性力量。①

二 官僚制的理性与扩张

重商主义的退出和自由放任政策的实行，并不意味着走向最小政府和无政府的状态，相反，这一时期政府权力仍在扩张和增长，政府的规模也在扩大，政府的治理形式由王权或议会专制走向理性官僚体制行政。从王权政治走向法理性的官僚行政，并不

---

① 〔德〕马克斯·韦伯：《经济与社会》（下卷），林荣远译，商务印书馆，1997，第55页。

意味着政治—经济关系、政府—市场关系突然转向，政府由对经济管制型的积极政府变为"守夜人"的消极政府，也不意味着对政府规模的限制和政府权力的削弱，相反，这从一个侧面反映了政府权力在削弱传统行业和经济特权中实现了自身权力的增长。如果说王权确立的意义是瓦解地域性特权，那么理性官僚体制确立的意义则是瓦解行业经济特权，两者在市场化进程中发挥的作用是一致的，王权是在构建统一市场，而理性官僚体制则是在推进自由、公平与竞争的市场经济形成并不断扩大。对于自由资本主义社会的政治控制与经济整合方式而言，行政机构的官僚化和自由市场的扩大的确是一个内在的统一过程。

行业特权的持续存在构成了对市场自由流通的约束和妨碍，各国开始从立法上对中世纪和重商主义时期形成的特权行业进行清算，首先是各种技艺行会。瑞典在1846年废除了行会，同年建立起完全自由的经济，丹麦在1849和1857年废除了旧的行会立法，俄国大多数地区从来就不曾存在行会制度，但它还是于1866年取缔了波罗的海地区一个城镇中的最后一个行会痕迹。英国、荷兰、比利时以及德国等于1854～1867年间正式废除传统的有关高利贷的法律。同时政府对采矿业的限制——包括矿山的开采——也都逐渐放开，普鲁士在1851～1865年间废除限制，任何企业都有权开采它们所发现的任何矿物，并且可以采取它们认为合适的方式。同样，组建商业公司（尤其是股份有限公司或类似组织）变得容易。在先进地区和国家，像日耳曼1869年商业法规所说的那样："那些单独从事贸易或商业之雇主与其雇店员和徒工之间的关系，是由自由契约决定的。"只有市场能支配劳动力的买卖，就像支配其他东西一样。这种全面自由化刺激了私有企业的发展，其中商业的自由化则助长了经济的扩张。① 从18世纪末到19世纪前期，欧洲各国普遍开始立法取消任何协会的自治和

---

① 〔英〕艾瑞克·霍布斯鲍姆：《资本的年代》，张晓华译，江苏人民出版社，1999，第41～43页。

一切法的分离主义行为,并开始在"法的平等"基础上建立强制性机构。历史的客观发展过程表明,平等性现代法形成、强制性官僚体制的确立以及传统经济特权的瓦解,三者是一个统一进程。

对特权法以及经济组织特权的解除如韦伯所说:这是两大理性力量的杰作,一方面是市场的扩大,另一方面是默契共同体的机关行为的官僚体制化,它们从两方面取代任意专断的特权法。[①]现代职业与行业在市场流通与市场交换过程中不断分化,现代经济行业分化和成长使其因职业和业务的专门化而逐渐脱离私人的商业生活——特别是在广泛分化条件下,这就意味着从经济领域成长起来的职业化经济组织不只是一种经济营利者,而且也是一种社会化的社会经济职能的承担者,现代法的产生与运作很大程度上正是建立在经济行业与其社会职业划分基础上。如韦伯所说,并不因为消除了传统等级和特权分离就消除了所有的专门法,"恰恰相反,正是现代法的发展显示了法的与日俱增的分离化"[②]。从现代法的产生与发展,我们可以对自由资本主义时期社会的控制方式有一个简单的了解,即:国家在解除传统经济特权的同时,以一种普遍的、理性的、平等的法对分散化的经济行业与职业进行了统一规范。理性官僚体制就是在韦伯所说的法的平等的基础上确立的,其确立的目的在于作为一种普遍平等的公共性力量去推进传统特权经济形式的瓦解,以其职业化、规范化的职能定位和机构的强制力摧毁传统社团的独立性,把社区、行会、同业公会、合作社、教会以及形形色色的协会都置于它的监督之下,取消了业经许可的、有章可循的和受控制的以及所有未经许可的权利,并使法律教条主义者的下述理论从根本上支配了实际:任何团体的成立都只有依据统治的职能才能拥有独立的整体权力和法

---

① 〔德〕马克斯·韦伯:《经济与社会》(下卷),林荣远译,商务印书馆,1997,第55页。
② 〔德〕马克斯·韦伯:《经济与社会》(下卷),林荣远译,商务印书馆,1997,第199页。

人资格①。也就是说理性官僚体制在推行法的平等的基础上不仅消除了经济特权，也构筑起平等的社会交往机制，它持续存在的目的也是作为一种普遍意义上的公共权力对整个社会和经济进行全方位监督，监督整个经济过程中是否有特权存在。如果说重商主义时期的王权控制是强制性瓦解传统地方性特权，那么官僚体制的确立则是强制性瓦解行业经济特权；如果说重商主义时期的王权控制与统一市场构建是一个胶合的统一体，那么官僚体制控制与自由市场的形成、扩大同样也是如此。

所以戴维·毕瑟姆说，在宏大的历史背景中，"韦伯与其说是关注组织的效率问题，不如说是关注官僚制的权力扩张及其对自由主义基本价值的意蕴"②。在韦伯看来，官僚化的发展与领土国家和资本主义经济有着不可分割的联系，因为传统的手段已经难以满足国家和资本主义经济对行政管理的需要。官僚化的发展不断消除传统的地位差异，并使各种职业向有才能者开放，从而呈现民主化过程。然而民主化的压力意味着，行政管理再也不是传统群体所把持的狭隘的特权。而大规模的公民权的发展，又增加了对国家行政管理的数量上的要求，也增加了对一视同仁的质量上的要求。③ 当然戴维·毕瑟姆这里所说的民主化在本质上与资本主义市场经济的发展是同一过程，因为民主化是建立在经济专业化基础和利益集团化的资本主义经济发展过程中的。总的来说，官僚制属于现代意义上的支配形式，唯有当它与现代理性资本主义和其货币经济、与集行政与军事权力于一身的（现代）国家、与摧毁世袭特权和教育民主化等措施以及与国家之"政治"任务在质量上的扩张等条件同时存在时，一个现代化的科层官僚

---

① 〔德〕马克斯·韦伯：《经济与社会》（下卷），林荣远译，商务印书馆，1997，第83页。
② 〔英〕戴维·毕瑟姆：《官僚制》（第二版），韩志明等译，吉林人民出版社，2005，第54页。
③ 〔英〕戴维·毕瑟姆：《官僚制》（第二版），韩志明等译，吉林人民出版社，2005，第55~56页。

组织才得以真正成立。①

三 作为一种社会机制的自由市场

在分散化社会组织形式与资本雇佣劳动组织构成方式这一组织原则下，资本的流通与市场的发展对任何一个经济组织、任何一个经济行业都成为有利可图的，也就是说组织与组织之间的分工交换与利益分配在市场运作中不再是冲突的零和游戏，如斯密所说：劳动分工和自由市场带来的是"普遍富裕"。市场范围内的劳动分工反映了人与人之间日益增长的相互依存度，也就是说单一的行业与组织要获得利益就必须进入市场运作中，服从市场本身的价格机制和价值规律的调节。此时确保市场经济的发展与资本积累过程的不中断成为各行业、各部门的共同要求。市场本身拥有了对整个经济系统的自我控制与自我整合机制，而且市场本身固有的机制推进着经济的快速增长和经济效益的提高。某种意义上讲市场经济已经在社会化的再生产过程中承担了相当部分的社会控制作用，而这种功能在传统意义上是通过政治领域或者说是通过政治权力来行使的。也就是说，自由资本主义时期的市场机制承担了传统意义上的政治控制责任。那么在这种情况下，如果政府想要达到社会整合的目的，就必须更好地依据多元分散化的社会经济组织，协调行业间利益集团的冲突，这就要求政府自身从重商主义的干预或直接介入生产与市场流通的控制方式转变过来：解除各种各样的行业经济特权，确保市场经济的自律运作。在这一意义上，我们能够理解洛克时代提出的政治自由原则为何与经济自由同时发生，在洛克发表《政府论》的次年，即1691年，达利·诺思发表了《贸易论》，宣扬自由贸易，解除管制。

亚当·斯密认为经济发展必须在自由的劳动分工与市场扩张

---

① 〔德〕施路赫特：《理性化与官僚化》，顾忠华译，广西师范大学出版社，2004，第71页。

的相互依存中实现,"在交易中取得最大好处,就要从事自己擅长的工作,其结果便是社会化劳动分工"①。而市场经济的发展与资源的最佳配置的核心在于市场本身的价值规律、平均利润率机制与价格机制。"私人利益和个人感觉自然会使他们把自己的资本转向在一般对社会最有利的用途。"② 也就是说专业化分工和最优资源配置都将在市场经济的自我调节中实现,而这一点与资本主义社会组织原则下的社会经济组织自身的运作方式和整合方式是完全一致的。也就是要确保经济增长与资本效率,就要求社会经济秩序中必须摒弃任何意义上的垄断、封闭以及权力干预。这恰恰与重商主义的国家政策为促进经济发展而给予各行业的经济特权或通过行会组织对经济行业的发展进行控制是相悖的。在统一的市场还没有形成的时期,重商主义政策的确促进了经济发展与效率提高,而当多元化经济组织形式的经济体系得以确立,资本作为主要的生产要素已经开始在经济中发挥越来越大作用时,重商主义政策便成为一种影响经济发展与效率提高的阻碍性因素。而重商主义的一个重要的目的就在于推进自由市场经济的形成,如上文所说:脱离市场经济的发展,重商主义的经济政策就失去了意义。那么当重商主义政策成为市场流通的一种障碍时,便失去了其固有的价值。这就是亚当·斯密在《国富论》中批判重商主义政策的贸易壁垒,主张贸易自由的社会背景。亚当·斯密就政策性的壁垒对市场流通的障碍做了深入分析,他认为影响经济与效率的一个重要因素起因于欧洲政策的不平等。其一是欧洲政策由于限制一些职业上的竞争人数,使愿意加入者不能加入,所以使劳动和资本用途所有利害有了非常大的不均,尤其是同业会的排外特权是欧洲政策限制职业竞争的主要手段。斯密认为劳动所有权是其他一切所有权的主要基础,是不可侵犯的。在专业化

---

① 〔英〕亚当·斯密:《国民财富的性质及原因研究》(上),郭大力等译,商务印书馆,2004,第125页。
② 〔英〕亚当·斯密:《国民财富的性质及原因研究》(下),郭大力等译,商务印书馆,2004,第199页。

分工不断加深，独立经营的生产作坊、厂家、企业不断成长壮大，且在资本与市场的流通中能够自我运作之时，同业会和行会等传统特权经济组织已经成为生产、经营者成长的限制性力量。其二，欧洲政策增加了某些职业中的竞争，使其超过了自然的限度，因而使劳动和资本的各种用途所有利害有了另一种不均等。第三，欧洲政策妨碍着劳动和资本的自由活动，使其不能由一职业转移到其他职业，由一地方转移到其他地方，从而使劳动和资本的不同用途的所有利害不均等。① 总之，专业化分工的加深和同业会等特权经济组织内部生产经营者对自由发展的要求，都使得瓦解传统行业特权和其他经济特权成为必然，各类生产作坊、工厂、企业都将以独立自主的身份进入市场流通和循环。通过斯密对当时欧洲政策的阐述，我们能够理解自由的市场经济形成的关键所在：瓦解经济特权。

自由资本主义时期的经济运作方式的集中体现，是分散化经济组织通过市场交换与资本流通实现社会再生产循环，也就是说自由放任市场经济的增长与效率恰恰是在经济领域的自我运作中实现的。如上文所说，市场经济的运作方式本质上成为一种经济整合和社会控制方式。当然理论家对这一点的论述更为深刻和久远。古典政治经济学第二号人物理查德·坎特龙便揭示了这一问题，他认为经济中的价格体系可以与古典的封建经济体制下的控制劳动力手段达到同样效果。迈克尔·佩罗曼指出，实际上坎特龙是第一个意识到市场关系可以作为一种有效的控制手段。直到今天，哈贝马斯在其《合法化危机》中同样指出市场交换就是一种社会控制手段。② 古典经济学的代表亚当·斯密尽管对这一问题没有明确表述，但其市场经济的理念已深刻揭示了这一问题。对于斯密而言，财富构成了国家，而国家便是自由交易的场所。

---

① 〔英〕亚当·斯密：《国民财富的性质及原因研究》（上），郭大力等译，商务印书馆，2004，第112~136页。
② 〔德〕尤尔根·哈贝马斯：《合法化危机》，刘北成等译，上海人民出版社，2000，第28页。

市场观念的含义在亚当·斯密那个时代发生了巨大变化。市场不再是一个简单的特殊场所或交换场地，而是整个社会构成的市场，不仅是一种利用自由定价体系进行资源配置的模式，而且是一种社会组织机制加上一种经济调节机制，通过经济关系把人当作商品生产者连接在市场中。"经济关系成为社会的真正吸引力。"黑格尔沿着斯密的理论，将自由市场经济构筑起的社会称为市民社会，并认为市场经济是现代社会的伟大原则而不仅仅是一种经济机制，市民社会是由社会经济需求体系构成，它限于"用本人劳动调节需求和使个人得到满足和满足其他所有的需求"①。"私利的目的构建了一种相互依赖的体系，它使个人的生存、福利和法律存在与所有人的生存、福利和法律存在混合在一起。"② 在自由市场经济发展过程中，人们的认识随着斯密理论已普遍将社会秩序固定在交换和劳动分工原则上，认为交换和劳动分工足以保障社会的秩序与安宁，"个人与集体的安全与发展，依赖于利益通过千丝万缕的渠道而不停地流动，大大超过哪怕最优秀的政府的所作所为"。今天，当皮埃尔·罗桑瓦隆等人重新揭示斯密的市场观念时，我们可以更好地理解，乌托邦理论与空想社会主义理论为何能够在那个时代盛行。佩恩认为："统治人类的秩序，大多不是依靠政府的结果。这种秩序植根于社会原则，和人类的自然构成。它的存在早于一切政府，如果形式上的政府消失了，它也必将继续存在下去。人类的相互依存和互利创造了这个连接社会的纽带。地主、佃户、工匠、商人，由于人人得到个人和所有人的帮助，所有活动都蒸蒸日上。共同利益协调他们之间的关系并构成了法律……总而言之，社会实现了它本身所赋予政府的几乎一切。"③

随着专业化分工和工厂、企业的成长，同业会、协会、社团

---

① 〔德〕黑格尔：《法哲学原理》，范扬等译，商务印书馆，1982，第203页。
② 〔德〕黑格尔：《法哲学原理》，范扬等译，商务印书馆，1982，第204页。
③ 〔法〕佩因：《论社会与文明》，转引自皮埃尔·罗桑瓦隆《乌托邦资本主义》，社会科学文献出版社，2004，第170~171页。

等传统特权经济组织的瓦解，自由竞争的市场经济逐渐形成。但刚刚从特权经济组织中解放出来的生产经营厂家无论在规模还是产能上都不成气候，整体上仍处于分散的小生产状态。工业化初期乃至其发展过程中，"欧洲的资本主义仍牢牢地建立在农村的基础上，它涉及市场商品生产中的所有小农家庭，不仅依赖而且也促进了具有明显分工而又互相关联的区域经济"①。正如斯密所说的，自由竞争和市场配置不仅需要政策上的公平合理，而且还要求生产经营者的基础与发展水平均等。哈贝马斯认为按照萨伊定律，在生产者、产品和资本完全自由流通的条件下，供求关系内部是平衡的，这就意味着任何生产力都不会被闲置，劳动力资源会得到充分利用，社会制度在原则上是没有危机的，并保持高度的平衡，在任何时候都会与生产力的发展水平相适应。所以哈贝马斯认为，古典经济学其实确立在这样一个社会学的基础上：即小商品生产者的社会模式。②

德姆塞茨说："完全分散化模式没有给权威或控制的实行留有活动空间，尤其没有给企业提供任何理论基础。"当然我们必须明白的是，这种完全分散化的经济组织形式不仅仅与当时的社会状况有关，而且也与政府权力增长紧密相关。强制性官僚体制的确立与职能延伸对传统特权经济组织的不断瓦解最终使各种经济组织从特权行业中解放出来，从而走向自由竞争的市场经济过程。我们还应明白的是，国家官僚体制在瓦解特权行业经济的同时，能够做到自由放任，而没有去进一步干预完全分散化模式的自由运作。如果我们整体回顾政治经济史的发展就会发现，任何时期政府对经济的干预都是在试图将自身的政治责任转嫁给经济行业和经济组织来承担，尤其表现在重商主义时期的君主政治对特权行业的利用，以及垄断资本主义时期政府的产业政策与垄断

---

① 〔英〕罗伯特·杜普莱西斯：《早期欧洲现代资本主义的形成过程》，朱智强等译，辽宁教育出版社，2001，第13页。
② 〔德〕哈贝马斯：《公共领域的结构转型》，曹卫东等译，学林出版社，1999，第95页。

经济组织的结合。而在完全分散化模式的自由市场时期，经济组织的弱小和社会职能承担能力的低下都使其无法承担额外的责任。在这一意义上可以理解，自由放任时期的政府之所以一方面推进强制性官僚体制的延伸，而另一方面又采取自由放任态度的关键原因在于那一时期的市场经济没有力量去承担其他社会责任。波齐经典地总结道："国家除了使用例如通过管理货币体制或实施契约这样一些一般化的方法外，被禁止干涉市场；这其中的原因在于19世纪的市场根据它的条件还不能够去完成分配给它的几乎所需要的工作……"①

当生产方式与特权开始分离，市场经济便不断以其自身的价格机制和价值规律、平均利润机制实现经济增长和效益最大化的目的，而这一过程同样也是以市场交换和资本流通进行经济领域自我整合的过程。因为分散化经济组织是在社会分工与市场扩张相互依存中联系起来的，不同的行业与经济组织在资本流通与市场交换的共赢中统一起来，不同的社会阶层与不同的经济行业和利益集团在资本的不中断积累过程中统一起来，也就是说市场经济的自我运作不仅是对经济效益的追求，而且也使得社会经济在其运作机制中实现自我整合。19世纪的前70年里，政府对经济活动的各种限制要么减少，要么取消，行会的特权受到的保护即使没有全部丧失也已失去大半。通过保障工商业自由的法律，个人可以从事经济活动而不考虑行业成员的身份或政府的限制，成立商业法人需经政府许可这类限制也被取消了。到了19世纪六七十年代，经济自由主义的许多目标都已实现，自由主义的市场秩序已经形成。

---

① 〔美〕贾恩弗兰科·波齐：《近代国家的发展》，沈汉译，商务印书馆，1997年，第117页。

第六章
官僚制与组织化资本主义

随着大工业的迅猛发展，19世纪前70年所确立的自由竞争市场机制成为专业化经济组织追求利润的基础和工具，经济利润的获取越来越依靠组织规模和行业经济的垄断力。这种专业化的经济组织开始不断占有和蚕食自由市场的成果，而且在经济运作中逐渐取代了分散化的组织形式，形成专业化组织的社会组织原则。由于官僚制在高效性、理性、专业化等方面的优越性，使其不只成为一种国家治理体制，而且也成为专业化组织最为理性的组织管理模式，在专业化的社会组织原则取代分散化的组织原则后，官僚制不仅没有退出历史舞台，反而得到了进一步的加强。但相对于分散化社会组织原则时期，官僚制的社会意义却在不知不觉中发生着根本性的变化。这一章我们将对这一问题进行必要的思考，并阐述官僚制与组织化资本主义时期社会秩序演进的逻辑关系。

第一节 官僚制的社会功能演变

由于官僚制的组织结构具有高度的稳定性，组织管理方式又具有高效统一性，官僚制无论作为管理方式还是治理方式，都在社会经济秩序中发挥着重要作用，这也使得人们对官僚制抱有固定格式的认识，一般认为现代官僚制自其生产以来，其功能和作用是一成不变的。这种认识方式是通过官僚制结构本身做出的一种判断。其实,并不尽然,因为现代官僚制是在人为法的平等基础上产生的一种治理方式,它与王权政治下的国家与社会分离紧密相关,并与分散化的社会组织原则相适应。但随着社会组织原则的变化,社会秩序本身将发生演变,官僚制作为国家与社会关系调整中的政府治理方式,它的功能和作用必将作出相应的调整,否则的话,它不可能持续存在并广泛影响整个社会的发展。

一 社会组织原则与官僚制的潜在演化

在分散化社会组织原则时期,国家与社会的分离以及公法与私法的分离运作,导致国家对社会尤其是基层社会整合难度很大,国家需要通过一种平等的法的原则将公法与私法统一,并将基层社会纳入和整合到新的国家权力体制下,这样就有了我们上文分析的代议制与法理性官僚制的兴起。从这一角度来看,官僚制与代议制几乎是并肩前行的,两者的社会价值与功能也基本上统一,这就是韦伯所说的确立在法的平等基础上。国家以当时分散化的社会组织形式和运作方式为依据确立其治理方式,以普遍的国家法令对社会经济组织进行规范,国家也必须以此建立常设性机构予以贯彻和执行。如果说传统阶级社会的行政治理倾向于职能混合(政治经济高度统一)和权力高度分散,那么新兴资本主义国家的现代官僚制则倾向于职能分化和权力集中,也就是说职能部门的权力强度加大了。[1] 这也如波齐所说:19世纪的国家在结构上是中央集权,在职能上由不同权能和业务机构结合而成。[2] 所以,资本主义经济活动在瓦解传统权力政治格局的同时,它也引发了传统社会治理方式的变革,并推动着理性官僚行政的形成。分散化的经济组织形式创造了新的需求,这种新的需求必然要求理性官僚体制给予满足,反过来理性官僚行政又促进了经济领域

---

[1] 黄小勇:《现代化进程中的官僚制》,黑龙江人民出版社,2003,第160页。
[2] 〔美〕贾恩弗兰科·波齐:《近代国家的发展》,沈汉译,商务印书馆,1997,第108页。

的协调发展。

在分散化社会组织原则下，以平等的法为基础确立的代议制的官僚制要求使其自身不能表现为某一阶级或者某一集团的利益代表者，为保持社会的稳定以及确保资本流通的顺畅，政府必须超越于单个集团或行业的利益，通过协调各种集团和行业的冲突，赢得社会各方面的综合认同，从而成为全社会的利益表达者。也就是说，政府或国家不只意味着对社会的统治、控制，而更多地则要综合表达社会的各方利益需求，这要求政治控制由传统的统治性控制方式向理性民主行政方式转变。多元化经济组织形式改变了传统社会的政治权力格局，并进一步拓宽了政治支配权力的社会基础，促成了从封建支配结构向绝对君主、再向代议民主制演进的权力结构的连续性变迁。以绝对君主和代议制机构为载体，国家取得了政治权力对其他社会权力的主导地位，成为发展官僚制行政的前提。这种前提一方面就是政治权力的垂直一体化，另一方面就是分散化经济组织结构所呈现出来的利益表达要求。权力结构之所以由分散化的孤立状态走向有机的相互统一，就建立在政府能够吸纳和调控多元化利益结构和社会团体的基础上，代议民主制确立在多元化的利益格局上，而现代官僚体制则确立在多元化经济行业或产业的纵向垂直上，所以代议民主制与现代官僚体制共同确立在分散化的社会组织原则基础上。在这一基础上，我们说代议民主制与现代官僚体制是一种共生共存关系。这种代议制在韦伯意义上就是由利益代表体现的代议制，代表的任命不是自由的，不是无视职业的或者等级的或者阶级的属性，而是根据职业、等级的或阶级的地位划分，分别任命代表，组成一个——如现在常说的——"职业等级代表机构"；同时韦伯还强调，职业等级代表机构的机会是不小的，在技术和经济发展稳定的时代，机会特别大。①

---

① 〔德〕马克斯·韦伯：《经济与社会》（上卷），林荣远译，商务印书馆，1997，第329、331页。

在确保一致性、持续性、预见性、特定性、谨慎性、重复性工作的高效性、平等性、理性以及专业性等方面，官僚制是最好的组织形式。同时它也是一种适于把政治因素与人为因素对组织决策的影响降至最低的组织形式。比如，它能对以工作能力和知识而非人际关系或政治庇护为录用和晋升的制度起支持作用，除此之外，官僚制还有助于明确界定个人的职责、职权和责任。以上这些特点对于维持代议制民主而言是十分理想的，同时也是必需的。在政府组织中，官僚制能够通过统一明确的命令链条将公众选举产生的官员与各级行政官员连接起来。与职权相对应的职责之所以能够实现，在很大程度上是因为官僚组织形式明确划分了行政机关以及行政官员的权力界限。①

议会的作用更多是通过立法上的扩充，促进法的平等，将行政法与基层社会传统习惯法统一起来。在此基础上，官僚制不是新的权威，相反是一种破除传统权威，促进社会平等、自由的公共权力。在这一意义上，自由资本主义时期，官僚制的确立至少有以下两方面的使命：一是破除传统权威，把个人、团体以及其他政治性力量排除在国家权力的行使之外；二是将基层民众作为普遍平等的一员纳入国家权力体制。理论上，在那样一个时期，官僚制与代议制的结合成为一种促进社会公平、正义和自由的公共权力。

但在随后的工业化进程中，以机器为基础的生产单位取代了工匠团体、手工作坊等，复杂的经济组织——企业逐渐取代简单资本雇佣劳动为组织构成方式的分散化组织形式，经济越来越向复杂产品的生产加工集中，以机器为核心的工业制造流程，将组织成员按专业化、职业化和等级化方式逐一分配，集原料、半成品、成品加工于一体，从而能够最大限度地降低成本，实现经济体对外扩张。在这种专业化、等级化的组织构成中，官僚制扮演

---

① 〔美〕菲利普·J. 库珀：《二十一世纪的公共行政：挑战与改革》，王巧玲等译，中国人民大学出版社，2006，第200页。

了极为重要的角色。官僚制通过其专业化、等级化的垂直通道实现权能、信息与资源的垄断，并能够通过其自上而下的通道提供高效、低成本组织运作机制。所以在专业化组织原则中，官僚制的优越性得到了更加充分的体现。另一方面专业化成为社会组织基本形式时，整个社会结构呈现按产业或者行业来划分的格局，行业体系或行业化的利益分化成为约束和整合社会的主要力量。在这样一种社会格局中，专业化、职业化、等级化的官僚体制也就成为最理想的管理体制。所以从分散化社会组织原则到专业化组织原则，官僚体制作为政府治理和管理方式不仅没有发生变化，而且其重要性愈加突出。只是官僚制的理念和功能在不知不觉中发生根本性变化。

当专业化经济组织越来越成为支配整体经济运作主体时，专业化的经济组织便开始凌驾于自由市场之上，经济权力日益突出，由专业化经济组织间的经济竞争不断引发政治竞争，并通过政治渠道向政府权力延伸，以产生有利于自己的产业政策，或者通过政府权力干预促进自己发展。另一方面，由于专业化组织间竞争的无序可能引发的社会经济秩序问题也迫使政府越来越多地参与到经济运作中，如哈贝马斯对组织化资本主义时期的国家所述：国家不可能仅限于满足生产的一般条件，它必须对再生产过程本身进行干预，提高资本使用价值，控制资本主义生产的后果和代价，调整阻碍增长的比例失调，通过社会政策、税收政策和商业政策等来调节整个经济循环过程，国家干预所发挥的作用呈现为资本家的工具，并成为资本家的代理角色，从而推行资本主义的意志。[①] 在这一意义上，政府的权力开始围绕经济效率和效益最大化而不断扩张自己的权力范围。韦伯明确指出：只有在现代官僚体制的制度里，资本主义工商业经济组织才可能得到经济、效率最大化的保证。也就是说科层官僚制及其展示出的行政权力的扩张在

---

① 〔德〕尤尔根·哈贝马斯：《合法化危机》，刘北成等译，上海人民出版社，2000，第70页。

本质上与组织化资本主义的发展是基本吻合的,是相互适应的。

总之,官僚制作为社会治理和管理手段,在社会组织原则由分散化组织原则向专业化组织原则转变过程中,跟随国家与社会关系的变迁,其社会功能和作用发生了根本性转变,对经济效率和效益最大化的追求逐渐取代自由市场时期的自由与公平。

二 官僚制与经济权力的结合

在专业化组织成为市场竞争的主体时,自由市场经济造成的结果及其分配问题永远不能得到意见一致的调节,并总是存在这样一种可能性,即赢家和输家陷入相互冲突之中,而且两者不能借助"市场固有"的手段排解这一冲突,此时借助政治斗争的手段便是自然的。因此自由市场竞争始终孕育着自我毁灭的胚胎。19世纪70年代爆发的经济危机也正是自由放任市场经济竞争的结果。当自由放任市场经济无法实现经济效率与社会稳定时,在自由市场经济竞争中涌现出的垄断性经济组织的力量开始发挥作用。垄断经济组织在自由市场经济流通中依靠其自身的垄断性权力和支配性地位,凌驾于自由市场经济之上,开始进行一种不对称、不公平的竞争,正因如此它能够汇集社会大量资本,以其规模化生产提高生产率,且能够对整个工业行业和部门进行整合。由于垄断经济组织在整个经济过程和社会化再生产过程中处于支配性地位,国家开始重新考虑它的经济政策,是否要通过控制专业化经济组织来弥补自由放任市场经济引发的经济危机,实现社会生产水平的提高。国家不仅可以通过专业化经济组织推进经济增长,而且也可以以此为渠道进行经济稳定和调节,从而实现对社会的整体控制。

19世纪70、80年代的英国和法国政府为应对经济困境,开始组建"危机时期卡特尔"[①],同时政府还鼓励中小企业联合起来

---

① 〔美〕戴维·J. 格伯尔:《二十世纪欧洲的法律与竞争》,冯克利等译,中国社会科学出版社,2004,第89页。

增强集体的对外界和市场的抗拒能力。到 19 世纪末，以这种方式组建的联盟已开始将企业领袖纳入其中，不再是仅仅为维护弱小竞争者的保护性机构，而往往成为控制整个行业和部门的强大经营性机构。在德国，国家在构建垄断性经济组织中发挥着更为重要的作用：其一，国家通过保护性政策推动商品市场，工业企业多数以牺牲自己的自由原则来换取更大的经济利益；其二，国家主动推进卡特尔对市场进行组织和整合，并颁布了促进卡特尔形成的立法；其三，国家通过一些部门创造需求来推动产业集中，并赋予特权，隶属于这些部门的企业，只有通过垂直一体化和合并才能生存。通过以上手段，卡特尔现象成为经济活动的一种基本经济形式。20 世纪的西方国家中始终存在着一种强有力的趋势，即形成的完全为国家拥有或部分为国家控制的工业公司，可以通过公共基金会在财政上对它投资，议会和政府可以任命这些大公司的上层总经理，并可以委托管理和指导它们的工业领域。[①]而美国则成为接近自然的"国家资本主义"理想类型，在那里，银行与工业的超常融合与国家的作用连成一体。20 世纪初，美国最大的工业企业和第二大商业银行被一个人所控制，而最大的商业与第二家最大的工业企业又被同一人控制，总统与最大的企业家关系极为紧密，各种管理委员会中，工业利益优势得到明显体现，直到一战时期，主要企业的领导已承担着近似政府的角色。[②]大公司对于它的雇员来说构成了一个"准政府"，即拥有一种它们自己的宪法和法律体系，这种体制一方面有效地使它免受有产者的政治机构的干涉和控制，另一方面则通过经理和雇员代表的谈判来做出行政和半司法的决定。[③]

  卡特尔、托拉斯等垄断性经济组织由最初的几个行业，在国

---

① See Schofield: *Modern Capitalism*, Oxford, 1966.
② 〔美〕斯科特·拉什：《组织化资本主义的终结》，征庚圣、袁志田等译，江苏人民出版社，2001，第 90 页。
③ 〔美〕贾恩弗兰科·波齐：《近代国家的发展》，沈汉译，商务印书馆，1997，第 125 页。

家的政策支持和帮助下很快发展成一种普遍现象，成为一种经济领域中的基本的经济组织形式。19世纪90年代主要资本主义国家经济结构中的主导力量已被垄断性经济组织所占有，这些垄断性经济组织控制着关键部门的生产和价格。这些安排一定意义上提供了一个对价格政策和生产能力过剩的合作机制，国家通过它来稳定经济环境，推进经济增长，垄断经济组织则依此最大限度地实现自身的利润增长。以美国为例，1890年，按《谢尔曼反托拉斯法案》，联邦政府第一次提起反托拉斯案的诉讼，但最高法院的裁定并不为那些对打破垄断感兴趣的人看好。在1895年美国政府对Knight案件中，一家炼糖企业控制了98%的市场份额，但法院的裁定是它并不违法。在以后的一系列案例中，法院也与自己的规定背道而驰。1909年的标准石油公司案件和1911年美利坚烟草公司案件可以说明问题。① 在德国对"萨克森州木浆纸案"（Saxon Wood Pulp）中，法院一再强调卡特尔从事的"贸易"如"贸易分支机构"和"贸易伙伴"，但只字不提"市场"，这说明法院更专注于政策性问题，而不是一般性的市场原则，等于认同垄断组织的运作方式。② 所以"木浆纸案"使卡特尔作为一种正面制度的主张有了权威性，它被描述成应对当时严重问题——生产过剩——的有效力量。

对政治领域的这种现象，哈贝马斯认为，晚期资本主义的国家已经和资本积累交织在一起，以至于后者有了官僚主义的国家活动和有组织的政治冲突的职能。资本主义的商品生产关系已经重新政治化，"国家与社会的分离是自由主义阶段资本主义发展的特点，这种分离已被两者在有组织的资本主义状态中相互联结所取代"。晚期资本主义条件下"国家进一步就是社会秩序的体

---

① 〔美〕乔治·斯蒂纳等：《企业、政府与社会》，张志强等译，华夏出版社，2002，第299页。
② 〔美〕戴维·J. 格伯尔：《二十世纪欧洲的法律与竞争》，冯克利等译，中国社会科学出版社，2004，第89页。

现者"。① 哈贝马斯认为国家机关努力在国内和国际领域里造成保证有利可图的资本主义积累条件。这些全面制订计划的职能包括稳定通货、管理贸易和关税，力图使税收和法制适应寡头垄断和竞争性的积累过程动态。政府权力开始全面介入经济运作过程，这些职能范围较自由资本主义时期已扩张了许多，它开始通过一系列旨在控制投资与需求的总体水平来节制资本主义商业周期的国内财政和货币计划——确保利率，给寡头垄断资本主义和竞争性资本以财政和货币补贴，提供和撤销政府合同以刺激或减慢投资的增长率。

通过对垄断经济组织的培植与限制，国家实际上已重新取得了对经济领域的管制权。国家权力介入经济，取得经济管制权，相对自由资本主义时期，政府的规模取得了进一步增长。从1870年低于10%，到1930年代的20%多一点。但这一时期政府增长并不像自由资本主义时期那样成为一种推进自由、公平竞争的公共权力，政府对垄断经济组织的控制与纵容，尽管在目的上是为了形成一种竞争的均衡，促进市场竞争，但在实际上，反而使政府权力依附于经济权力。因为垄断权力间竞争已完全违背了自由市场竞争的规则，政府治理对经济权力的依赖，使它成为经济权力剥夺自由竞争的依托。这样，政府增长实质上变成了经济权力的增长，而经济权力的增长又进一步追求政府权力，以求得更大的垄断权力，追求更大商业利润，这种依靠垄断的竞争不仅无助于市场竞争秩序的成长，而且会加速经济过程的中断。从19世纪70年代到20世纪30年代，政府增长实际上转变为经济权力的增长，并最终引发无法控制的社会经济危机。正是迫于这种情况，政府的治理形式开始由垄断型控制转向宏观经济的整体协调（下一章将会具体探讨）。垄断资本主义时期政府增长的失败告诉我们，当政府权力不能作为一种真正的公共权力和理性权力去瓦解

---

① 〔德〕尤尔根·哈贝马斯：《合法化危机》，刘北成等译，上海人民出版社，2000，第70~73页。

非理性的地方和集团性经济特权时,政府的增长不仅无法促进自由市场的成长,相反会成为自由市场运作的障碍。

第二节 组织化资本主义的经济秩序

经济秩序向来就是社会秩序的有机组织部分,如上文所强调的自由资本主义时期的自由市场不只是一种经济增长的场所或经济增长手段,而是一种社会运作机制。自由市场经济作为社会运行机制不仅推进了市场经济本身的发展,而且促进了市民社会的成长,国家对社会的治理方式和控制方式伴随这一运行机制的发展不断做出调整。在这一意义上,自由市场在国家与社会关系演变,在社会整体秩序演进中承担着重要的责任。那么组织化资本主义时期的经济秩序又呈现为何种状态呢?它在国家与社会关系调整中以及对政府增长又将起到什么样的作用呢?

一 专业化组织与市场运作机制的分离

自由资本主义社会组织原则所确立的分散化经济组织形式与资本雇佣劳动关系,本质上表达的是一个有机的市场运作机制。经济组织的存在服从于资本的自由流通与市场的自由竞争,而资本的自由流通与市场的自由竞争也必须建立在经济组织相互均衡对等的基础上,市场不可能取代经济组织的功能,经济组织也不能取代市场的功能,这两者能够最大限度地降低市场运作和市场交易成本,从而形成一个有效的市场机制。某种意义上,分散化经济组织形式与资本雇佣劳动关系原则体现的是一种经济组织与自由市场两者的相互依存关系,也就是说所谓的自由市场机制本质上是经济组织与自由市场这两种经济力量能够达到统一,并能够实现运作方式上的相互一致的机制,具体体现为组织分散化与对自由市场的需求,自由市场对资本以及资本雇佣劳动的需求。市场的自由与竞争为经济组织的高效率提供了进行交换与流通的最佳通道,而市场的高效率运作则有赖于分散化的经济组织对这一机制的信赖和长久支持。然而正如上文所阐明的，市场经济的高效率以及经济组织间竞争的均衡与共赢都是存在于特定社会基础上，市场的最佳配置从来都是一个静态性的偶然，而不是常规。因为市场竞争的环境与经济组织自身的条件都是处于高度变化中的，不仅如此，在工业化和专业化经济组织不断兴起之际，自由市场本身的交易成本也就凸现出来。

从罗纳德·科斯的市场契约成本、价格机制成本，到张五常的市场信息费用和衡量成本，都揭示了市场经济本身是有社会成本的，尤其是当市场呈现不完全竞争之时，信息的不对称将严重约束市场经济的效率并抬高其交易成本。此时经济组织内部的运作方式及其管理方式变得更为重要。科斯说："为什么创立企业是有利可图的主要理由似乎在于，使用价格机制是有成本的。通过价格机制，'组织'生产的最显而易见的费用是发现什么是相关价格的费用。"① 科斯的中心议题是制度运行成本（交易费用）的差别致使企业出现取代了市场，一方面，"市场交易"涉及产品或商品，另一方面"企业交易"涉及生产要素，企业的成长则被视为产品市场被要素市场代替，导致交易费用的节约。它赋予企业以交换场所的特征，在这个交易场所中，市场制度被阻抑，资源的配置是由权威命令来实现的。在此意义上，经济组织内部纵向一体的管理方式和科层制、部门化、职能化体制成为合理的。由于企业组织相对于市场交易具有成本节约和效率提高功能，"一个企业将倾向于扩张，直到在企业内部组织额外交易的费用与公开市场上进行同量的交易所需的费用相同时为止"②。科斯从理论上阐明了在市场经济过程中现代企业发展壮大的必要性与合理性。在这里企业与市场不再是相互依存、功能互补的两种不同的经济组织形式，而成为一致的和能够代替的。但这种代替仅是

---

① 〔美〕罗纳德·科斯：《企业的性质》，参见盛洪主编《现代制度经济学》，北京大学出版社，2003。
② 〔美〕罗纳德·科斯：《企业的性质》，参见盛洪主编《现代制度经济学》，北京大学出版社，2003。

一种单向度的，即企业代替市场，而不能由市场代替企业，因为企业有着更高的效率和更低的成本。① 麦克马纳说："企业就是通过使个体生产活动外部于或独立于从生产中获得的货币收入，而将外部效果内部化（即实现规模经济）。"② 企业不断将原属于市场范围内的生产要素的获得和相关成品的提供以及销售市场的组织等纳入企业的经营范围，使企业的规模与体系都日趋庞大，不断走向对整个行业和工业体系的控制或操纵。这在一意义上，垄断经济组织或规模企业这种占主导地位的经济组织的功能与利益要求同自由市场的平等、均衡竞争机制相对立。在社会组织原则层面便呈现经济组织形式与市场机制发生分裂的现象，两者相互依存的关系不复存在。在此基础上，我们可以对垄断经济组织与市场机制的冲突与矛盾展开具体分析。

　　在19世纪欧洲的商法中普遍存在着两条基本原则，即"契约自由原则"与"工商业自由原则"。契约自由原则就是经济组织拥有同谁以及就什么事订立有约束力的协议的权利。这一原则在19世纪的大部分时间地位突出，因为它体现和象征着个人自由和对政府及行会控制的摆脱，这一点同时也是制定私法的核心；而工商业自由原则也是一条在19世纪前七十多年里形成的原则，经济组织享有自由决定自己做什么生意以及应当怎样做生意的权利。这两条原则成为市场经济能够自由、竞争地进行运作的基础。在以自耕农为基础的小资产阶级社会和工业资本主义初期，这两条原则的确立有着足够的合理性，都是在平等、均衡的基础上以平等的理念提出的确保社会自由竞争的秩序要求。某种意义上，这一时期的商法体现了社会道义、公平，同时还保护个人自由与私

---

① 现实中，市场交易和企业交易一直在同步扩张，这种正相关现象不可能是一种偶然，在张维迎看来，在微观层次上市场和企业可以相互代替，而在宏观层次上二者则是互补关系。这一现象我们认为正是后垄断资本主义社会市场经济发展最为突出的特点。参见张维迎著《企业的企业家——契约理论》导论，上海人民出版社、上海三联书店，2003。

② 转引自盛洪主编《现代制度经济学》，北京大学出版社，2003，第299页。

有产权，所以当时的商法不仅体现了经济上的自由与竞争，而且也体现了政治上的公平与正义。无论在经济领域还是政治领域，这两项原则都确保着一种社会意义上的秩序。然而随着工业资本主义的发展，规模经济组织越来越成为一种降低经济成本、提高经济效率的手段时，对规模经济和垄断经济的追求便成为竞争的一种目的。当卡特尔作为一种经济协作组织体系成立，不断在整个经济领域发挥更大作用，并成为韦伯所说的"支配性经济组织"时，这两条原则便不再一致。对于"契约自由"原则而言，企业应当根据自己的意愿自由加入卡特尔，而如果它们同意成为卡特尔成员，就应当受到这种协议的约束。这种由卡特尔组织自我形成的协议明显与"工商业自由"原则相抵触，因为私有企业有权享有决定自己做什么生意以及应当怎样做的权利。决定退出卡特尔的卡特尔成员似乎违背了卡特尔的契约协议，但是它们经常认为，不应当用这种协议反对自己，因为卡特尔干涉它们的决定，所以违反了工商业自由的原则。同样这种情况也存在于托拉斯企业对中小企业的吞并中，托拉斯集团往往以其庞大的资本与资源优势垄断着几乎整个行业的生产要素需求市场和产品供给市场，这种支配性力量可以使它轻而易举地与其他供应商和销售商签订"自由协议"，抬高消费价，压低生产要素价。而供给商和销售商丧失了自己进行自由签约的权利，又重新陷入垄断经济组织的行业控制中。这种局面体现了垄断经济组织自身的贸易机构或贸易伙伴已在很大程度上取代自由市场的功能，并形成一种对其自身进行贸易保护的力量。市场运行的一般性原则消失在垄断经济组织内部的产业体系组合中。在这种意义上，专业化经济组织与自由市场机制开始分裂，垄断经济组织本身成为一个生产＋贸易＋市场的综合性行业体系，并以其自由的垄断性力量支配中小企业的供应与销售，支配着整个经济过程，并使整个社会再生产循环服务于垄断权力的利益要求，从而整个市场范围开始遭受各种经济权力的瓜分和占有，正常的经济过程和社会再生产循环必将遭受破坏。

规模经济对垄断利润的追求使经济组织内部运作机制与市场整体的自由公平原则发生彻底分离，公平、均衡的自由竞争市场基础丧失，社会供给与需求平衡被打破，充分就业更是无法实现，自由市场经济的正常运转无法维持。规模经济组织与自由市场机制的分裂，对整个社会而言，意味着将经济增长的原初动力从专业化和组织分工协调的追求转向对规模经济垄断利润的追求，即将社会整体的利益增长转向规模经济组织自身的利益增长。但规模经济组织只能够在现代化机器生产条件下大规模提高生产率，却没有能力扩大其产品的销售市场，没有能力扩大其积累资本的可获得场所。专业化经济组织与自由市场经济层面的脱节及其与社会大众生活的分离，造成生产与消费的脱节、供给与需求的不平衡、公共物品的缺乏、基层民众的流离失所，同时也导致专业化经济组织自身资本积累的中断。从自由资本主义时期的"完全分散经济模式"到专业化经济组织为主导的规模经济组织形式，这一演化过程是经济组织间进行公平竞争基础丧失的过程，也是经济组织与自由市场机制发生分离的过程，确立在自由、公平基础上的资本流通和经济过程逐渐失去其原有的意义，自由资本主义分散化的经济组织形式的组织原则将趋于瓦解，其规约下的经济运作方式和政府治理方式也将发生全新的变化。

二 竞争的失衡与经济过程的中断

斯密强调的自由竞争和市场配置不仅需要政策上的公平合理，而且还要求生产经营者建立的基础与发展的水平是均等的，斯密所要求的这种理想的竞争状态与现代经济学中配置理论上的帕累托原则其实是一致的，都是以社会公平、均衡以及普遍认同为基础。只要是确立在这一基础上，资源的配置效率和资本增长都将达到最优水平，社会的经济交往和市场机制中的流通与交换都将是双赢或多赢的，而不可能是一种零和游戏，资本的积累与扩张也正是在这种双赢或多赢中实现的。但这种理想中的公平竞争情景要求可以说是一种静态的社会模型，在现实中很难存在和持续。

因为社会处于高度的竞争状态，经济组织为了自身的经济利益和资本积累必然采用更有利自身的竞争规则或权力因素。而自由放任的市场竞争恰恰为经济组织自身的扩张提供了有利条件。在这一认识基础上可以说，自由放任竞争的结果只能导致经济组织体系的不均衡，并进而导致自由市场机制下的流通与交换不再是双赢，而是向某一方集中或倾斜。自由放任市场经济如果长期竞争下去，就会导致整个社会资本积累过程的中断。

经济组织在对资本与效率最大化的追求中，不断在机器的帮助下延伸产业链条，努力使自身向成为一个完整的工业体系，支配整个行业发展，使自身凌驾于自由市场之上，并努力从自由市场中获取低成本的资源。这样经济组织在实现其对整体工业部门强大整合后成为一支非市场性力量，凌驾于自由市场之上。并以其垄断性权力达到对本行业产品及供应品的价格支配。也就是说，经济组织开始将自由市场机制作为其获取利润的工具。随着社会经济组织由完全分散向相对集中的规模经济组织演化，实现完全竞争的社会基础基本丧失，市场机制不再可能通过其对专业化分工的经济组织协调来实现社会的整体共赢，在非均衡的经济组织间形成统一的经济过程。正如上文所指出的：市场机制将从古典经济学视野下的专业化分工协调机制走向经济组织间的资源配置机制，经济学也由对专业化分工的强调走向对规模经济的强调，古典经济学也因此开始向新古典经济学发生转移，由公平基础上的社会共赢增长转向价值失范的规模经济的组织效率。政府权力的增长与垄断经济组织结合，这一点在新古典经济学中同样有所体现，因为新古典经济学在本质上体现的是对规模经济组织效率的最大化，这与该时期政府的功能是一致的，所以杨小凯的"新兴古典经济学"将新古典经济学指导下的经济发展称为"国家主导的经济发展"（state-led economic development）。组织化资本主义时期，由于经济专业化分工的走向由规模经济组织所把持，规模经济组织本身成为某一经济行业或产业的代替者，经济过程与市场协调都是在规模经济组织间完成的，市场机制或是价格机制必然变成一种规模经济组织间的资源配置机制。

　　但是规模经济组织自身的成长和发展未必对整个市场经济是件好事。正如上文所阐述到的，工业企业逐步在其内部延伸产业链条，整合产业资源，当工业化企业的内在生产效率远远高于自由市场本身的效率机制时，工业生产的利润在这里得到最大限度的增长，社会资本开始向这里大规模聚集。垄断性经济权力的增长，使其逐步脱离正常的市场运作机制。这也正是布罗代尔指出的，资本主义与市场经济是两个截然不同的层面：资本主义是一部分人的特权，是资本主义经济组织中特殊的和部分形式。布罗代尔说：有两种类型的交换，一种是普通的、竞争的、几乎透明的，另一种是高级的、复杂周密的、具有支配性的。两类活动的机理不同，约束的因素也不同，资本主义的领域所包含的是第二类活动。"人们经常将资本主义说成是经济进步的驱动力和经济进步的充分展现，其实，一切都驮在物质生活的巨大脊背上。物质生活充盈了，一切也就前进了，市场经济也就借此迅速充盈起来，扩展其关系网。资本主义一贯是这种扩充的受益者。"[①]

　　布罗代尔深刻揭示了市场经济发展过程中社会内在秩序蕴涵的三个层面以及三者之间的内在关系。这三个层面即是物质生活、自由市场经济和资本主义，三者的关系非常明了，即自由市场经济的扩充与发展建立在物质生活充盈的基础上，而资本主义的发展则建立在市场经济扩充的基础上。[②] 19世纪后期，专业化经济组织的产生的确建立在人们物质生活充盈和市场经济扩充的基础上，而当专业化经济组织越来越将资本、利润聚集起来，成为非市场经济力量，且远离人们物质生活时，上述三个层面的关系便开始发生变化。专业化经济组织开始以其自身的支配力量对自由市场展开攻势，提高消费价格，压低供应价格。比如在德国，工

[①] 〔法〕费尔南·布罗代尔：《资本主义的动力》，杨起译，生活·读书·新知三联书店，1997，第63页。
[②] 〔法〕布罗代尔：《15～18世纪物质文明、市场与资本主义》，施康强等译，生活·读书·新知三联书店，1999，第132页。

业经济组织的集中，越来越引起工匠们的强烈反对并试图进行阻止，农业人群也常常感到孤独无助，被人遗弃，惶恐不安。在美国，标准石油托拉斯以及模仿者的行为激起了小业主、农场主以及公众的强烈反对。这一时期专业化经济组织的发展导致大量小生产者、手工作坊、小业主以及小型生产企业纷纷倒闭，无数农村人员、手工业者、工人流离失所。这进一步反映了组织化资本主义的发展已严重脱离人们基础性物质生活。专业化经济组织可以在现代化机器生产下大规模提高生产效率，却没有能力扩大其产品的销售市场，没有能力扩大其积累资本的可获得场所，更别提以相应速度或适当的工资来创造就业机会。所以，在国内市场出现资本的积累中断，且造成与社会层面的脱节之时，专业化经济组织的资本扩张也就只能向国外市场推进，组织化资本主义便开始依托国家的力量进行殖民市场的征服和开拓。

规模经济组织在其实现对整个生产行业或领域的整合之时，由于资本、利润的大规模倾斜，并向一个方面聚集，使公平、均衡的自由竞争市场基础丧失，自由市场经济的正常运行无法维持，基层民众的物质生活同样受到极大打击，社会秩序无法在市场机制与资本流通中实现统一，也无法实现布罗代尔意义上的社会三个层面的有机统一。物质生活、市场经济、资本主义三者之间相互发生了脱离，社会试图在整个经济过程中实现自我整合变得不可能。这种社会层面的分裂仅仅依靠国家通过对垄断经济组织的控制和把握是无法解决的，否则国家将抛弃大量的中小经济组织从而造成社会整合危机。

三 垄断经济导致的社会问题

组织化资本主义时期由于破坏了自由市场经济的运作机制，产生了许多问题。"大危机发生的前半个世纪中，企业权力的集中化使公司能够将国民收入中相当大的部分转入富人的股东手中。由于在富人家庭的收入中，储蓄通常占有很大比例，这种更大程度的不平等会使总支出的增长滞后于产出。由于对其产品的需求不足,公司会减少投资,解雇工人,从而导致收入和支出的进一步下降。经济陷入'低就业均衡',其前景则是长期的衰退。"[1]这一小节主要从社会层面的断裂、资本积累的中断、大量资本资源闲置与就业不充分并存的悖论以及公共物品提供的严重缺失四个方面进行论述。

一是社会层面的断裂。垄断经济组织与自由市场机制的分裂,导致依靠经济组织与市场机制共同运作的社会整合方式失去意义,垄断经济组织在脱离自由市场运作机制的同时,也使其控制下的工业体系与社会大众的日常生活发生极大偏离,大量农民、手工业者、工人失业,1930年的大萧条时期,美国、英国和德国三个主要工业国家失业工人达到1000万。

二是资本积累的中断。垄断经济组织的发展导致社会的竞争彻底丧失传统的均衡与公平的竞争基础,资本与资源大量向垄断经济组织聚集,导致中小企业竞争能力不断下降,甚至丧失竞争能力进而走向破产,垄断经济组织对供应商和销售商的支配和操纵也使得它们只能依靠低利润运作。1920年到1930年,从事初级产品生产的工厂企业常常陷入生产停顿和破产,原因在于矿业、农业等初级产品几乎每一种主要产品都在急剧下降,致使绝大多数生产者都不能弥补其生产成本。而当初级生产者丧失购买力时制造商也将陷入困境,到1930年无论哪个地区,各主要工业几乎没有一个能赚取足够的利润使其进一步扩大再生产,资本积累进程从而中断。

三是大量资本、资源闲置与就业不充分并存。自古典政治经济学诞生以来,人们从来没有担心过会出现失业问题。因为按照古典政治经济学的理论,只要资本存在,就会雇佣劳动,资本充盈的状况不会与失业共存,面对资本的不断积累和剩余,其所担心的是劳动力的供给问题,所以保证劳动力的供给条件就是确保

---

[1] 〔美〕巴里·克拉克:《政治经济学——比较的视点》,王询译,经济科学出版社,2001,第192页。

雇佣劳动的自由。但是，在垄断资本主义时期，状况发生了变化，大量闲置的资本资源与失业并存，这是古典政治经济学理论没有解释的。新的社会条件催生新的理论，凯恩斯的宏观控制经济理论应运而生。凯恩斯把古典经济学视野下的单个的产出与需求纳入经济总量，从总供给与总需求的平衡来解说经济过程。按凯恩斯的理论，由于有效需求不足，社会在充分就业到达之前，使就业量的增加终止。而有效需求不足使资本的投入无法实现其增长的目的，社会再生产停滞不前。解决问题的出路就在于扩大有效需求以刺激供给，依靠政府的公共项目激活经济。

四是公共物品提供的缺失。在垄断时期，尽管政府试图通过培植与控制专业化经济组织实现其社会控制的目的，但由于专业化经济组织生产永远是按照商品交换和最大限度利润的规则，而不是按照公众确定的使用规则组织起来的，所以官僚制度的计划表现出某种盲目性和不合理性，经济组织和生产规模的扩张，激起官僚机构与垄断经济组织追求更大效率的欲望，却忽视了提供效率的条件。经济的快速发展必然得有基础设施作保证，但基础设施供应的本身却与效率原则相悖，所以在资本主义扩张期很容易造成公共物品提供的缺失。

从以上四个方面的分析我们可以做出简单结论，专业化经济组织的发展所导致的社会性问题主要是公共性问题：社会层面断裂所展示的是社会公共保障问题和社会的利益再分配问题；资本积累的中断揭示的则是社会经济中的公平与均衡问题；资本的闲置与就业不充分体现的是社会整体的有效需求不足与资本的投入不足，但更关键的是产业发展与民众生活的有机整合问题；而公共物品提供问题同样也是造成资本积累中断的一个原因。从社会秩序的角度来认识，以上几方面的问题皆是社会整合与控制机制上的问题，即如何解决经济增长与社会均衡，如何解决经济组织与市场竞争冲突，如何解决私人利益与公共需求的矛盾等等。这些问题的解决一方面要对经济组织自身的发展进行考问，一方面则要对政府职能动向进行探究。

第三节 凯恩斯主义的兴起

组织化资本主义的迅速兴起本质上是专业化的规模经济组织形式相对于完全分散化经济组织形式的胜利,这一组织形式演化过程的重大成果是现代企业制度的兴起。规模经济组织对自身效率最大化的追求取代了对整个市场经济效率最大化的追求,规模经济和垄断权力的持续增长,在观念上对人们心目中的市场经济定位产生巨大冲击,对自由、公平、均衡的市场机制的追求降低为对某一行业或产业规模经济组织自身利益的追求。这种观念的转变引发了新古典经济学对规模经济和资源配置理论的过分追求,在政治意义上,以专业化经济权力为主导的政治竞争和大量单纯行业化的产业政策滋生,使经济权力与政治权力结合起来。但如杨格(Young)所指出的:"只考察单个厂商和一个特定行业的规模变化效果时,递增报酬机制就可能被误解,因为累进的行业和专业化才是递增报酬实现过程中的一个关键。这就要求将整个经济的运作都视为一个相关的整体。"[①] 正是在这种形势下,经济政策的走向由单一的产业政策或对某一专业化经济组织培植或控制转向国家整体的宏观经济调控,以实现国民经济的整体均衡和国民经济秩序的合理有序,凯恩斯宏观经济控制理论正是出于这一目的而兴起。

一 从经济学理解市场失衡

亚当·斯密认为人类天生的交换倾向必将引起分工,而交换分工又必然引发国民财富的增长,即自由的分工与交换是一种双赢或多赢的游戏,人们在市场交换中共同促进财富增长。但是他的理论基础是天然的或自由的秩序,建立在均衡对等的基础上。

[①] 转引自杨小凯等《新兴古典发展经济学导论》,载《杨小凯谈经济》,中国社会科学出版社,2004,第26页。

大卫·李嘉图也在此基础上强调自由竞争既能保证个人利益又能促进社会的整体利益，他相信工资的高低由劳动的市场供求关系自发调节的法则是"支配每一社会最大多数人的最大幸福"法则，对市场调节功能的坚信使他始终认为必须坚持自由的生产与交换规律，才能促进经济发展。正是在斯密关于自由分工与交换是一种共赢游戏的认识基础上，法国经济学家萨伊也提出了著名的"供给能够自动创造需求"的"萨伊定律"，并为以后的新古典主义经济学奠定了"充分就业"的分析前提。直到马歇尔把古典经济学的供给分析与边际效用为中心的需求分析加以综合创立新古典主义经济学，形成了一个以生产成本分析为中心的供给理论和以边际成本分析为中心的需求理论相结合的新的经济学体系。这一理论体系延续了古典主义政治经济学对"自然秩序"和自由定价、市场价值规律的强调，以均衡价格为核心，以消费、生产、市场、分配为分析框架，强调对市场竞争的研究。市场供求平衡导致价格平衡是这一理论的认识基础，供求、价格、生产三者是相互联系的，供求引起价格变动，价格变动引起生产变动，生产变动又引起价格变动。由于这三者的相互作用会产生一种趋势，使价格停止波动，供求趋于平衡，生产达到稳定状态，所以在完全竞争的市场条件下，短缺和过剩是暂时的，市场总会自身恢复平衡状态，实现均衡价格。在价格不变的情况下，供给扩张强于需求扩张，新的平衡价格就会下降，如果需求扩张超过供给扩张，新的均衡价格就会上升，如果供需之间的变动程度相同，那么均衡价格不变，所以完全竞争的市场是最优的市场，均衡的市场没有资源的闲置与浪费，因此它又是一个"充分就业"的市场。①
我们对古典主义和新古典主义政治经济学的简单回顾，目的是要从中明白一个事实：这一理论的延续过程是建立在一个统一的基础上即斯密强调的自由竞争形成的社会分工和自然秩序，而这一

---

① 〔英〕马歇尔：《经济学原理》（上卷），廉运杰译，华夏出版社，2005，第96页。

切其实只是自由市场经济存在的前提。也就是说，只有在基础均衡、发展水平相当的前提下，经济组织间的自由竞争、市场交换和资本流通才能导致双赢或多赢局面的经济增长；在这一基础上，供给才能自动创造需求，才能实现供需平衡与价格平衡，才使得自由资本主义社会的组织原则在理论上能够对自由放任市场经济时期的社会整体秩序做出合理解读。因为在这一基础上，通过市场交换与资本流通，分散化经济组织之间整合起来，基层民众的生活、消费也同经济领域的生产、流通、销售整个再生产过程统一起来，从而实现了供需间的平衡。反过来说，生产与消费的供需平衡更大意义上反映的是分散化经济组织间、基层民众与市场经济领域间的融合与统一，使得整个社会秩序自律有序。

古典经济学理论对社会基础所提出的要求，即经济组织的生产基础和发展水平是处于均衡竞争和自由契约状态下，这一认识基础同样也是资本主义分散化经济组织形式与资本雇佣关系原则立论的基础。"在既定的组织结构、设备和技术条件下，实际工资和产出数量（从而和就业量）是唯一相关的"[1]，社会供给与需求自然也是均衡的，所有的失业仅仅体现为"从一个工作转向另一个工作之间的"暂时性失业，或来自对高度专业化资源的时断时续的需求，或者来自工会不让工会人员就业的"限制原则"。[2] 凯恩斯认为古典经济学的理论假设使得它不认为有"非自愿"失业，就业在均衡意义上是充分的。而以凯恩斯的有效需求理论来认识，与充分就业相对应的有效需求只是一种特殊的事例。只有当消费倾向和投资诱导相互处于一种特殊关系时才能实现，即"只有在偶然的场合或者通过人为的策划，使现期的投资对需求所提供的数量正好等于充分就业所造成的产量的总价格大于社会

---

[1] 〔英〕约翰·梅纳德·凯恩斯：《就业、利息和货币通论》，高鸿业译，商务印书馆，2002，第22页。
[2] 〔英〕约翰·梅纳德·凯恩斯：《就业、利息和货币通论》，高鸿业译，商务印书馆，2002，第20~21页。

在充分就业时所愿意有的消费部分"①，古典经济学的最优配置才能够实现。凯恩斯对古典经济学的批判是建立在对社会现实的实际考察基础上的，即社会严重的有效需求不足和大量资源闲置，社会拥有大量闲置着的资本和资源，却呈现低生产水平和高失业率状态。凯恩斯的有效需求理论作出了这样的解释：仅仅存在着有效需求的不足便有可能、而且往往会在充分就业到达以前，使就业量的增加终止，如果想使该社会的富人的储蓄倾向与该社会的穷人的就业不发生矛盾，富裕社会就必须为投资提供远为更加充足的充分就业。②

从古典经济学到凯恩斯理论，是经济学在社会演进过程中做出的理论调整，两者都具有充分的合理性和完整的逻辑推理，凯恩斯对古典理论的批判，并非只是就理论的完善而言的，重要的是认为古典理论框架已经不能充分解释新的经济现象。针对当时的经济事实和古典理论之间的张力，凯恩斯发出感慨："古典学派的理论家们像置身于非欧氏世纪的欧氏几何学家们。"凯恩斯基于社会严重的有效需求不足和大量资源闲置，认为社会陷入了供给与需求的失衡之中。导致这一结果的直接原因是专业化的规模经济组织对传统自由市场机制的侵蚀。它摧毁自由市场能够进行自由竞争的相对均衡的"自然秩序"基础，使市场机制在失衡中负重运行，一些人聚集财富，而一些人则破产失败，这种失去共赢意义上的竞争，是无法长时间维持的，资本积累与流通必将在竞争无法进行时被迫中断。垄断经济组织实际上成为一种半官方的组织，可以采取手段来限制供给或需求，可以禁止投资，限制种植农作物的品种，对择业自由的阻碍，对贸易、手工业和工业营运的许可限制等，这种垄断权力本质上与国家的行业限制成为一个统一体，国家以政治手段促进专业经济组织的大规模发展，

---

① 〔英〕约翰·梅纳德·凯恩斯：《就业、利息和货币通论》，高鸿业译，商务印书馆，2002，第33页。
② 〔英〕约翰·梅纳德·凯恩斯：《就业、利息和货币通论》，高鸿业译，商务印书馆，2002，第36页。

同时也成为一系列限制自由竞争、从业阻碍的经济手段。对供给和需求的限制十分有助于垄断形式的出现。专业化组织的不断壮大实际上在自由市场中形成一个有利于其自身的封闭市场体系，尽管各个被封闭的市场内部仍存在竞争，但专业经济组织相对市场自由交换的封闭打乱了各个市场单元间的联系，因此也就不能形成整个系统的合理竞争。这样，市场再试图作为一种均衡协调的运作机制，就失去了其固有的基础条件。当正常的经济过程和社会再生产循环被打破，市场的社会整合功能也自然趋于丧失。同时，财富与资本的集中使垄断经济组织与社会基层和自由市场经济两个社会层面断裂，造成大量中小企业和手工作坊破产，大批农民和工人流离失所，进而导致社会需求意义上的中断。

二　凯恩斯宏观经济控制理论的兴起

专业化经济组织的发展一方面推进了本行业资源整合与经济总量的扩张，同时也快速推进了经济权力的增长，使均衡的经济过程和社会再生产循被打破，自由市场的自我整合能力日益不足。也如杨小凯指出的，随着贸易条件的改善，一方面是高度的工业化和高综合生产力水平，另一方面是分工网络协调失败的风险相应增大，20世纪30年代大危机的发生也就不可避免。二战以后，凯恩斯主义宏观控制理论兴起，其原因是由于不断专业化的规模经济所导致的市场供需失衡和有效需求不足问题，既无法在追求高效率的产业组织中得到解决，因为它已经成为一个普遍的社会危机；也无法在市场自我运作中得到解决，因为经济组织与市场两种运作机制已发生脱节，宏观经济控制理论就在这样的社会背景下产生了。

政府管制的职责主要是对经济部门的活动进行某些限制和规定，通过限制个别经济组织的规模和市场占有率，打破企业造成的"进入壁垒"，维持市场竞争力量之间的必要均衡，同时又通过价格限制等手段避免过度竞争而造成企业间的自相残杀和资源浪费。专业化经济组织在市场经济中占据重要地位时，政府的行业管制以及对整个经济领域的控制都将是通过专业化经济组织这一主要通道进行。也就是说，专业化经济时期的政府管制主要集中于对某一行业进行控制，比如，铁路、交通、制药、能源等。但当传统产业结构逐步分化和经济组织在跨行业化过程中逐渐失去专业化功能时，经济组织无法再将自身仅仅定位于哪一个行业或哪一个产品上，政府在寻求通过专业化经济组织对整个经济发挥管制性作用时，不仅不再那么奏效，而且所付出的管制性成本也会大大增加。这样，整个经济领域既无法依靠市场自身的力量正常运行，也无法依靠行业性管制实现经济的协调发展，失业与危机便由此产生。这种形势下的危机既不是单纯市场经济运作问题，也不是单一的行政管制所引发的，而是两者共同引发，在这种情况下社会的经济危机与政治危机便连接在一起。① 这迫使社会的政治与经济再度走向一体化，国家必须通过综合性的宏观经济调控对整个经济领域施加影响，以从整体上保证社会经济的稳定与发展。正如哈贝马斯指出：在这种情况下，国家就不可能仅限于满足生产的一般条件，它还必须对再生产过程本身进行干预，必须为闲置的资源和资本创造利用的条件，提高资本使用价值，控制资本主义生产的后果和代价，调整阻碍增长的比例失调，通过社会政策、税收政策和商业政策等来调节整个经济循环过程。② 国家对整个经济领域的干预范围大大拓展了。

---

① 在社会基本经济组织形式发生变迁的过程中，固有的政治治理方式和治理体制无法及时做出调整，在这一意义上，我们可能对哈贝马斯的晚期资本主义的合化法化危机及合理性危机进行理解。
② 哈贝马斯从社会的结构性变迁中把握了晚期资本主义社会的危机形成，从中我们不仅能够体会出 20 世纪 30 年代的经济危机发生原理，而且也能够对 70 年代以后的滞胀经济形成的原因有一种基本的原理性认识。这一解读与整个 20 世纪西方社会经济的发展是基本吻合的，从中我们可以看出政治社会学与经济学分析上的一致性。参见尤尔根·哈贝马斯《合法化危机》，上海人民出版社，2000；约翰·基恩《公共生活与晚期资本主义》，社会科学文献出版社，1999。

按照凯恩斯经济学的理论体系，失业与危机的主要原因在于社会的有效需求不足，要扩大有效需求以实现充分就业仅仅依靠市场机制的自我调节是不能胜任的，也不可能通过对某一个行业的调控得到解决，所以必须依靠国家力量对整个经济领域进行整体的宏观控制。从刺激社会的总量需求出发，主张实行扩张性货币政策。因为在消费心理不变的情况下，解决失业的办法就是投资，而且边际消费倾向越大，乘数值越大，特定量的投资变动所引起的收入和就业量的变动也就越大。这种投资理念和扩张性货币政策使财政政策成为政府经济行为的重心。相对于货币政策，凯恩斯主义者认为财政政策的调控作用应具有主导地位，因为和资本边际效率的变化相比，利息率可能的变动不能完全抵消资本边际效率的变动，在经济萧条阶段，人们对未来的预期悲观，单纯通过降低利息率来刺激投资的政策效果不大。财政政策就是要通过有目的地操纵、控制政策预算的各个领域，如支出、税收和借贷等以改进商业循环、控制经济增长与失业的变化比率，以政府的直接性的公共开支来达到对资源分配的影响和对经济控制的效果。① 也就是说凯恩斯主义是通过总体意义上的财政措施刺激社会消费和增加投资，来达到社会总供给与总需求的平衡，试图通过对经济领域的整体投资、国民生产总值的总体提高、对外贸易的不断增长等实现国民的共同富裕。凯恩斯主义的财政政策与扩张性货币政策使政府完全将金融、投资控制于自己手中，并通过这一手段将行政力量介入每一行业或产业，在本质上成为一种国家资本主义，"让国家之权威与私人这两种力量互相合作"。政府远不是一个单纯的政治组织，而成为一个对经济和社会产生巨大影响的经济组织，政府的经济活动包括生产和消费两方面，它以各种形式直接或间接地参与了整个社会的经济运行，极大影响

---

① 参见凯恩斯《就业、利息与货币通论》中的有效需求理论。

了私人的生产和消费。①

宏观控制理论的确在很大程度上解决了依靠单一产业或行业控制不能解决的问题，并从根本上推进了战后整个西方的经济复苏与繁荣。但是在凯恩斯主义指导下，政府规模急速膨胀，最终导致政治层面的危机。哈贝马斯指出：与自由资本主义国家不同，干预主义的国家确实是进入了再生产过程，因此它不仅是保障生产的一般性条件，而且本身也变成价值规律的一种执行机构，国家行为没有终止价值规律的能动性作用，而是听命于价值规律，因此从长远看行政行为必然会强化经济危机。②它不能消除积累过程的周期性紊乱，即内生性的停滞倾向，也不能有效控制替代性危机，如经常性的财政赤字和通货膨胀。以美国而言，从20世纪60年代初到70年代末，联邦政府的工资从不到130亿美元猛涨到700亿美元，全部的联邦政府的开支上涨了6倍，国债接近1万亿美元。"过去半个世纪中，人们得到的只是新政、伟大社会以及一个拿走45%的国民财富的政府。"③ 上世纪70年代的西方经济危机不但宣告了"空前繁荣的黄金时代"的终结，而且还破天荒地出现了西方经济危机史上从未有过的奇特现象：经济滞胀。凯恩斯主义对此完全无策：若采取扩张性的财政政策来解决，就会导致通货膨胀的加剧，若采取紧缩财政政策，就会导致加剧经

---

① 〔美〕斯蒂格利茨：《政府为什么干预经济》，郑秉文译，中国物资出版社，1998，第33~34页。
② 参见尤尔根·哈贝马斯《合法化危机》第四章"经济危机原理"。在这里，哈贝马斯分析了国家由遵循市场规律到陷入市场危机。哈贝马斯的伟大之处在于他不仅能够认识到政府对市场干预以及遵循市场价值规律干预的重要性，更重要的是他认识到政府介入市场之后，它可能仅仅是一个普通的经济角色，被整个市场经济过程和社会化再生产过程所左右，而不是它企图对市场的驾驭。而这一点，我们认为对整个政治社会学是重要的，它使我们无法再将国家作为一种单纯的市场经济外在性力量来看待。它使我们看到了一种新趋向，即国家的力量正在与其他经济力量融合为一体共同进入整个经济过程，让整个社会，而不是国家自身承担经济过程中的责任和负担。
③ 〔美〕里根：《里根自传：一个美国人的生活》，东方出版社，1991年，第184~185页。

济危机。

瓦尔特·欧根认为凯恩斯主义的宏观经济控制本质上是一种重商主义的复活,"不再是各个投资的相互协调起决定性作用,而是对经济中的整个投资额感兴趣"。"我们在集中管理经济中也找得到对规模的这样的总体论述,如总消费、总投资、总储蓄、总进口和总出口。人们看不到单个企业和家务管理,而只是看到综合考察中的总体流量。"① 经济总量的增长和效率最大化依然是其追求的目的。其实从新古典主义对规模经济组织效率的追求到凯恩斯主义的宏观经济调控并没有本质意义上的区别,两者都是依托外界的力量来试图达到经济过程的统一和经济秩序的均衡。杨小凯对新古典经济学致命弱点的批评也同样适用于凯恩斯主义:均衡和帕累托最优资源分配总是同外生给定的生产可能性边界联系在一起,这样我们就不可能用这一框架回答古典的经济发展问题,为什么总合生产力在生产函数和资源禀赋不变的情况下能够通过分工水平的提高而提高,也就说实现各方的共赢,看不见的手又是如何协调分工从而促进经济发展的?②

尽管凯恩斯主义与国家宏观控制紧密相连,但并不能以此就认为其违背自由市场的原则,在本质上,凯恩斯主义政策是为了稳定、完善市场经济秩序而进行的一系列举措。也正是在此意义上,巴里·克拉克认为凯恩斯理论蕴含有自由主义的因素,也将凯恩斯理论列为现代自由主义观点。他指出:

> 凯恩斯主义政策既能稳定经济,又可促进平等,因而对

---

① 〔德〕瓦尔特·欧根:《经济政策的原理》,李道斌译,上海人民出版社,2001。从中我们透视出宏观经济理论与弗莱堡学派对经济秩序的不同理解。前者可能认为经济秩序可以通过宏观外部进行调整,而后者认为整体的经济秩序和经济过程蕴含于微观经济的内部运作。

② 杨小凯等:《新兴古典发展经济学导论》,载《杨小凯谈经济》,中国社会科学出版社,2004,第25页。

现代自由主义者极其具有吸引力。如果支出不足是衰退的根源，则应该将钱交给最可能支出它的人，即穷人。凯恩斯主义反对古典自由主义关于增长和效率要求有较大不平等，从而让富人能够进行储蓄，为投资提供资金的观点。由此凯恩斯主义提出了包含着对广大中低收入选民颇具号召力的经济理论的现代自由主义。①

但20世纪70年代以来，公民社会力量的进一步崛起和新技术革命对社会结构和宏观治理范式的影响日益显现，在产业结构不断分化、新兴行业不断涌现的情况下，依靠财政手段推进宏观意义上的经济增长，往往与经济发展的内在协调不相符，使经济领域的协调运作依赖于财政性的干预，也会不断制造新的依赖帮助者，连累健康的行业，以至于最终导致一种经济、政治和社会都无法承受的局面：财政负担过重和经济运行失灵，不得不依靠货币贬值。"二战"以来西方发达国家实行的国家积极干预经济、强化管理、福利国家等政策和做法面临严峻挑战，英美等发达国家纷纷陷入经济滞胀、财政赤字庞大、公众疏离政府等困境。

当代国家把自己赞同于经济这个事实，原因在于，在很大程度上它的运作听从工业经济过程的支配。国家经济增长的幅度同样也是它自我决断能力的虚弱程度。它执行管理和控制的功能，但它并没有具有拥有控制权的"更高的第三党"那种能力；宁可说它只是实施了补充工业经济过程的功能。并不是国家本身对从那个过程本身自动产生的已知事实倾向的反应。全面的控制不是由国家来实施的，而是由工业

---

① 〔美〕巴里·克拉克：《政治经济学——比较的视点》，王询译，经济科学出版社，2001，第192页。

经济过程自身来实施的。①

当政府权力增长与市场经济发展无法遵循统一的运作规则，无法按照统一的社会秩序共同发展时，预示着社会的组织原则要发生巨大变迁，社会整体秩序也要进行全新调整。

---

① 〔美〕博肯福德：《在当代民主的社会国家中区别国家与社会的意义》，转引自贾恩弗兰科·波齐《近代国家的发展》，沈汉译，商务印书馆，1997，第127页。

第七章
当代公共行政与后组织化
资本主义

组织化资本主义时期,市场与企业两者之间的效率之争、成本之争引发两者相互代替或一方对另一方的利用,一方面专业化的组织力量寻求支配自由市场运作,另一方面自由市场则以自身的不完善或运作失衡来中断专业化经济组织的资本循环,两者之间的张力使整个经济秩序陷入一团糟,并引发大规模的政府干预力量的介入。但后组织化资本主义社会中自由契约在资源配置与利益分配中力量的崛起,使两者逐渐走向统一。如张维迎所说,今天最真实的现象是企业交易与市场交易都在扩大,两者的发展是一个同步增长的正相关现象,在微观领域企业与市场是可以相互取代的。[①] 经济组织在社会自由契约基础上不断走向分散化与社会化,从而向整个社会融合,传统的社会结构与经济结构在这一过程中受到极大冲击。

首先,在经济组织的自由契约组合中,传统的等级制和身份制基本不再发挥作用,经济组织受制约因素多元化,不再有单一的所有者和权力垄断者,多元化的股东使管理者成为受托人,而自由契约意义上的资源与投入品所有者都对整个组织发挥着作用。在这种形式下,国家或政府不再可能通过建立在所有制形式上的

---

① 张维迎:《企业的企业家——契约理论》,上海人民出版社、上海三联书店,1995,第15页。

等级结构对社会进行控制。

其次,传统的产业结构或行业体系被打破。经济组织间的自由契约组合与新兴行业的不断出现,使传统产业结构或行业体系无法实现对单一产品的控制和垄断,任何一个行业都在推进进一步的分工细化和产业结构调整,今天任何一个大型公司或集团都不可能是单一产品的生产者,都是跨行业的联合体,政府如果仍依靠传统的产业体系或垄断组织实现对整个社会经济的控制是不可能的。如果说之前的政府发挥管制功能的渠道依赖相对专业化的行业体系,那么今天就不得不设法覆盖所有行业。因为经济组织已更加分散化和社会化,没有一种利益集团能够占据主导地位,也没有哪一个组织能够通过对权力、资源、市场的控制实现其利益。社会化组织形式与自由契约关系的社会组织原则使整个经济领域通过自由的资源配置和自由市场价格机制实现自我调节。"社会在职业选择、从业活动和消费中的自由、自我负责和个人积极性向每一位生产者和消费者敞开着可利用的经济机会,它们和取决于绩效的收入分配一起是这一市场的推动力,并在市场经济中导致了生产和全民福利水平取得最大程度的提高。在这个意义上市场成为那种能够把最高的生产效率、最大程度的福利增长和最大程度的个人自由结合在一起的经济秩序。"[①]

第一节 官僚行政向新公共行政的演化

经济组织的社会化导致组织结构由等级性的科层结构向扁平化结构转变,整个经济领域的运作与调节开始在自由契约与均衡竞争中实现,而经济组织自身也在相互均衡的竞争与监督中融入社会之中,并逐渐承担起社会职能与公共责任。正是在这一背景

[①] 〔德〕路德维希·艾哈德:《一个自由社会秩序的基本条件》,载何梦笔主编《德国秩序政策理论与实践文集》,庞健等译,上海人民出版社,2000,第313页。

下，政府的治理方式开始由官僚制行政转向以服务为导向的当代公共行政，经济运作方式也因为公共责任的纳入开始从自由竞争转向秩序竞争。伴随组织的社会化和公共化程度不断提高，组织与组织、组织与个人不断融为一个整体，这导致一方面组织本身逐渐参与到社会治理中来，另一方面，每一个组织必须通过其社会化和公共化的角色定位来实现其自身利益的扩张。为确定组织行为是否遵循公共化的要求，组织的每一个运作环节和任何社会行为都可能成为政府监管的对象。所以组织的社会化一方面促使政府权力的分散化，另一方面也催生政府对社会组织的监管力量的不断延伸。同时，由于组织社会化程度的不断提升，社会责任也不断纳入市场经济的运作中，经济组织在对公共责任的承担和职能拓展过程中实现了对市场边界的开拓，市场经济的范围不断扩大。

一 社会经济组织形式与公共责任分担

上文已经阐明，组织起因于资源相互依赖性或专用性的概念的看法使企业的边界模糊了，区分"内"和"外"的明确界线不见，将企业作为一种相互间资源长期契约的联盟解释削弱了将"企业"作为分析的有用的基本单位的看法。

首先，经济组织的构成社会化了，在传统的一体化治理结构企业中，往往由雇主与雇员组成，企业的财产与所有权是非常明确的，也是高度一体的，一般属于雇主。而当经济组织成为资源与投入品所有者的自由契约性组合，那么经济组织的所有权将无法得到明确划分，资源不可能被划分为是否纯粹的企业专用和依赖的，在股东、债权人和雇员中，也不可能做出一个完全不重叠的区分。而且每一个投入所有者往往不是一个企业的投入者，而可能是多个，且分布于不同的领域。按照法玛（Fama）的观点，现代公司中实际上没有所有者，有的只是生产要素的所有者。通常公司中都有很多资本，并且通常每一个资本所有者有其多样化的、包括很多公司在内的证券组合，经理也应当被看做人力资本这一生产要素的所有者。①

其二，经济组织的依赖关系更广泛了。经济组织的关系明显不会再是传统意义上的"企业"间的交换。阿尔奇安、伍德沃德认为，购买企业未来的性能依赖于企业的持续行为的产品的消费者，像作为企业专用资源的所有者将成为购买者一样。当消费者的依赖成为主导时，企业将会倾向于像一个共同基金会那样被组织起来，消费者将拥有这个企业。② 而资源价值依赖于主要承包商的分包商也可能是一个联合体的依赖部分，可能是涉及很强的共同的相互依赖关系的一个部分。这引起共同的依赖关系创造了具有类似于在一个传统"企业内"的契约关系的联合体，从而使企业的专有性延伸到企业以外很远的地方。

其三，经济组织的运作不再限于内部的管理，而成为一个更为广阔的经营范围。理查德·汉迪认为企业的经营必须考虑越来越多的利益相关者，企业是在"一种像六棱形的圈子里运营的"，即出资人、雇员、顾客、供应商、环境、社区等，③ 企业为了生存必须平衡各方的利益，对每一方都应做出承诺，但又不属于任何一方。

其四，经济组织的管理者成为受托人（Trustee）。也就是说，公司赋予他们相应的权力和地位，不仅要满足股东的权益，而且要满足顾客、雇员和社会的需求，管理者成为各种各样的利益协调人，对于公司而言，在很多情况下，除非先满足顾客和雇员的需要，否则他得不到满意的回报。如果说传统的垄断经济组织下的雇员是靠出让劳动或部分资源权利来换取一点回报的话，那么在这里，企业与雇员实现了双向的公平与对等，社会回报成为双

---

① 参见［荷］杰克·J.弗罗门《经济演化——探究新制度经济学的理论基础》，李振时等译，经济科学出版社，2003，第59页。
② ［美］阿尔奇安等：《企业死了，企业万岁》，参见盛洪主编《现代制度经济学》，北京大学出版社，2003。
③ ［英］查理斯·汉迪：《超越确立性——组织变革的观念》，徐华等译，华夏出版社，2000，第75页。

向的。

由此我们可以看出，经济组织在社会化过程中，一方面推进与社会各个领域间的契约化组合，同时也不断实现经济组织内部的契约关系，尽管这种契约关系有可能是隐形的。柯武刚、史漫飞认为经济组织内部隐含的关系性契约，一组或一团队的成员就各自的付出和获益所形成的默契，它们包含着无限的内在制度安排，这些制度安排沟通着一个组织内所有者、领导人、合作者之间的各种纵向交易关系，以及合作者之间和团队之间的某些横向交易。① 如果说传统的垂直一体化垄断产业组织主要集中于工业性的单一产品生产领域，那么后垄断资本主义经济组织拥有的则是更广阔的、多样化的市场空间。传统组织结构可能是等级式的科层管理和纵向一体分工；而后者则成为扁平结构，自由契约下的团队组合，以及企业间的联合，产品的开发可能依靠企业集团进行联合开发，产品的生产与销售则可能是在对外分包中实现。前者是层级控制、纵向交流，自上而下的控制，而后者是自发性的横向交流；前者基于领导者的权威与命令结构，后者则通过隐含性契约实现激励的管理，团队化的经济组织以其自由契约性培育出全组织范围内的合作，并形成内在的运作规则，从而各种信息的垄断成为不可能。②

经济组织在社会自由契约基础上的逐渐分散化与社会化，使其自身的边界与社会的边界不断模糊，从而使自身呈现于社会大众面前，陷入社会各利益群体的利益制衡中，每一个经济组织在社会中同时制衡着其他经济组织又受其他经济组织制衡。而在经

---

① 〔德〕柯武刚、史漫飞：《制度经济学——社会秩序与公共政策》，韩朝华译，商务印书馆，2002，第 330 页。
② 柯武刚、史漫飞对垂直一体经济组织与扁平化结构的企业管理方式进行很好的对比，前者即是科层化的泰勒式科学管理，而后者则是契约化社会中的参与式管理，两者的组织设计、运作方式遵循的价值理念都是不同的。参见柯武刚、史漫飞：《制度经济学——社会秩序与公共政策》，商务印书馆，2002，第 336~338 页。

济组织分散化与社会化过程中，社会的利益集团同样也在不断分化、重新聚合，并产生更多新的利益组织和集团，这些组织可能是为了同类企业利益所形成的协会，可能是为了消费者利益形成的团体，可能是为弱势群体权益而组成的志愿者组织，也可能是因为社区环境等公共利益组成的公益性组织。有一点共同的是，每一组织都是以社会公平、自由、均衡为价值基础的，目的是不让其中任何一个团体或组织的势力过大而导致社会力量的失衡，进而造成部分民众权利和利益受到剥夺，这也正是自由契约精神的体现。在这一基础上经济组织的发展与赢利必须将其自身植根于社会整体的利益中。

社会中的力量通过许多的团体和组织形成分散化的存在状态，没有一个团体能够拥有压倒一切的力量，而每一个团体对其他团体又都有直接或间接的影响，从而走向多边制衡和均衡竞争，在这样的社会中，企业必须顾及如何与环境中的许多限制性力量相互合作。"在一个竞争性市场上，这些交互作用不能被某个人单方面操作，因此，由于非饱和愿望，其结果可能会令每个人都不完全满意。但是，他们必须接受这个结果。这样，交互作用就会折中卖者和买者的利益，并对相互冲突的自利决策进行调和，以达成一个折中。"[①]

在均衡力量的竞争与制约下，企业必须作为市场经济过程的一个简单的参与者，必须设法与其他所有参与者一道达成合约，实现利益与秩序的均衡，这些参与者可能是经济组织，也可能是非经济组织、志愿组织或简单的消费者。在均衡竞争的制约下，任何一方都不能构成对社会权威的独占，企业必须围绕降低成本和满足消费者的需求作出资源配置的决策，同时各种利益集团和相关经济利益体的利益也必须得到满足。社会团体的利益包括劳工、银行、工业、农业、消费者、弱势群体等，它们会通过一系

---

① 杨小凯：《新兴古典经济学与古典经济学》，载《杨小凯谈经济》，中国社会科学出版社，2004，第61页。

列方法对企业的活动形成限制，今天较为突出的社会利益团体如劳工、环境、弱势群体权益、消费者及公众利益等。企业为了获得成功，必须像对待经济环境那样，理解、正确反映并预计非经济环境的要求。大卫·洛克菲勒（David Rockefeller）说："重要的是管理者应当意识到他们必须考虑公司政策和公司行为对于社会的影响，他们必须考虑一定的行为是否有可能促进公众的利益，有利于社会基本信仰的进步，有利于社会的稳定、强盛与和谐。"① 在任何时点上，企业与社会之间都存在一种基本的协定，被称为社会合约（social contract）②。这一合约反映了企业与社会之间的关系。关键是社会责任要变成企业行为的有机组成部分，而不是外加的慈善性行为。只有在这种情况下，企业的经济发展才会为公众利益所接受，也只有在这种情况下，企业才能保证健康的社会环境有利于自己未来的兴旺发达。在一个由自由契约达成的社会系统中，企业有责任去履行相关的契约关系中所应承担的责任，无论是紧密的经济协作关系，还是松散的利益群体关系。因为企业不再是"一种股市上买来卖去的财产"，"不是一种工具"，"不是某种产权"，"利益只是企业存在的必要而非充分条件"，"营利只是某种目标的手段"而不是根本目的，企业应该"具有自己的使命，而且这种使命是不朽的或类似于此"，"企业是一个拥有自己财产的共同体"，这个共同体应当是"活着并且不断成长着"。③ 也就是说企业作为社会民众自由契约的组合，它应当成为人们的一种生存方式和生活方式，所以它也应当为人们能够共同生活、和谐工作提供自己的努力，我们认为这应当是现代企业的目的。在这一意义上，人们说："利润最大化是一个古

---

① David RockeFeller, *The Corporation in Transition*: *Redefining Its Social Chater*, Washington, D. C.: Chamber of Commerce of the United States, 1993, p. 23.
② 〔美〕乔治·斯蒂纳等：《企业、政府与社会》，张志强等译，华夏出版社，2002，第6页。
③ 〔英〕查理斯·汉迪：《超越确立性——组织变革的观念》，徐华等译，华夏出版社，2000，第75页。

老的价值观,与市场资本主义模型相一致,但在今天已不再被接受。""今天,无限制的追求个人私有化观念被政府对私有财产的保护,避免市场力量的不利影响,以及个人更多地参与组织等观念所修正。"① 这意味着后组织化资本主义的社会组织原则将不仅仅是经济的增长与效益最大化,而且还有社会的公正与均衡,即是社会公共利益增长。

二 官僚制与当代公共行政的走向

无论在形式上还是理念上,当代公共行政与传统官僚行政之间都存在巨大差异,甚至是一种截然相反的取向。尽管如此,在社会组织原则演进的基础上,当代公共行政绝对不是对传统官僚行政的一种颠覆,而且是一种秩序意义上的演进。当代公共行政模式不再像传统的官僚行政方式,在理论上韦伯的官僚制理论与威尔逊的政治—行政二分法的价值目标是统一的,即侧重于效率和执行力。当代的公共行政在理论上并没有形成统一的范式,在价值理念上新公共管理和新公共行政有着很大区别,也存在诸多争执。所以要真正弄清楚当代公共行政,就需要从后组织化资本主义社会组织原则出发,深入分析传统官僚制行政向当代公共行政演进的路径,从社会层面上弄清楚新公共管理和新公共行政两种理论的内在关联。

上文曾对传统官僚制行政的功能进行论述,一方面作为应对国家行政管理数量扩张和复杂性增加的管理方式,官僚行政体现了一种科学管理和组织管理方式,韦伯所强调的科层制在技术上明显优于其他的组织形式,能够确保行政管理的高效率。二是作为一种民族国家政权建设的主要手段,它更是一种社会治理方式,国家通过职业化、理性化、强制性的官僚体制的确立、延伸,瓦解各种传统意义上的政治、经济、文化性特权形式,将社会各个

---

① 〔美〕乔治·斯蒂纳等:《企业、政府与社会》,张志强等译,华夏出版社,2002,第32页。

层面整合进国家权力体制框架内，实现近代国家政权建设的目标。"正是官僚体制发展的政治机构，最终摧毁那些基本上建立在不稳定的平衡状态上的混杂体"①，一种统一的、强制性、规范性的社会秩序得以形成。所以说传统官僚制行政包含了以提高效率为目的的组织管理方式和以社会秩序为目的的政治治理方式两个方面。韦伯意义上的官僚制行政是与社会经济组织的演进紧密相关的，它并不一是种僵死的体系。尽管官僚体制在其发展过程中越来越走向"铁笼（iron cage）"似的封闭和机械式运作，这并不能将责任完全归咎于官僚制行政本身，本质的原因是由社会经济组织分散化和社会化引发传统公共行政方式的不适应，为此新时期的公共行政方式就应当追求一种适应性的变革，而不是颠覆性的抛弃。

    韦伯将生活完全官僚化的倾向仅仅视为是一种趋势，而不是一种必然性。如果官僚制行政将持续下去，一个紧迫的问题是，与之相对立的东西究竟是什么，这是韦伯经常重复的公式化命题。这种"权力均衡"（countervailing power）思想的要素之一，是一种独特的自由主义关注，它希望在个人自由得以保障的张力和竞争中形成一种社会力量的平衡，以此来制约权力。在当代世界，这意味着在社会生活的不同领域中，具有不同社会基础的官僚制多元化，这样就使任何领域中的组织能力和专业知识的垄断或过分集中成为不可能。②

在这一意义上我们可以看出，韦伯的官僚制的确是借助于发展的自由主义立场，这是与社会经济组织形式的分散化与自由化相关的。所以甘阳指出：韦伯的基本看法是认为，现代经济发展

---

① 〔德〕马克斯·韦伯：《经济与社会》（下卷），林荣远译，商务印书馆，1997，第292页。
② 〔英〕戴维·毕瑟姆：《官僚制》（第二版），韩志明等译，吉林人民出版社，2005，第58页。

必然促成社会的高度分殊化（societal differentiation），从而导致整个社会具有日益多元分散的社会离心力倾向，因此现代政治的基本任务即在于如何创造一种政治过程以使多元分散的社会利益仍能凝聚为民族整体的政治意志和政治向心力，不然的话，整个民族将出现只有社会离心力而无政治向心力、只有地方和集团利益而无民族利益的危险局面，其结果将是整个民族呈现分崩离析的状况。由于现代经济发展的基本趋势是要把社会的所有人口都纳入一个统一的交换经济过程之中，韦伯认为能够适应这种"大众经济"过程的唯一政治机制只能是"大众民主"（mass democracy），亦即被纳入一个统一经济过程中的社会大众必须同时能参与到一个统一的政治过程之中。这种以最广泛的政治参与来凝聚民族政治认同的民族就是现代"政治民族"[①]。当然韦伯并没有指出现代经济发展促成社会高度分殊化以后的政府治理方式的真实形态，但他正确预言了政府治理方式演变的趋向，而且指出政府治理方式的演变必然植根于经济发展引发的社会高度分殊化之中。这种真实的形态也正是当代西方世界推行的公共行政变革。在这一意义上，我们说传统官僚制行政向当代公共行政的转变体现的是社会基本经济组织形式演进的结果，当代公共行政的运作方式将由后组织化资本主义的社会组织原则规约。

20世纪60年代，公共行政作为一门回应和解决社会公共问题的科学，孕育着新的变革，回应新的挑战，[②] 并不断走向新的行政方式。然而新的公共行政方式在理论上扬弃传统官僚制行政理论的同时，并没有像官僚制行政理论那样将公共事务的管理与对社会的治理方式统一起来，从而在公共行政的变革过程中形成了两个分支：新公共行政和新公共管理。我们从社会基本组织形式的演变来揭示传统官僚制行政向当代公共行政的演进，而没有

---

① 甘阳：《走向"政治民族"》，《读书》2003年第4期。
② 〔美〕乔治·弗雷德里克森：《公共行政的精神》，张成福等译，中国人民大学出版社，2004，译者前言。

直接采用"新公共行政"和"新公共管理"等现成的理论,并不是试图创立新的概念,而是要从社会基础上阐明当代公共行政的真实走向。从传统官僚制行政的演进出发来认识当代公共行政,就会发现"新公共行政"和"新公共管理",任何一方都不能全面涵盖当代公共行政的含义,因为它们只是从不同的层面继承了传统官僚制行政的要旨,一个是追求经济、效率和效能的管理主义,一个是追求公平均衡社会秩序的治理主义。

20世纪70年代之前,公共管理被看做是公共行政下面的一个较低层次的技术领域,"关注效率、责任、目标实现以及许多其他管理和技术问题"。70年代末形成的新公共管理,开始主张以民营化为主导的管理方式,在公共事务中引入竞争机制,利用私人部门以及第三部门来执行公共项目或提供公共服务,市场机制引入和民营化的实施开始对原有行政体制产生冲击。其后90年代的政府重塑运动中,新公共管理理论开始关注政治治理方式的变革。今天,广义上的新公共管理越来越成为一个更为宽泛的概念,已不能将其视为一般行政学家认为的管理主义,它包括狭义上的新公共管理(管理主义)、新公共行政(包括治理理论)、后官僚制行政以及后现代公共行政等。[①] 也有的学者指出,新公共管理主张广泛采用私营部门的管理方法和竞争机制,实行更加灵活、富有成效的管理,一定程度上反映了当代西方公共行政发展的规律和趋势。新公共管理在研究范围上不仅关注政府体制内的命令服从,更关注战略、组织的广泛使命与目标、灵活的管理策略等更为广泛的内容,可以说在研究组织机构的范围上,新公共管理已超越公共行政,并将后者纳入其中。但如果仅以此为据来说,新公共管理包含了公共行政,或者公共行政属于公共管理研究的分支是不妥的。

但正如上文所阐述的,管理主义和治理主义都是新公共行政

---

① 姜奇平:《电子政务与公共行政现代化》,http://www.softhouse.com.cn/html/200505/2005051109462800007235.html。

的一部分，两者无法相互分离，新公共行政主张公民从各个方面以各种形式更直接参与公共事务管理，主张政府服务的契约外包和民营化。尽管新公共行政同新公共管理一样强调分权化、结构扁平化、公私伙伴化的组织形式，但它并不是要瓦解传统官僚体系，也不是管理方式上的创新，而是从治理方式上主张公民更广泛的参与和公共部门提供更多的管理；新公共行政与新公共管理同样追求契约外包和民营化，但它追求的并不是企业化政府或政府规模最小化，而是政府内部转向外部的公共责任的分摊，主张更多、更有力的政府管理，而不是市场化过程中的更少政府。①新公共行政与新公共管理同样扩大研究范围，从传统的政府机构扩大到所有参与公共事务的组织，但它追求的不是战略组织的广泛目标和灵活的管理方法，而是形成新的社会治理方式。弗雷德里克森将新公共行政界定为"作为治理的新公共行政"。由于在社会化经济组织形式与自由契约关系的社会组织原则下，组织内和组织间的松散联合意味着高度分权的授权，意味着组织的各个部门之间，组织与其他顾客或消费者之间，以及与其他组织之间的界限十分模糊。这种情况下，作为公共行政的治理最明确的含义是它包括了参与公共活动的各种类型的组织和机构，在治理中，行动的网络包括了全部的公共组织——政府的、非政府的、营利的、非营利的、国家的、超国家的组织，从而政治事务与行政事务之间的差异变得模糊不清。新公共管理和新公共行政是同一行政模式下的竞争性典范，一个倾向于科学化的管理方式，另一个则倾向于秩序化的社会治理方式。在实际的运作过程中它们又是胶合在一起，难以分清到底是哪一个理论在起作用。所以当代公共行政就是在直接的公民参与、政府服务的契约外包和民营化、市场化的激励机制等同一行政模式下新公共管理与新公共行政的综合。②

---

① 参阅 Frederickson, Painting Bull's Eyes Around Bullet Holes, in *Governing*, Oct, 1992。
② 〔美〕乔治·弗雷德里克森：《公共行政的精神》，张成福等译，中国人民大学出版社，2004，第 75~77 页。

第二节　当代公共行政及其运作模式

20世纪90年代以来，许多发达国家，如新西兰、英国、丹麦和荷兰，不再强调职责分明，不再指责机构林立，而是开始建立大量的执行局。毛寿龙认为政府机构数量的增长与否，应当考虑一体化与专业化的成本收益比较，也就是说，如果一体化的组织成本高于多个机构的协调成本，那么多个机构就比一体化的组织好，机构数量可以增加。如果一体化的组织成本低于机构之间的协调成本，那么就应该精减机构数量，把若干个机构合并起来。他说，许多国家机构较少，并且运转得比较令人满意，这说明这些国家的组织水平高于协调水平。① 他的这种观点是对制度经济学中制度成本的应用，通过执行局之间的半市场性质的竞争，提高这些国家政府的协调能力。但实行大部制不在于减少机构、减少人员，更在于推进政府治理方式适应社会组织原则的转变。"从发达国家政府改革的实际情况来看，尤其是从其分散化公共治理改革的成功经验来看，不但不能得出发达国家出现了大部制的政府机构改革趋势，反而应该得出其治理结构正在向多元化、社会化转变的发展趋势。"②

周汉华认为，职能综合的大部制的基础在于分散化的公共治理结构，通过不同主体承担性质不同的职能来分担综合部门的责任，使其能够专事决策工作。同时通过这种分散化的治理结构，也可以防止一个部门权力过于集中所导致的各种弊端，因此大部制的有效性与分散化的公共治理结构之间存在正相关关系。分散化的治理结构越健全，就越有利于大部制的推进，这就要求实现政府所有者职能与管理者职能、公共报服务提供职能与监管职能、政策制定职能与政策执行职能以及事先干预职能与事后救济职能

---

① 毛寿龙：《有限政府的经济分析》，上海三联书店，2000，第76～77页。
② 周汉华：《监管制度的法律基础》，载吴敬琏主编《比较》第26期，第78页。

的分离。在这一认识基础上,我们认为,大部制不仅不是削减政府权力,在社会化的组织原则和分散化治理体制结构下,政府不只是通过扁平化或综合化结构来顺应组织社会化的趋势,而且政府会通过社会化的组织治理来实现其监管权力的扩张。

一 官僚行政向当代公共行政演化

文森特·奥斯特罗姆认为官僚组织是替代个人选择安排的决策安排,其目的在于减少个人选择运用有关知识的某些成本,是提高运营效率的一种方法,是通过雇佣契约与生产市场竞争性的力量提供权威的限制或使交易成本或决策成本最小化。[1] 官僚组织作为一种替代性选择与专业性机构,它是一种经济与效率最大化的制度性安排,在整个政府机构的专业化设计中,所有利益集团都可以在特定的专业化官僚组织机构中寻找到自己的支持者与利益代表者。但是,当社会的利益分化不再以经济组织的行业和产业为主导,社会的利益需求变成分散化经济组织过程中对普遍社会公共利益的要求时,官僚组织所确立的基础便不再坚固。

官僚行政体制作为效率最大化的制度安排,它遵循层级制原则,正如韦伯所认为,职业官僚在这一路径上只不过是为整个体制规定着的完全固定行动路径的不断运作机制上的一个小小的齿轮而已。[2] 正是因为其组织的专业性、行业化和权威性才使得整个官僚体制呈现出高效、迅速的特点,并能够按照不同经济组织的利益要求去追求经济与效率的最大化,因为在一个专业化、职业化的机构中,官僚体制能够以其支配地位垄断本行业的信息以及支配性的权能,最大限度提供经济效率上的支持。马克斯·韦伯与威尔逊都认为等级组织的完善与以成本计算的效率是一致的,专业化、职业化程度越高,在单一命令链条里,线性组织越完备,

---

[1] 〔美〕文森特·奥斯特罗姆著《美国公共行政的思想危机》,毛寿龙译,上海三联书店,1999,第66页。
[2] 〔德〕马克斯·韦伯:《经济与社会》(下卷),林荣远译,商务印书馆,1997,第309页。

效率就越高。但所有这一切都是建立在高度专业化和劳动分工协作基础上，也就是古立克所提出的组织同质性原则基础上。① 同质性原则意味着手段必须有助于完成某一特定任务，把两种或多种异质性的职能联系在一起，会混合生产要素，从而阻碍、损害净社会生产并进而牺牲行政的技术效率。也就是说，如果一旦违背组织的同质性原则，那么完善等级组织反而会损害行政效率。然而并不是所有政府活动都可以根据一个单一的组织计划适当地部门化，尤其是在产业内部的分工与组合不断复杂化过程中，更难以实现。在这种情况下如果仍坚持单一部门的等级化指挥，其固有的生产效率肯定会受到冲击，但古立克等人仍旧在组织结构的内部寻找答案。他建议，每项活动能够根据主要的服务目的、运用的程序、接受服务的个人或客户、提供服务的地点进行分类，然后建议每一类都可以用作构造工作单位的基础，并且相互间可以不互相排斥，这样单一权威结构的原则分解成了一种具有多种交叉部门化网络的"组织间相互关联的结构"。在两个或更多部门化为基础的组织里，古立克认为执行人员可以运用程序作为协调目标的手段，这样高效垂直一体化的官僚组织结构便变成"控股公司"的结构，每个部门"被赋予广泛的自由，以其认为适当的方式运作，在母公司核心的总统会只负责防止冲突和竞争之事"②。根据同质性原则建立起的政府机构数量往往多于行政首长所能够协调的机构数量，在等级之外发展其他类型的组织结构，如丛林结构，使政府组织像控股公司一样，便成为解决同质性原则与控制幅度原则之矛盾的选择。我们如果继续沿着古立克的理论往下走，随着社会经济组织的分散化和社会化程度日益提高，传统的以专业化、等级制、同质性为要求的官僚体制将受到挑战，

---

① 〔美〕卢塞·古立克：《组织理论按语》（1937），参见彭和平等编译《国外公共行政理论精选》，中共中央党校出版社，1997。
② 〔美〕路易斯·布朗洛、卢塞·古立克：《总统行政管理委员会的报告》（1937），参见彭和平等编译《国外公共行政理论精选》，中共中央党校出版社，1997。

社会化经济组织与自由契约关系这一社会组织原则将构建一种新的政府治理模式。

　　由于社会经济组织的进一步分化，官僚体制的同质性原则要求与其控制幅度之间的矛盾更加突出，同时在公共物品的提供方面，官僚机构的垄断性设置越来越不适应社会化的组织形式。这种情况迫使权力集中呈等级制的官僚体制趋向权力的分散，并逐步伴随社会经济组织的分散化、社会化程度的提高而进一步向多中心治理体制转变。20世纪60年代初期，以文森特·奥斯特罗姆为代表的政治经济学家没有先入为主地判断大城市地区复杂组织的绩效，而是提出大城市地区管辖单位的多样化可以理解为一种"多中心的政治体制"。认为"多中心"意味着有许多在形式上相互独立的决策中心，它们在竞争性关系中相互重视对方的存在，相互签订各种各样的合约，并从事合作性的活动，或者利用核心机制来解决冲突。在这一意义上，大城市地区各种各样的政治管辖单位可以以连续的、可预见的互动行为模式前后一致地运作，可以说它们是作为一个体制运作的。他们突破了传统意义上政府与市场两种秩序的二元思维，并不预设只有市场和政府两种秩序，他们逐渐认识到在地方公共经济中能够实现比较高水平的绩效，在此大、中、小规模的政府和非政府的企业既相互竞争，又相互合作。曼瑟尔·奥尔森认为："只有存在多层次的政府，以及更多数量的政府，才能避免管辖界限之间以及集体物品界限之间的大量鸿沟。"① 当然在这里，奥尔森意义上的政府与我们理解的政府是有区别的。但这并不妨碍我们对问题的认识，权力的分散化有助于公共物品的提供。而且就事实来说，官僚体制层级与机构的分化并没有出现令人担心的混乱与无序，相反，由多种多样公共经济组织形式形成了秩序化的关系模式。

　　所谓的多中心主义理论必须建立在社会高度分散与均衡的基

---

① 转引自文森特·奥斯特罗姆著《美国公共行政的思想危机》，毛寿龙译，上海三联书店，1999，第76页。

础上才具备合理性，否则便可能导致有资本、有权势的团体利用自身的优势谋取利益最大化，从而导致对弱势群体利益的剥夺。所以多中心主义以及与之相似的公共选择理论遭到了本杰明·巴伯（Benjiamin Barber）、弗雷德里克森等人的批评，巴伯批评这种理论建立在"自由市场、假定的自由和讨价还价的代理人都是公平的神话"[1] 基础上，弗雷德里克森则批评多元主义漠视弱势群体，拥有资源你就可以作出选择，没有资源想做出这种选择门都没有。[2] 的确，多中心主义和公共选择理论如果要追求理论的合理性，就必须接受以上批评，但是如果将其视为传统公共行政治道变革的一种走向或一种趋势，确立在组织社会化基础上的多中心治理方式要比确立在专业化基础上的官僚制行政方式更为公平合理，至少它体现普遍的公共利益追求。在这一点上，多中心理论与弗雷德里克森等人的理论其实并不矛盾。

当社会化组织形式与自由契约关系成为新的社会组织原则之时，社会利益组合的分散化直接推进各种经济或社会组织团体的职能与责任转向公共化，开始较多地承担社会责任。在这一认识基础上，可以说政治领域的控制渠道将变为一个多元化的社会组织群体，政府将更多地通过各种政府组织、非政府组织、公共组织、营利组织、非营利组织以及各种志愿者组织对社会实施监督和控制。弗雷德里克森说，如果把公共行政界定为公共功能，包括实现政府功能的全部手段，那么公共行政的主题就变成了人类组织的模式[3]：组织和群体的价值以及人们是如何体现这些价值观的；志愿组织、非营利组织、企业和政府部门都是如何运作的，政府组织、非政府组织和企业组织是如何相互作用的。人们生活

---

[1] Benbjiamin Barber, *Strong Democracy: Participatory Politics For a New Age*, University of California Press, 1986, p. 144.
[2] 〔美〕乔治·弗雷德里克森：《公共行政的精神》，张成福等译，中国人民大学出版社，2004，第33页。
[3] 〔美〕乔治·弗雷德里克森：《公共行政的精神》，张成福等译，中国人民大学出版社，2004，第4页。

在一个权力分享的世界,这意味着群体组织成为新的政治方法,建立在纵向经济行业体系基础上的官僚体制的效能便不再适应;同样,与官僚体制紧密相连的代议民主制的功能也将发生历史性的变化,民众将更多地直接通过自己身处的社会组织去表达和实现自己的利益,也就是说直接的民主参与将取代政治党派和投票箱的民主制。在一个通过公民自由契约组合形成的分散化的群体组织集合而成的社会中,社会的整合、私人领域、社区生活与公共制度之间呈现出合作主义的形式,并自愿地联合为一,这种私人的自由契约组合与公共利益紧密相连。

如果说"代议制原则使个人丧失了对价值、信仰和行为的最终责任……它以牺牲自我管理和自治为代价"①,那么社会化经济组织与自由契约这一社会组织原则能够使个人责任与公共责任统一起来。"公共的职责和责任意味着它能使公民制定一致同意的社群标准和目标,为了共同的利益,大家一起工作,实现设立的目标……一个人不能躲在一个'私人的'或'企业的'招牌之下,逃避公共责任,也不能躲藏在一个组织、一个政府或者一个企业之中,逃避公共责任。公共责任不是集体的责任,而是我们每一个人的个人责任。"② 日益加强的社会整合和私人领域与公共领域以合作的政治形式自愿地结合在一起,政治治理必然地要从根本上"非中心化"。在这一认识基础上,我们可以对当代公共行政的运作方式和治理方式展开进一步的讨论。

二 政府扩张与契约化运作模式

经济组织的分散化与社会化,使中小企业发展得到突出,并在各个领域、行业、地区的布局与组合上分散化,城乡之间、工农之间的人口分布也随经济组织的分散化和多元化而进行调整,

---

① Benbjiamin Barber: *Strong Democracy: Participatory Politics For a New Age*, University of California Press, 1986, p. 145.
② 〔美〕乔治·弗雷德里克森:《公共行政的精神》,张成福等译,中国人民大学出版社,2004,第46页。

大企业也在行业的结构调整与行业分化中逐步分权化，在社会经济组织形式整体趋向分散化和社会化的过程中，经济权力的集中度也就分散了，这使得行政、权力、财产分配以及相关因素都随之趋向分散化分布，每一个经济组织（无论大还是小，无论是旧还是新）都有其自身的特点和运作方式，都不应当受到权力和决策集中化的影响。如果说政府管制是经济的专业化分工与生俱来的附属物，那么，随着经济产业的高度分散化，经济运作不再以产业组合，而依赖于分散经济组织间自由契约组合时，政府的管制形式将随着传统产业结构的松散而趋向分散。也正是由于社会组织结构的分散化和社会化，公共事务的急剧增加，使得政府服务涉及的范围实现了空前扩张。发达市场经济国家的政府规模一般都在50%左右，美国政府总支出占国民生产总值的比重在33%左右，英国政府在43%左右，德国在48%左右，1994年以后达到50%以上，而瑞典、丹麦等北欧国家在60%以上。具体如表7-1所示。

表7-1 部分经合组织成员国政府总支出占国民生产总值的百分比（1970~1994）[①]

国家	澳大利亚	英国	比利时	加拿大	德国	美国	法国	日本
1970	—	37	42	34	38	31	39	19
1975	31	44	51	38	48	33	43	27
1980	32	43	59	39	48	32	46	32
1985	37	44	62	45	47	33	52	32
1990	35	40	55	46	45	33	50	32
1991	37	41	56	49	48	34	51	31
1992	38	43	56	50	47	35	52	32
1993	34	44	57	50	48	34	55	34
1994	38	43	55	48	49	34	55	35

---

① 数据来源于 Organization for Economic Co-Operation and Development：*Governance in Transition*：*Public Management Reforms in OECD Countries*，1996，p. 20。

尽管自20世纪70年代以后，由于新公共管理的兴起，许多国家的政府规模占GDP的比重稳定下来，但在相应的社会化组织原则规约下，国家行政管理的任务无论在量还是在质的要求上，或者是在其复杂性方面，都已空前扩张，就政府可影响的范围和发挥作用的领域来看，可以说是无所不及。

社会化的组织在自由契约组合中，不断推进职能的社会化与公共化，因为从根本上讲，民众的利益需求存在于自由的契约组合中，公民从各个方面以各种形式参与公共事务的管理，所谓自由契约其显著的特征是建立在公平、对等、自由的基础上，并能够在自由组合中实现利益上的互惠。"在传统的公共行政强调公共机关的内部动态的地方，新型的公共活动则经常涉及与非政府组织之间建立伙伴关系。在传统的公共行政强调权威的等级界限及控制命令机制的地方，新公共行政活动则运用分权化的管理运作以及协商和说服的技术。"① 在社会化组织原则下，社会经济组织的存在均建立在均衡的基础上，个体以自由的身份进行契约组合，同时组织间关系同样也建立在自由契约的互利互惠的交往基础上，所以如弗雷德里克森所言：新理论并不将组织看成是上级和下级构成的层级结构，而是把组织看成是出于自身利益或组织利益进行着平等交易的委托人和代理人之间的关系模式。这种关系模式也就是建立在自由签约基础上的自由契约制关系。②

在公私伙伴关系中，契约代替了层级。从政策到执行的权威链不再存在，代之而起的是契约，契约把政策的制定者和政策的产出分离开来。高层官员不能对契约方下达命令。他们可以威胁、哄骗或说服，但最终他们只能形成契约方能够做出回应的诱因。③

---

① Lester Salamon, *Beyond Privatization*: *The Tools of Government Action*, Washington, D. C.: Urban Institute Press, 1989.
② 〔美〕乔治·弗雷德里克森：《公共行政的精神》，张成福等译，中国人民大学出版社，2004，第8页。
③ 转引自乔治·弗雷德里克森《公共行政的精神》，张成福等译，中国人民大学出版社，2004，第72页。

简·莱恩则准确地将这种公共管理方式界定为契约制，是签约外包制和政府内部契约制的综合。① 尽管公益物品有难以排他的外部效应、不可分割性、共同消费性、难以衡量、不可选择性等特点，但对公共物品的需求来源于社会内在要求，而不是政府的主动承担或分配，不同性质的需求、需求层次的不同都使得公共物品或公共服务在这些性质上不完全相同，不同的公共物品和服务，尽管属于公益物品，但又具有不同的特点和不同的公益纯度。尤其是社会经济组织高度分散化，公共需求的领域和层次更为复杂，这就对公共物品的提供方式提出要求：即公益物品的生产和提供可以是分离的，社会化的经济组织都可以根据自身对公共产品的需求而主动介入公共物品的生产。这就从公共服务的政府安排转向政府、市场和社会相结合的多元复合安排，从而提高公共服务的供给效率，增进社会福利。按照提供者和生产者的差别，公共服务生产者并不一定由政府一家来充当，而可以由各种不同形式的主体来担任。这样，公共服务的提供由政府来负责，而政府不必介入公共生产，政府可以通过与其他公共机构的契约安排，为地方公民提供良好的公共服务。允许公益物品有多个生产者以及可替代的生产者的存在，也就有可能取得近似市场竞争的收益，也就是以半市场的机制来提供良好的公共服务。同时，社会经济组织参与公共物品提供本身也是对自身生存与发展环境的整体改善。对公共服务而言，提供者或者更准确地说是责任的承担者主要是政府，而生产者可以多种多样，包括政府、企业法人、公民团体，甚至个人等。这样，公共经济不一定是一个排他性的政府垄断经济，它也可以是一个混合经济，在其中私人也参与公共服务的提供与生产。而实际上，"从原始材料到制成品的某个阶段

---

① 参见简·莱恩《新公共管理》，赵成根译，青年出版社，2004。在本书中作者详细阐明了一个重要观点，即新公共管理本质上就是契约制，无论是政府内部运作，还是对外运作都是契约制。政府与社会各个部门和领域统一建立在公平的、相互参与、相互竞争的基础上。

上，每种公益物品都天然地具有私人渊源"①。一旦公共物品进行市场的运作，政府可能同时扮演几种不同的角色：提供者、购买者、消费者、仲裁者等，无论公共物品和服务的提供采取何种方式，政府在公共治理过程中将不再直接行动，而依靠它的代理人来为它处理公共事务，这样就产生了委托代理关系，既可以委托给公共部门，也可以委托给私人部门，公共物品的生产既可以在公共部门内部生产也可以向私人部门开放。但有一条是必须的，政府与各部门的委托协议签署一定是建立在平等、自由的契约基础上。

在斯蒂格利茨那里，政府的经济作用被划分为生产与消费两部分，也就是说政府不仅是面对整个社会的公共物品的提供者，而且它本身作为最庞大的公共部门也是巨大的公共物品的需求者和消费者。这即是说政府提供公共物品的方式大致上有两种：一种是承担生产与供给，一种则是以政府采购方式从私人部门进行购买。在这样的认识基础上，政府或者公共部门在本质上与任何一个社会化的组织没有区别：既是公共物品的供应者，同时也是公共物品的需求者，这使得公共部门与普遍社会经济组织能够站在一个统一的基础上进行平等协商、签约。在现代公共治理中，政府或公共部门在很大程度上是作为公共事务的需求方出现的，面对大量的供应者，或在经济中的"赛局参与者"寻求政府的合同，现代政府管制体制要求所有的赛局参与者受到同等对待。相反，如果政府试图通过分权、委托或者采取私有化等办法对社会进行公共物品的提供，同样要平等面对所有赛局参与者，进行合约的签订。这样，"在很大程度上，合同制将取代公法或公共行政在公共部门中作为协调机制的地位"②。在这一意义上公共领域的运作，私法在很大程度上侵占了原来公法的领地。在政府部门、

---

① 〔美〕文森特·奥斯特罗姆等：《公益物品与公共选择》，见迈克尔·麦金尼斯主编《多中心体制与地方公共经济》，毛寿龙等译，上海三联书店，2000，第128页。
② 〔英〕简·莱恩：《新公共管理》，赵成根译，青年出版社，2004，第168页。

一般公共部门、私营部门共同参与社会公共物品的提供，共同为社会的公共利益承担责任之时，公共部门、私人部门、政府部门以及一切的处于高度分散化中的社会经济部门便通过自由契约的组合联系起来。所以说当代公共行政是一个由各种类型的公共组织纵横联结构成的网络，包括政府组织、非政府组织、准政府组织、营利组织、志愿组织。公共组织从各个方面以各种形式参与公共事务的管理。在这一意义上，简·莱恩说新的公共管理绝不仅仅是公共选择理论和私人部门管理理论的混合物，假如新公共管理真的是公共选择理论与传统管理理论的混合物，在其内部就必然存在矛盾。他认为新公共管理是契约制，而不仅仅是签约外包制，它不仅极大地扩展了签约外包的领域，在教育、医疗卫生以及许多基础性行业等新的领域中运用这一手段，而且在国家治理中运用了内部契约这一管理手段。也就是说，新公共管理是一种关于政府如何通过竞争性的契约制，来完善社会的公共服务的操作性理论。①

对于政府领域而言，面对如此庞杂、零乱的经济组织分布，也不可能通过一种统一的产业政策或行政手段来实现其社会整合的目的。"如果要使通过市场经济达到经济协调过程的分权化真正有效，以及在政治和社会上能够持续下去，就必须辅之以所有其他领域的分权化。"② 而传统的每一个超大型企业，每一个垄断组织，每一个有众多成员的协会组织，每一座有上百万人口的城市，尤其是通过国营企业、官僚主义、指令经济和国家预算对国民收入的过度占用而导致的国家权力集中，都是集权化的表现形式。新的形势要求整体意义上的宏观调控经济政策必须趋向分权化，并以经济组织的分散化和社会化为基础作出实质意义上的调整。

---

① 〔英〕简·莱恩：《新公共管理》，赵成根译，青年出版社，2004，第8页。
② Allison, Graham, Public and Private Management : Are They Fundamentally Alike in All Unimportant Respects? in Frederick S. Lane (ed.), *Current Issues in Public Administration*, New York: St. Martin's Press, 1982.

经济组织的社会化与自由契约性的组合机制，使社会的利益结构分散化、均衡化，公共利益得到最大限度的体现，经济、政治、社会不同领域形成更为广阔的联系，并日益成为一个整体，每个人、每个组织都可能是消费者、生产者、股民、租借者、纳税人、养老金或抚恤金领取者，以及医疗保险、环境保护的多重角色参与者，社会的利益组合更为普遍化和公共化。社会化组织与自由契约关系所构成的社会组织原则，决定了这一时期的政府权力扩张不再是基于经济增长与效率最大化，而是以促进经济的协调发展和生活质量的提高为目的，社会利益组合的分散化直接推进了政府与各种经济或社会组织团体的职能与责任转向公共化，开始更多地承担社会责任。正因为如此，新的治理方式使政府前所未有地卷入社会经济的管理决策制定中，干预的数量与范围极大增加，公职人员的扩充，财政支出的大幅度增长，以及新增设机构与扩充机构的增长，都是某种意义上的公共政策的扩大化。在这一认识基础上，我们可以说政治领域的控制渠道将变为一个多元化的社会组织群体，政府将更多地通过各种政府组织、非政府组织、公共组织、营利组织、非营利组织以及各种志愿者组织对社会实施监督和控制，从而使公共行政介入人们的日常生活。玛丽·弗里特于1918年提出一个在今天看来仍具说服力和深远意义的政治学概念，即"群体组织就是新的政治方法"[①]。

第三节 公共责任与市场经济的演化

由传统官僚制行政迈向当代公共行政的过程，同样也是市场经济不断完善的过程。在这一过程中，市场经济一方面开拓公共领域这一边疆地带，同时也使公共利益和公共责任通过市场经济的循环实现合理分配和分摊，市场经济的责任和使命从而发生重

---

① 参见〔美〕O.C.麦克斯怀特《公共行政的合法性》，吴琼译，中国人民大学出版社，2004，第143页。

大转变。在公共领域纳入市场经济循环之后，市场经济秩序关注的重点不可能再仅仅是个体的权利、自由，以及经济上的资源效率、有效配置和经济总量增长等外在的人为标准。市场经济秩序逐渐是一种国民经济秩序，一种整体意义上的国民经济秩序很大程度上是一种稳定的社会生存状态，其关注的核心是社会整体的公平与均衡，目的也在于使社会各阶层、各群体、各领域通过权力、权利的博弈，把社会责任和社会成本合理分摊到每一个责任群体身上，促进社会均衡发展，以防止阿马蒂亚·森所说的"魔鬼往往袭击落在最后面的人"，从而造成结构性的社会失衡和冲突。这意味着市场经济在关注经济最大化的同时开始关注竞争秩序的公平合理。后组织化资本主义社会的市场经济运作方式便由自由竞争市场经济走向秩序化的竞争市场经济。[1] 成熟的市场经济相对于特定时期的专制政权未必能够呈现出效率方面的优势，但它解决了社会公平、均衡与效率问题，将社会责任和成本合理分摊到每一个应该承担的群体身上，推进公民责任的落实，使经济组织的发展和营利根植于产业发展和大众认同之中，从而使社会作为一个整体呈现出均衡有序并面对未来开放。

一　完备性市场的追求：公共责任纳入市场循环

古典自由主义的自由市场观，存在一种乌托邦式的理想追求，这种理想是建立在社会的分散、均衡以及信息的透明和人的自由基础上。自由市场通过粉碎原有的种族、等级和信仰的区别和取消地理壁垒，使社会在市场的流通中呈现透明性和流通性。在斯密的市场观念中，劳动的自由分工组合，也就是自由契约在市场经济中占据主导地位，经济组织自身的运作是高度依附于市场经济的运作的。正是自由市场契约与经济组织的相互统一，使市场经济不只是一种经济增长机制，而且成为一种社会整合机制。但

---

[1] 作为市场经济过程的产物——市场经济的制度法规本质上也是一种政治博弈和政治选择结果，其目的往往不在于效率，而在于社会的公平与均衡。

随后的工业资本主义使经济组织自身得到突飞猛进的发展，在多元化经济组织形式与资本流通关系原则规约下，经济组织对利益最大化的追求使其自身最终凌驾于自由市场之上。经济组织与自由市场的分离，导致整个市场经济呈现经济组织利益最大化与社会基础层面的自由、均衡要求相矛盾。从古典自由主义那里我们能够明白一个道理，一个真正成熟的市场经济必须是将经济组织与自由市场融合为一体的经济制度形式，它必须能够使人们随心所欲地进行货物及服务的交易，不仅能保证自由，而且能保证同等重要的平等，因为在自由市场中，每一个人都被赋予了平等交易、参与市场安排的权利。如果说斯密时代的自由关注的重点在于公平与均衡基础上的市场机制的效率，那么，后组织化资本主义社会，关注的就不仅仅是效率，而是如何才能实践古典经济学家视野下的市场机制。这就需要从组织化资本主义下经济权力间的自由竞争引发的社会问题来考虑。

　　上文已经对经济学理论的演进有过说明，不同的理论折射出它所处的社会基本组织形式，这一点在熊彼特的《经济分析史》中得到了更好的体现。上文已阐述的从新古典主义到凯恩斯主义的发展，也正是试图对不同时期所出现的问题而导致的对古典经济学进行必要的调整和补充进行社会学层面的解读。其实古典经济学的诞生，已为整个现代政治学、经济学的发展定下了基调，它所构建起的市场机制和社会整合机制，是任何后来者都必须遵守的，而且所有后来者都在试图从外围世界不断逼近古典经济学所树立起的理想市场观理念。从凯恩斯的宏观控制理论，以及之后所形成的新古典综合学派主张的财政政策与货币政策的同时使用，到弗里德曼为代表的货币主义，再到理性预期主义学派对市场完全信息的期望，都是要努力解决现代市场经济运作过程中外在性影响因素，如市场机制配置资源，导引商品、资本、劳务、人力流动，主张国家加强必要的公共事业的提供、公共工程的投资、公共问题的解决以及社会系统的保障等。经济学发展到今天没有哪个学派相信存在完备性市场，从萨缪尔森到斯蒂格利茨，

"混合经济学"得到了普遍认同,要求利用国家机制与私人机制共同解决外部性、公共物品提供以及垄断(信息不对称)等问题,共同实施对经济的控制。所有这一切都是努力试图使经济运行"回到亚当·斯密去","回到萨伊去"。也就是说,所有的理论都试图通过政府或公共部门提供一系列外部条件,从而推动市场经济过程的完善,无论是斯蒂格利茨的"非分散化基本定理",还是德国社会市场经济政策的制定都是以市场经济的运作规律为前提,政府在政策上努力使市场过程完备。但是后组织化资本主义社会的发展趋势,使经济秩序将建立在社会化组织形式与自由契约关系这一原则基础上,在这一基础上我们认为像公共物品的提供、公共投资、外部性以及垄断性等因素与其说是市场运作必须解决的外部条件,不如说是市场经济本身内在的要素,它们本身就是市场经济得以存在和运作的有机组成部分。

  关于市场竞争理论,哈耶克认为现代竞争理论所关注的那种竞争均衡状态中,不同个人的基础被假设是彼此充分调适的,但真正需要解释的问题却是这所有的基础彼此调适之过程的性质。也就是说人们普遍关注的是充分竞争条件的外在提供,而没有去探究这些条件的本质意义。人们可以从斯密市场观念中抽象出市场经济充分的条件,并以这些条件为前提去论证市场如何才能自由运作,但这一出发点在哈耶克看来出现了问题:均衡竞争理论的出发点从一开始就通过它的假设把唯有竞争过程才能完成的主要任务给切割掉了。[①] 将本属于市场竞争内在过程中的东西抽象出来作为外在的前提,是理论上的倒置。按照这一推理,我们会发现,如果竞争条件是完备的,那么自由市场的竞争也将停止。哈耶克的阐释给我们的启示是,不能将市场经济追求的完备性竞争目标作为外在的或者是前提性条件,它们应该也应当存在于市场经济运作过程的内部。也就是说,市场经济的完善不是依靠外

---

① 〔英〕冯·哈耶克:《个人主义与经济秩序》,邓正来译,生活·读书·新知三联书店,2003,第142页。

在条件的充分提供,毋宁说这些充分和完备性条件是市场经济本身努力追求的目标,或者说市场过程本身就是为实现这些充分性、完备性竞争的过程。在此意义上我们可以说,完备性市场经济的形成不能依靠外部提供充分的条件,而在于如何将市场经济过程必然的要素如制度、公共物品等本属于政治领域的东西内在于经济过程。

将制度和公共物品归于经济过程的内在要素,一方面是因为这些要素是经济过程本身不可缺少的,另一方面是这些条件或物品的形成、提供已不再限于政府从外部供给,社会经济组织能够也愿意去承担这些责任。根据上述分析,社会化组织形式与自由契约关系原则下的市场有条件和能力去承担这一责任。在社会经济组织分散化、社会化、契约化的过程中,无论是个体还是集体都将作为市场经济运作的参与主体,在市场运作中围绕完备性市场经济的实现而不断努力。这种努力往往不是外部的,而是市场主体间的相互要求和相互监督,因为越靠近完备性市场的目标,市场主体间就越可能实现最大程度的互惠互利,这符合自由契约精神。这就是说,构成市场经济正常运作的各种要素,包括市场经济运作的基础性物品、影响市场长期运作的外部性问题以及公共物品的提供和垄断问题的解决等都要纳入市场运作中,由市场内在力量提供和解决。

二 公共物品的市场化供应

通常讲,由于公共物品在所有权上的非排他性、消费上的非竞争性,人们认为公共物品不能按市场机制的方式来配置。也就是说适用于私人物品的市场定价和资源配置原理,未必适用于公共物品,因此公共物品一般只能依靠政府财政的方式来配置,或者在政府干预下来配置。公共物品是市场运作中不可缺少的基础性物质,公共物品提供不足必然导致经济运作陷入困境,并呈现积累的中断。所以说公共物品是市场经济内在的要素,不论它是什么性质,是由谁提供的,都将是市场经济理论分析的主要对象之一。这也是我们一直强调公共物品本质上是市场经济内在的必需品,而非是政府外在的提供品的关键原因。公共物品与市场经济的内在统一性表现在,它与市场经济的发展水平以及发展能力是高度相关的。一定的市场经济规模和市场发展水平对公共物品的需求应当有一个合适的比例,过多就是浪费并能造成不必要的经济运行负担,过少就会妨碍整体的经济效率与发展。在这一意义上,公共物品的提供不能仅仅与市场的宏观调控联系,更应当与市场经济的微观运行结合起来。在这一认识上,高度社会化的组织需求中,公共物品的提供由传统的政府宏观供应转向由各市场主体分散提供。也就是说,在社会化组织形式与自由契约关系的社会组织原则下,依靠政府公共投资进行宏观调控的功能受阻,公共物品的投资与提供都将纳入微观层面的市场运作解决。这种从宏观到微观的转变也正是从政府向市场的转变。这种转变从根本上不是对先前政府提供的否定,相反,它向我们显示的是公共物品的提供向来都是植根于社会内在需求的一部分。至于社会组织对提供公共物品的积极性与可能性,在上文关于市场运作范围扩大的论述中已进行了充分说明。当社会化组织形式与自由契约关系成为社会经济运作的指导性原则时,公共利益成为社会经济组织相互协调、利益共存的基础,经济组织的生产、需求、提供都是在社会内部进行,经济组织的分散化与社会化使其开始与整个社会的共处达到一种基本协定,即社会合约。它的各种行为都将反映经济组织与社会之间的各种关系。所以公共利益和公共责任逐渐成为市场经济自身内在运作的需求。公共产品所体现的公共利益需求成为整个经济领域协调发展所必需的,也是任何一个经济组织或社会团体获取长久利益所必需的,公共目标与私人目标存在一种利益和需求上的一致。

"如果一个商人在当地非正式的集市上能够采购到公用的基本设备来建造公用的通道,能够对当地社团中的人和物提供安全保障,配置有效的卫生设施、火力、洁净的水源等等；同时将他或她的工作机会向更大规模的经济领域扩展，那么他或她就具有了更新原有经济和政治发展模式的能力。在这种情况下，每一个人就会懂得如何为他或她自己的利益服务，同时为那些与之相互依存关系的人着想。这种相互依存关系在人类社会中是不断发展的。"①

在这一意义上，公共产品由国家还是由社会公共部门，或者由私营部门提供便不再重要，重要的是它必须达到社会经济发展的要求，与社会经济秩序发展的需求相适应。同时公共物品能否得到市场定价也不再重要，重要的是经济组织与社会大众之间、与其他经济组织之间通过公共物品的提供或公共责任的承担能够达成经济利益上的互惠协定。"这意味着个人的选择不能局限于市场价格，应扩展到更加广阔的计算范围，扩展到各种体制安排中，包括市场和非市场关系体制，赖以作出选择的可行条件。"②需要说明的是，对公共责任的承担，并不是市场经济对公共领域的简单开拓或市场经济范围的扩大，毋宁说是在社会化组织形式与自由契约关系原则下，市场经济能够将本该属于它的责任承担起来。对于那些属于政府"天职"的公共服务，政府成为一个安排者，而不是具体提供和生产者。它通过合同承包、补助、凭单、政府出售、特许经营、志愿服务等形式将公共服务转交由私营部门或社会公共部门来承担。

三 外部性问题内部化

市场机制和市场均衡理论所考察的是人们相互间通过供求和价格而进行的交往。而那些不能通过价格影响市场供求关系，并直接影响他人的经济环境或经济利益的行为便成为市场经济自身

---

① 〔美〕迈克尔·麦金尼斯主编《多中心治道与发展》，王文章等译，上海三联书店，2000年，第66页。
② 〔美〕文森特·奥斯特罗姆等：《制度分析与发展的反思——问题与抉择》，王诚等译，商务印书馆，1992，第308页。

无法解决的外部性问题。对这一问题的解决，人们当然可追溯到庇古的福利经济学。但在这里我们更愿意从近处的斯蒂格利茨与科斯的争论谈起，因为这两者的分析更符合后组织化资本主义社会的实际。对这一问题，斯蒂格利茨反对科斯提出的"自愿联合"或"协商解决"的主张，认为这是不可能实现的，因为诸如大气污染等外部性问题涉及一系列产权明晰的难题，更重要的是这种"私下解决"的办法克服不了"搭便车"问题，如此高昂的交易费用将会导致无效率。与其自愿联合、协商解决（如市场内部的方法）或建立一个组织（企业或其他降低成本的组织）专门负责这个"市场问题"，就不如简化地把政府看成为此目标而设立的一个集体性组织，这样更能节省交易费用。为此他提出了一个"非分散化基本定理"①，这个定理与科斯定理的主张恰恰相反，认为市场要依靠政府的调控，因为调控比罚款更好。与其相对的是科斯的理论，他认为很显然政府有能力以低于私人组织的成本进行某些活动，但政府的行政机制也是需要成本的，有的时候可能还要大得惊人，他认为没有理由认为屈从于政府压力、且不受任何竞争机制制约的、易犯错误的行政机构制定的限制性的和区域性的管制，这必将提高经济制度的运行成本。而且，这种将行政手段作为一般性的管制方法，会在一些显然不适合的情况中实施。所以他认为直接的政府管制并不必然带来比由市场和企业来解决问题更好的结果。科斯定理的含义就是在产权成本为零或很低的前提下，通过市场交易可以消除外部性。作为制度经济学家，科斯是以成本来衡量制度的优越性的，它并没有否定政府在处理外部性问题上的作用，因为如烟尘污染这类问题，由于涉及许多人，因而通过市场和企业解决问题的成本可能很高。在政府、市场、企业之间，科斯认为要耐心研究，从社会成本角度进

---

① 〔美〕斯蒂格利茨等：《政府为什么干预经济》，赫特杰等译，中国物资出版社，1998，第68页。

行对比分析，看哪一种办法是最有效的。①

尽管斯蒂格利茨与科斯在理论上存在很大争执，但有一点是相同的，即他们在政府、市场功能分配上的看法一致，政府具有面对市场的强制性与权力性，而市场则通过价格机制进行缔约。科斯进一步沿用了其在"企业的性质"中关于企业代替市场的成本分析方法，认为在市场缔约过程复杂成本太高的情况下组建企业是可以降低成本的。而将政府、市场、企业三者都作为解决外部性问题的选择对象，谁为主、谁为次，由谁进行选择、衡量的标准由谁来定都成了问题，如果说外部性问题本身是一个市场经济自身无法也不愿意解决的问题，而政府的作用可能造成科斯所说的其他社会问题，那么这三者之间又有谁愿意主动承担呢？这种理论的困境使我们不得不对政府、市场、企业三者关系作进一步的探讨。

文森特·奥斯特罗姆指出：那种将经济关系看作市场秩序，而将政府组织或其他形式的组织看作非市场秩序这种理解是有问题的。因为市场条件下并不能提供市场体制的某些至关重要的元素，如我们刚刚谈及的公共物品的提供。所以两者之间没有明确的边界划分。埃莉诺·奥斯特罗姆指出："一个竞争性的市场——作为私有制度的象征，它本身是一种公益物品……没有公共制度作为支持市场的基础，任何市场都不能长期存在下去。在现实场景中，公共的和私有的制度经常是相互啮合和相互依存的，而不是存在于相互隔离的世界里。"② "市场安排取决于政府安排，而与后者有关的是产权、协议关系等非市场性东西；更确切地说，在人们看来，它们代表了确定人际关系的方式，从而产生了公认的交换关系。市场体系并不是存在于人类社会其他体系之外的绝无仅有的社会秩序；它取决于社会基础，而后者又取决于非市场

---

① 〔美〕罗纳德·科斯：《社会成本》，参见盛洪主编《现代制度经济学》，北京大学出版社，2003。

② 〔美〕埃莉诺·奥斯特罗姆：《公共事物的治理之道》，余逊达等译，上海三联书店，2000，第31页。

性的决策机制。"也就是说市场机制与大众的社会生活与公共领域以及政治领域都是紧密联系在一起的。而在后组织化资本主义社会的发展趋势中，这种关联更加趋向紧密。当社会化组织形式与自由契约关系原则能够普遍地存在于每一社会组织，那么政府权力可能延伸至家庭、家族、志愿者组织、非营利组织甚至企业中，"除了考虑政府与市场以外，我们必须考虑建立基本的体制结构，这种结构应使人民找到建设性地建立相互关系并在他们的日常生活中解决问题的各种方法，但这种结构还可延伸到更大的社会团体和有关的结构"①。当政府的权力分散到各种社会经济组织中，并可能通过它们行使自身的约束力时，当政府与各种社会组织的相互关系建立在人们公共生活中时，政府就必须成为一个普通意义上的自由契约参与者和竞争者。因为政府本身就是公共物品的需求者，它进行采购必须公平面对所有不同类型、有资格参与的经济组织，并从中进行选择，达成市场契约；同时政府也是一个公共物品和公共服务的提供者，这种公共物品和服务的提供不是盲目的，而是必须参与到整个市场经济的运作中，提供从种类、数量、质量等各方面与市场需求相符的产品与服务；此外在社会化组织形式与自由契约关系原则下，政府必须与各种经济组织、民间组织、中介机构以及志愿者组织等进行平等协作，进行公共物品提供的委托经营与责任划分。这些都使得政府成为市场经济运作中的自由契约承担者。在这一意义上我们可以说民众与政府的关系已开始从霍布斯、雅克·卢梭等的社会契约关系走向市场契约关系。

当政府与各种社会经济组织在市场交往中趋向平等协作时，企业的构成方式以及企业联盟的形式也在逐步使企业的边界不断向社会的不同方向延伸，企业与社会的边界也变得模糊起来。企

---

① 〔美〕文森特·奥斯特罗姆：《机会、差异及复杂性》，参见文森特·奥斯特罗姆等著《制度分析与发展的反思——问题与抉择》，王诚等译，商务印书馆，1992，第297页。

业与雇员、企业与企业、企业与社会、企业与政府相互间的关系全部建立在自由契约、自愿组合的基础上时，社会外部性问题，不再是依靠一个单一的力量来完成，而是在自由市场与自由契约关系中，由政府、社会、企业多方共同参与完成，因为它们之间能够平等地站在一起，也有必要站在一起对外部性问题进行协商。

　　曼瑟尔·奥尔森提出了一个集体行动的难题：除非一个群体中人数相当少，或者除非存在着强制或其他某种特别手段促使个人为他们的共同利益行动，否则理性的、寻找自身利益的个人将不会为实现他们共同的群体利益而采取行动。① 奥尔森的这一观点被埃莉诺·奥斯特罗姆用来描述人们对公共池塘总的认识，即人们如何能够把自己组织起来，进行自主治理，从而能够在所有人面对搭便车、规避责任或其他机会主义行为诱惑的情况下，取得持久的共同利益。埃莉诺·奥斯特罗姆在《公共事务的治理之道》一书中继续遵循了我们刚才谈到的观点，即公共制度与私有制是相互啮合的，企业与政府也不是截然分隔的，这与本文的观点也基本吻合。也正是在这一基础上，她基本上排斥了传统的企业理论和国家理论，因为这两种理论分别站在两个极端，沿着共同的路径进行其治理之道，即都是由外部代理人解决的，但一个社群中的民众如何将自己组织起来解决制度供给、承诺和监督问题，仍是一个理论上的难题。奥斯特罗姆的理论创新之处就在于她将这种通常意义上的外部代理内部化，从社会经济的发展趋势中将整个体制看成是互动的公共机构构成的体制，看成一个内在过程，而不是由一种外在力量（如一个人）控制的单一的体制，把公共当局看作是一个多元的体制，它可能是国家的也可能是公共组织的，它们是自发创造的秩序，它们必须与其他公共控制机制在同一层次或者不同层次上综合在一起。政府的公共机构与企业或其他组织机构一样是竞争者，也是合作者。"一旦存在一个

---

① 〔美〕曼瑟尔·奥尔森：《集体行动的逻辑》，陈郁等译，上海三联书店、上海人民出版社，1995，第2页。

更大范围的共容利益，指引共容利益使用强制性权力的第二只看不见的手就会以与所有人利益相一致的方式工作。在这种情况下，第二只看不见的手，就如在完全市场下的第一只看不见的手一样，都会在帕累托有效的基础上起作用……"① 而所有这一切，我们认为如同外部性一样，问题的解决皆缘于社会化经济组织与自由契约关系的原则，各种社会经济组织能够平等地站在一起，也有必要站在一起对公共池塘问题进行协商。正是在这一基础上，奥斯特罗姆运用博弈理论探索了在理论上可能的政府与市场之外的自主治理公共池塘资源的可能性，她提出了"自筹资金的合约实施博弈"，认为没有彻底的私化，没有完全的政府权力控制，公共池塘资源使用者也可以通过自筹资金来制定并实施有效使用公共池塘的合约。②

四 垄断问题的弱化

一直以来，人们都认为企业规模及市场占有率是判断垄断力的可靠指标，衡量一个企业的垄断力通常是依据一个行业中一个或几个大企业的营业收入和资产比重。市场权力过分集中会使企业管理者拥有决定市场价格和歧视性定价的权力，从而可以通过利用自由市场经济谋取暴利。但是，后组织化资本主义社会的发展趋势开始使人们不断调整这一认识。当企业结构不断分散化、跨行业化以及新的产品开发不断挑战原有的企业治理结构，使企业的整体发展越来越趋向社会化，结构也趋向扁平化，企业或公司的组织也趋于分散化、社会化。企业内部组织结构开始呈现松散的联合体形式，并开始受制于来自社会各方的力量，如社区、环境、消费、工会、各种非政府组织、志愿者组织以及政府组织的约束，没有人能从中掌握无限权力，所有企业以及管理者都必

---

① 〔美〕曼瑟尔·奥尔森：《权力与繁荣》，苏长和等译，上海世纪出版集团，2005，第16页。
② 参见〔美〕埃莉诺·奥斯特罗姆《公共事物的治理之道》，余逊达等译，上海三联书店，2000。

须对公众的信任承担公共责任，这样企业的存在就必须与社会的发展形成互惠性的合约机制。也就是说经济组织的发展必须根植于社会之中，使其接受社会大众的监管。只要企业的发展能够为社会大众带来利益，与社会呈现互惠性的合约机制，那么这一企业的存在就有其充分的合理性，而不论它的规模大小。在自由契约真正发挥作用的情势下，大公司的发展并不一定会带来价格上的垄断，相反大公司的发展同样也可以提高效率、降低成本，从而可以降低价格，使消费者受益。这种情况的转变使得反垄断的政策发生了巨大变化。针对拆分微软、英特尔等信息产业巨头的反垄断诉讼，许多经济学家提出质疑，1999年，240位经济学家联名给美国总统写公开信，指出："反垄断法本来是用来对付垄断者'高价格、低质量'的行为的，但现在情况恰恰相反，消费者前所未有地享受不断降低的价格以及不断提高的质量。一些竞争对手的日子越来越难过，便转而向政府寻求行政帮助。最近政府的几宗针对微软、英特尔、Visa与万事达的反垄断诉讼，始作俑者不是消费者，而是被告企业的竞争对手。这个现象令人忧虑。自由竞争才是信息产业健康发展的根本动力。我们呼吁当局撤销那些证据不足的反垄断起诉。"[①] 今天，美国对托拉斯垄断经济组织逐渐采取了更为放任的法律原则，只要这种垄断行为是不排斥竞争的，是无害于社会公益的，是有益于规模经济的，便不再纳入反垄断的范围：

  按照我们的看法，更愿意这样讲，是联邦政府的反托拉斯机构及最高法院摸准了经济的实际脉搏。这样不是说，在19世纪后期及20世纪早期，反托拉斯政策针对企业集中是错误。确实，在那个时候，所有大企业实际上都是生产单一产品的公司。当他们把经济权力集中到自己手中时，他们就

[①] 薛兆丰：《反垄断不要学美国的反垄断法》，参见2000年5月12日《南方周末》财经版。

很容易以垄断的方式来使用这一权力。要让竞争者进入企业活动领域同他们去竞争就不容易了。今天，实际上，没有哪一家大企业只生产一种产品。他们都是跨行业的，生产多种不同产品。大企业各部门之间不仅仅在美国展开激烈竞争，在全球也是如此。此外，新技术的不断出现、新技术应用的速度以及可利用的资金、熟练的管理者和全球有力竞争者等等，在这种情况下，没有哪一个行业或企业可以避免竞争。①

同样，德姆塞茨也就此问题提出相同的观点，当消费者成为政策价值判断的标准时，对于反托拉斯政策，关键看是否对消费者有利。在这一认识基础上，他认为可以允许降价和一系列的纵向定价与市场营销活动，允许纵向的、混合的或其他非横向的合并，但不允许寻求和实行固定价格以及市场分割协议。如果为了使某一产业变得非常分散，应该阻止横向合并，但允许有效率的属于防护性的这类合并。当对某种重要的资源存在强有力的占支配地位的所有权时（在产品市场上并不占支配地位），应当重构产业，而且有充分的理由发现，这样做的成本很小。通过以上的认识可以看出，今天的反垄断政策已较 20 世纪早些时候发生了巨大变化，反垄断不再关注其规模和价格，在社会化的经济组织相互制约监督下，只要经济组织能够承担社会责任，有利于消费者，那么经济组织的规模再大也不足以形成垄断性的经济权力。国家对反垄断政策放宽，更主要的原因还在于国家知道经济组织自身的存在形式和结构形式发生了变化，传统的纵向一体结构日益失去其控制功能，经济组织间的相互制约关系比历史上任何时候都更为紧密。

传统的企业管理体制严格遵循科层结构，这种结构以权威性的层级确立起对企业的控制与整合机制。这种体制高度集权并遵

---

① 〔美〕乔治·斯蒂纳等：《企业、政府与社会》，张志强等译，华夏出版社，2002，第 356 页。

循层级制原则，通过规则发号施令，具有专业化、职业化、技术化特点。令人称奇的是追求企业效率的管理学家泰勒、追求降低社会成本的制度经济学家科斯的结论都与韦伯的科层制理论高度吻合。这说明科层制结构的确具有效率功能和低成本优势。科斯在纵向一体化和横向一体化企业的研究中得出他关于"企业的性质"的结论。他赋予企业以交易场所的特征，在这个交易场所中，市场制度被阻抑，资源的配置是由权威和命令来实现的，也就是说企业是由权力来实现控制的。科斯的这一理论从根本上将企业与市场作为两种不同的经济组织制度分离开来，"企业就是通过使个人生产活动外部于或独立于他从生产中获得的货币收入，而将外部效果内部化的。"（麦克马纳）以此来看，科层制结构享有生产费用（与规模经济相联系）和交易费用方面的双重优势。企业的这种优势使它迅速发展，并凌驾于自由市场之上，从而形成了上文所阐明的企业组织与自由契约市场两种制度形式的内在矛盾。但科斯并不认为这之间存在矛盾，他认为两者只有效率高低之分，市场无法做到的就应该交给企业来做。

从组织理论上看，科层制的效率只存在于同质性结构中，即纵向一体化组合中。威廉姆森与阿尔奇安等人认为，当资产专用性变得更加强时，也就存在着一种相应的准租金，它可能削弱纵向一体化的管理方式。施蒂格勒认为如果我们观察产业的整个生命周期，必然能发现占主导地位的趋势是垂直非一体化，因为年轻的产业对现存的经济系统来说是"陌生人"。[①] 它们需要新种类或新品质的原材料，所以只能自己制造，它们必须自己解决其产品中的技术问题而不能等待潜在使用者来解决，它们必须劝诱顾客放弃其他商品，而不可能找到专业化的商业机构来承担这一任务，必须自己设计、制造研究专业化设备，自己培训工人，而当该产业具有一定规模且前景看好时，上述的工作的数量便多到足

---

① 〔美〕G.J. 斯蒂格勒：《产业组织与政府管制》，潘振民译，上海人民出版社、上海三联书店出版社，1999，第30页。

以移交给专业化厂商去完成。这一过程本身就是企业在产业内逐渐分散化的过程。在这一趋势下，企业的科层制管理就要面对异质的组织结构，其运作的效率便会受到很大影响，这一点在古立克的组织理论中已有充分论述，上文也对此进行了必要的阐述。在科技不断发展，产业不断分化，新兴产业不断兴起时，每一个人在自我管理的社会中就是一个有知识的成员，在这个社会中机会本身就是多元化和复杂化的技能。面对人们的潜在相互依赖程度不断增加，每一个人、每一个企业家，以及每一个企业寻找新的机会的可能就在增加。这样企业家便试图与各种参与者就一系列规定如何以合作的、而非独立的方式行动的合约进行协商。每一个参与者自愿选择是否加入企业，参与者于是成为企业的代理人，而不再仅仅是一种出卖自身所有品的雇佣工，即企业与员工本质上成为平等的。张五常在其"企业的契约性质"一文中通过考查"计件工资契约"论述了企业的存在形式不断向社会层面延伸，而且企业的内部组织的组合也开始呈现契约关系。阿尔奇安与伍德沃德甚至惊呼"企业死了，企业万岁"，进一步阐明了企业通过契约化关系与社会边界日趋模糊。这些在上文都有阐述，这里重复强调的意义在于说明，企业由科层转向契约化组合，从根本上改变了先前的企业组织与自由市场两种组织形式的矛盾与冲突，自由契约作为自由市场与企业制度共同的基础性存在依托，使两者统一起来，从而使市场经济走向均衡。

第四节　市场经济与秩序化的竞争

从经济学的角度来看，公共物品与私人物品属于完全不同的概念范畴。消费中的非竞争性和技术上的非排他性是公共物品的两个最基本特征。一方面，"每个人对该产品的消费不会造成其他人消费的减少"（萨缪尔逊），另一方面，"公共物品一旦被生产出来，生产者就无法决定谁来得到它"（大卫·弗里德曼），原因在于生产者在技术上无法排斥那些不付费而享用该物品的人，或者排斥的成本高到使排他成为不经济。在理论上，公共物品与私人物品的区别是绝对的，需要区分的是政府供应与政府生产的不同含义。从社会再生产的过程来看，公共物品与私人物品在生产环节上有共性，主要区别存在于分配与消费环节。政府生产的物品不一定是公共物品，如城市邮政的收费方式同私人物品的收费方式是相同的；而政府供应的物品一定是公共物品，如城市自来水的供应。但在现实中，公共物品与私人物品的区别却是相对的。一方面，私人物品的生产不一定只依靠市场机制来完成；另一方面，公共物品不是只有外部经济的产品，个人对公共物品的消费取决于该公共物品向社会提供的总量。随着城市经济系统的不断扩张，个人对公共物品的消费有增加的趋势，而政府对公共物品提供的效率却越来越低，因此，一部分公共物品采用私人物品的经营方式是一种必然的趋势。理论上的纯公共物品是狭义的公共物品，广义的公共物品既包括纯公共物品，也包括介于公共物品与私人物品之间的"准公共物品"。在现实中，更大量存在的是在"纯公共物品"与"纯私人物品"之间存在着的"准公共物品"，如基础设施、部分教育产品、部分医疗产品等。可见，公共物品的明确界定只是理论上的规范，在现实中，公共物品与私人物品的性质和边界具有不确定性和模糊性，二者之间并没有十分严格的界分。事实上，所有公共物品的"公共"程度都是相对可变的，从而决定了公共物品是一个空间的、历史的范畴。不可争辩的事实是，公共领域作为传统的政府责任领域和市场经济的边疆地带，在后组织化资本主义社会其不断受到市场经济的侵犯，市场经济的范围不断扩大。甚至像警察与国防这种在传统意义上的纯公共物品也部分地走向市场化提供。

　　传统自由放任市场经济的失败，在很大程度可以归为公共产品的提供和公共问题的解决无法在自由市场中进行，私人产品过分追求经济与效率的最大化，造成公共物品供给不足，进而导致整个再生产过程和积累过程发生中断。所以一个完善的经济过程和社会化再生产过程的实现是无法将公共物品的提供和公共问题的解决排除在市场过程之外的。如果说新制度经济学阐明了作为传统意义上政治领域规则——制度是内在于经济过程的，那么这里我们将把这一理论认识予以延伸，试图阐明公共物品的提供同样也是经济过程的内在因素，而不是经济过程固定不变的外在条件。

一 公共物品是经济过程的内在因素

卡尔·博兰尼指出：交易是"手"与"手"之间的一种配置的变动；处置则是"手"的单方面活动，借助习俗或法律手段的认可获得明确的配置效果，这里的"手"指的是公共团体和机构，也指私人或私营公司，也就是说无论是处置还是配置，公共机构与私人经济组织并没有本质上的区别，它们的区别仅在于内部组织的不同。但现实并不一定是这样的，博兰尼进一步指出，值得注意的是，在19世纪，与交易有联系的"手"一般是私人的"手"，而公共的"手"通常与处置有关。[①] 但是19世纪公共与私人之间的这种差别在20世纪的后半叶开始逐渐消除，博兰尼对公共与私人无差别的认识在现实的发展中成为一种趋势。

今天人们会清楚地看到经济危机的发生通常导源于两方面的原因，一是市场竞争的失衡，二是需求或供给的中断。这两点我们已做出很多论述，需要进一步说明的是市场的需求或供给中断不仅发生在私人领域，而且还存在于公共领域，即公共物品的供给中断将直接导致整个经济循环运作的失灵以及资本积累的中断。因为公共物品作为一种社会产品，作为市场经济中各个经济组织必须赖以存在的必需品，它本身即是市场经济运作的关键要素，也是市场经济内在的一个组成部分，不论它是通过什么手段、什么途径得到解决。随着大量政府组织、非政府组织、非营利组织以及志愿者组织的产生并成为公共物品的提供者，20世纪60年

[①] 卡尔·博兰尼：《经济：制度化的过程》，参见许宝强、渠敬东主编《反市场的资本主义》，中央编译出版社，2001，第39页。

代，在美欧等地的学者提出了一种"第三部门模型"，他们认为私有经济的生产是以市场为取向的，而公共部门的生产因为其提供产品的非排他性属于非市场性，这些部门或经济组织要么由国家直接控制，要么则是靠政府订单的公共经济组织或私人经济组织。奥斯特罗姆夫妇提出了"公共经济"概念，公共经济被广泛认为是相对市场经济的另一种经济形式，是存在于政府与市场之间的另一只"看不见的手"，如果说市场经济解决的是私人物品问题，那么公共经济解决的主要是公益物品的提供问题，它需要求助于集体行动以应付不合作问题。埃利诺·奥斯特罗姆以此提出了自主治理与治理的集体行动理论，其中心问题是一群互相依存的人们如何把自己组织起来，进行自主性治理，并通过自主性努力以克服搭便车、回避责任或机会主义诱惑，以取得共同体持久性共同利益。其实自主治理和集体行动的本质在于人们相互间能够达致自由合约，进行社会成本的合理分摊问题，这与本文将公共物品及公共责任纳入市场经济循环是一个性质的问题。

市场经济范围的划分绝不是以公有—私有、公共—私人为划分原则的，而是以社会化再生产的经济过程需要为基础的。市场经济要正常的运作必须依靠一定的公共物品作为基础，也就是说公共产品的数量、品种与质量是与一定时期的市场经济发展水平相适应的，它们之间存在着一定的比例关系，如果失衡，将会对社会经济发展产生严重"滞后"的负面影响。所以说公共产品的提供与市场经济的运作是一个不可分割的整体。在整个资本主义发展的历程中，公共物品的提供一直是作为一种外在于经济过程的因素，尤其是作为外在于市场经济过程的东西，所以它只能由政府提供。这就是把政府作为一个市场经济发展进程的被动适应者，那么，政府提供什么物品、提供多少、提供的质量、效率以及提供的能力等一系列问题都要得到解决。在完全分散化和专业化组织原则下，政府能够适应市场经济发展提供其所需的公共物品，在后组织化资本主义社会中，随着经济组织的高度分散化和社会化，对公共物品需求的增多，政府根本无力解决这些问题。

这时的市场经济发展需要将公共物品的提供和公共问题的解决纳入经济过程和社会再生产循环中。公共部门作为公共利益、公共责任的承担者介入市场经济，完善了市场的整体运作机制；同时公共部门的生产与需求也完全纳入市场经济的循环，开拓了市场经济的边界。所以，公共物品的需求与供给以及公共问题的解决纳入市场经济过程，是后组织化资本主义社会发展的趋势，脱离公共领域的市场经济将不是健全的市场经济。卡尔·博兰尼指出：因为社会活动构成了经济过程的一部分，所以可以称之为经济活动；从某种程度上说，制度就是这些活动的集合；任何构成经济过程的成分都可被看做是经济的要素。[1] 在这一意义上，我们可以说，不只是制度，连同公共物品都是内在于经济过程的要素，它们与通常说的资本、土地、劳动力等经济要素在本质上没有什么区别。

任何经济循环或再生产过程都必须建立在一定的公共产品基础上，而经济发展程度越高，对公共物品的数量与质量需求会越高。由于公共产品的非排他性，其收入弹性一般来说要大于市场私人产品[2]，其中最主要的原因就是现代社会公共产品不属于生活必需品，而越是非必需品，它的收入弹性就越大，当个人收入超过一定水平时，公共产品就变得越来越重要。人们就需要越来越多的政府服务，这时医疗保健、文体设施、交通运输、社会保险、公共卫生、公共安全等公共领域的产品就成为社会需求的重要内容，也成为市场能够正常有序运作的前提和重要基础。当公共产品进入市场经济循环与社会再生产过程，公共利益与公共需求便成为市场经济运作的一个重要目的，而单纯的私营部门的经济利益最大化追求便不再适宜。当社会化经济组织与自由契约关系成为社会经济运作的指导性原则时，公共利益成为分散化、社

---

[1] 卡尔·博兰尼：《经济：制度化的过程》，参见许宝强、渠敬东主编《反市场的资本主义》，中央编译出版社，2001，第39页。
[2] 即公共福利产品需求弹性大于1。

会化的经济组织间相互协调、利益共存的基础，可以说公共利益成为市场经济自身运作的内在需求，它产生于每一个市场主体的利益要求，公共利益与经济组织自身的发展和追求开始趋向一致，公共产品所体现的公共利益需求可能成为社会大众的基本认同，它成为整个经济领域协调发展所必需的，也是任何一个经济组织或社会团体获取长久利益所必需的，公共目标与私人目标存在一种利益上的一致性。同时市场经济本身的公共性也使得公共目标与私人要求能够在这里得到统一。[1] 在这一意义上，公共产品是由国家还是社会公共部门，或者是私营部门提供便不再重要，重要的是它必须达到社会经济发展的要求，与市场经济发展的总体需求相适应。但这里我们论述公共责任能够通过自由契约和市场运作得到合理分摊的前提是，人们之间、单位组织之间，无论它们的职业或性质差别有多大，必须以平等参与的角色相互签订合约。如果没有这一点即使是国有或公益单位或企业，也不能保证公共利益和公共责任的承担。如斯蒂格利茨指出的：美国政府经营的核电站最不安全；国有企业在反对实行比较严厉的反污染法方面态度最为强硬；社会主义国家的国有企业造成的污染比资本主义国家的国有企业造成的污染还严重。[2]

二 市场承担公共物品生产职能

分散于自由契约中的每一个社会经济组织或群体都是公共产品现有或未来的受益者，随着市场经济发展这种受益性需求日益增长，这种持续增长使得公共产品的原始提供者——政府的压力

---

[1] 其实在斯密那里，市场经济就不单单是指一种自由定价体系或资源配置模式，它还是一种社会组织机制和经济协调机制，所以市场经济为公共、私人共同所有，同时市场经济的运作也必须是公共与私人的共同参与。当然今天对这一问题的认识已较为普遍，以埃莉诺·奥斯特罗姆对这一问题的阐释影响为最。参见其《公共事物的治理之道》，余逊达等译，上海三联书店，2000。
[2] 〔美〕约瑟夫·斯蒂格利茨：《关于转轨问题的几个建议》，参见孙宽平主编《转轨、规制与制度选择》，社会科学文献出版社，2004，第146页。

越来越大，政府会因此陷入无法克服的增长怪圈：政府越大，推动政府增长的力量就越强——预算扩张导致任命更多官员和录用更多雇员，一旦进入角色，这些人会立即着手扩大预算，减少工作量，雇佣更多的人。政府的过度扩张不仅会影响效率，影响公共产品的数量、质量，而且使公共物品的提供与市场经济发展，与分散化的经济组织和社会团体利益要求不相符，从而无法对经济领域起到协调与促进作用，反而会抑制经济增长。政府的自信甚至自负可能导致公共产品垄断性的直接生产模式，它所伴随的高成本、低效率、质量不尽如人意和回应性的缺乏不仅耗费公共资源，使得财政拮据，而且使公共产品无法满足经济组织以及社会大众的利益要求，使公共产品的提供与市场经济发展的内在比例失衡。

公共物品本质上并不来源于政府的分配，而是源于社会经济发展的内在需求。当政府对公共物品的提供无法满足社会化经济组织和社会团体的利益要求，以及整个市场经济对均衡协调发展的要求时，各种经济组织或社会组织便有积极性去承担社会责任与公共责任，因为这种责任的承担对经济组织或利益集团带来的不只是成本的提高，更是社会资本与长久利益的获取。经济组织参与社会福利和公共物品的提供，一方面是自身经济发展环境的需要，另一方面可视为一项获取良好经济效益的社会投资，会改善自身的社会形象，改进与员工和顾客的关系。在经济竞争越发激烈的时代，利用社会公益事业可以充分发挥经济组织自身的经济运作强项，扩大企业的社会资本，促进和协调更广泛的经济利益关系，进而达到商业性目的，因此它成了经济组织降低成本，增加效益的一个重要方式。这样公共产品的提供便可能完全进入市场经济的运作领域，也就是公共物品提供的民营化。斯蒂格利茨的"私有化基本定理"也是在这一意义上提出的。这一定理可以从两个方面进行考察："首先它强调在某些情况下，社会目标通过私人生产——没有必要求助于公共生产——去实现。但其次，它又强调，在大多数情况下，私人生产不能实现政府所有的政策目标。"① 公共物品民营化的核心是更多地依靠民间机构来满足公众的需求，"从狭义上看，民营化是指一种政策，即引进市场激励以取代对经济主体的随意的政治干预，从而改进一个国家的国民经济。这意味着政府取消对无端耗费国家资源的不良国企的支持，从国企撤资，放松规制以鼓励民营企业家提供产品和服务，通过合同承包、特许经营、凭单等形式把责任委托给在市场竞争中运营的私营公司和个人"②。适用于这一类的公共产品主要包括具有规模经济性的自然垄断产品，即大部分基础设施和一部分公共服务行业，如自来水公司、供电、供气、电话、垃圾处理，以及医疗卫生、教育等等。萨瓦斯把民营化的方式归纳为三大类：委托授权、撤资与政府淡出。委托授权是国家依然承担全部责任，只不过把实际生产活动委托给民营部门。撤资意味着政府要放弃某一企业、某一职能或某一资产，企业可以作为一个继续经营的实体被出售或赠与他人，也可以采取清算的方式，即关闭并出售剩余资产。政府淡出即是政府部门逐步被民营部门取代，也就是说随着市场经济的发展，社会化经济组织能够通过自身对社会责任的承担来满足自身和社会公众的要求，政府职能便日趋淡化。

在社会化组织形式与自由契约关系这一社会组织原则规约下，经济组织对利益均衡与利益共享的追求使其能够在自由契约性的组合中达成对公共利益的共识，并使公共利益和公共责任能够通过社会化的组织实现在市场经济中运作。③ 社会化的组织群体成

---

① 这一定理认为，在私人部门不能实现政府政策目标的情况下，政府可以通过签订合同、授予经营权、经济资助、法律保护等手段和途径，委托私人部门或社会公共部门生产并提供，政府只要指定"生产多少"就可以了。参见斯蒂格利茨：《政府为什么要干预经济》，中国物资出版社，1998，第74页。
② 〔美〕E.S. 萨瓦斯：《民营化与公私部门的伙伴关系》，周志忍译，中国人民大学出版社，2002，中文版前言。
③ 在这一意义上，我们便可以从根本上理解萨尔瓦所提出的"公私部门的伙伴关系"，这种伙伴关系意味着公共部门与私营部门在对公共责任的承担上，两者成为一种地位均等的伙伴，共同参与市场经济过程中社会责任和社会成本的分担。

为现代政府进行公共管理的主要通道，即通过公共领域执行决策实施社会整合；同时公共责任和公共利益介入市场经济循环，使社会责任在市场经济循环过程中能够得到合理分配，并促进社会经济的协调与均衡发展，所以社会化组织在承担公共责任，不断完善市场机制的同时使市场经济的领域和边界不断扩大。经济组织的社会化与自由契约组合打破了僵化封闭的公共行政（官僚体制）治理模式，使其向公共管理转化；传统官僚体制拥有的公共权力和公共责任逐步转移一部分给社会组织承担。公共部门的委托转让和民营化使公共行政逐步向公共管理变革。这一过程同样也是市场经济秩序得以转变走向成熟的过程。因为在这一过程中市场经济一方面开拓公共领域这一边疆地带，同时也使公共利益和公共责任通过市场经济的循环实现合理分配和分摊，市场经济的责任和使命从而发生重大转变。市场经济的目的不再仅仅是资源效率和经济最大化，其关注的重点变成社会整体的秩序：公平与均衡，从而一种新的市场经济秩序产生了。①

德国市场秩序主义者认为，市场经济不是发展经济的手段，而毋宁说就是发展的目的。他们坚信，在实现经济效率与社会公平分配的可能性方面，没有任何一个经济制度可以与市场经济制度相媲美。市场经济作为一个整体的运作过程和再生产过程，根本上是一个内在微观的协调，"货币政策、卡特尔政策、贸易政策、手工业政策等等被看做各成一体的行业领域，从而应当各自独立地加以处理"。欧根从经济政策的四分五裂中看到了缺乏秩序政策的征兆，他并非要由此推断出有必要把各部分单一的政策衔接起来，而是更多地要求人们把建立一个有足够的经济秩序作为中心来看待。② 市场经济是一种保障所有经营者的自主权和经济主体在给定的框架内独立进行协作的秩序，而不只是经营者用

---

① 对公平与均衡的关注，并不意味着要刻意从外部实现社会的公平与均衡，它体现的是社会秩序本身的一种追求。
② 参见何梦笔主编《德国秩序政策理论与实践文集》，庞健等译，上海人民出版社，2000，第204页。

来获取利润的工具和手段。在这一意义上，市场经济发展和追求的就不仅是经济和物质目标，而是秩序目标。市场经济的属性应当是公共性的，它既不是经济组织追逐利益的工具，也不是政治力量用以控制社会的手段，而是促进各种力量和权力竞争内部化、均衡化的利益协调机制。真正的市场经济不会受制于任何外部性、支配性或以自身利益主导的力量之下，相反市场经济是协调和促进各方利益共同增长的公共场所。市场经济作为社会发展的目的而不是手段，从根本上意味着市场经济与人们生活领域以及整个公共领域必须紧密融合起来，即将个人的利益要求与经济组织发展同社会公共利益的需求统一起来。艾哈德说：个人与整体之间永远存在的矛盾不是能通过否定或故意否认某一方来解决，关键的问题永远都是个人应该以何种形式在不失去自我的同时加入到更高级的社会组织形式中去。他强调，必须注意的是这里是"加入"，而不是"屈从"。[①] 我们认为只有当个人身份相对于社会同时呈现出自由与公平时，社会自由契约才可能出现，社会的公平与均衡也才会在此基础上形成。在高度社会化的组织关系中，个人的自由和自理尽可能不受集体或权力的影响，经济生活的有序化任务交给千百万个人自发无意识的契约组合。

　　后组织化资本主义社会原则下政府治理方式与经济运作方式，无论是政治领域的当代公共行政还是经济领域传统行业体系的松散，体现的都是结构的扁平化和分散化；当代公共行政与市场秩序强调的都是公平与均衡；在社会功能上，两者集中于对社会公共问题的解决。社会在高度社会化组织和自由契约关系原则下会趋向追求普遍的公共利益，使公共行政不再仅是行政化、技术化的追求，公平与均衡的社会秩序成为真正的目的。但本文所强调的社会化组织形式与自由契约关系原则是一种社会整体走向的规约，而非现实的确认。作为一种规约发展的过程，并不意味着所

[①] 路德维希·艾哈德：《经济改革纲领》，参见何梦笔主编《德国秩序政策理论与实践文集》，庞健等译，上海人民出版社，2000，第46页。

有的社会经济组织完全是公平和均衡的状态。社会的完全公平与均衡只能是一种神话，在现实中很难实现，但作为一种对社会发展趋势的追求具有一定的合理性。本文所提出的社会化组织与自由契约关系原则正是针对后组织化资本主义社会的发展趋势而提出的，市场经济作为一种公平均衡的运作机制永远是一种目标，将政府作为一个普通的市场经济过程中的参与主体这种运作方式，也只能在个别的领域中才能实现，要成为一种普遍的实际存在仍是一种乌托邦式的理想，要求每一个经济组织承担公共责任也是不现实的。同样在政治领域，如玛丽·弗里特提出的"群体组织就是新的政治方法"，要求直接的公民参与取代政治党派和投票箱的民主制，也是理论意义大于实际价值。但作为一种趋势性分析和理想性展望，最起码有利于我们从理论角度认识今天的政治经济走向。

第八章
对我国政府增长与社会秩序演进的思考

  对当代中国政府增长与经济发展的关系,国内许多学者都曾有过研究。如马拴友利用 1979～1998 年的数据,以 GDP 增长率为被解释变量,以按就业人数平均的政府消费支出之增长率、劳动力增长率、资本增加额占 GDP 的比例等为解释变量进行回归分析,发现关于人均政府消费支出之增长率这一项的回归系数显著且为正,他得到结论——我国政府劳务具有显著的生产性,进一步扩大政府规模能够促进经济增长。他甚至提出,我国政府的最优规模(政府消费支出占 GDP 的比例)为 26.7%。① 郭庆旺、吕冰洋、张德勇利用 1978～2001 年的数据进行分析,发现 GDP 增长率与财政支出占 GDP 的比例负相关,而与财政生产性支出占财政支出的比例正相关。他们进一步认为,财政消费性支出有损于经济增长。实际上,财政消费性支出基本上等同于政府消费,他们的结论意味着政府消费支出的扩大有碍经济增长。② 张海星利用 1981～2001 年的数据进行回归分析,发现在 GDP 增长率与行政管理费占总支出的比例之间存在显著的负相关关系,这也意味

---

① 马拴友:《政府规模与经济增长》,《世界经济》2000 年第 11 期。
② 郭庆旺等:《财政支出结构与经济增长》,《经济理论与经济管理》2003 年第 11 期。

着在 GDP 增长率与政府消费支出之间存在负相关关系。① 欧阳志刚利用 1980~2002 年的数据进行分析，构造并估计了一个联立方程组，他发现，GDP 与政府支出之间存在正相关关系。② 刘霖在以上研究的基础上通过基于"秩"的因素研究认为政府规模与经济增长是一种单向度的正相关，即扩大政府支出有助于经济增长，但并不认为经济增长与政府规模扩大有关系，也就是否定了瓦格纳法则在中国的运用。③ 可见，大家同样使用中国改革开放以来的数据进行研究，得到的结果并不一致。他们的研究主要集中于政府增长与经济增长的关系上，而这种仅从政府规模占 GDP 比重和 GDP 增长幅度的数据分析，并无法衡量政府增长的真正意义。因为政府增长并不单单体现为规模增长，再者政府增长的目的也并不只是求得经济总量增长，更主要地还在于社会经济的秩序。所以本文关注的是政府增长与市场经济成长及市场秩序之间的关系。中国的市场经济明显是在政府主导下成长的，它与政府增长存在一种正相关关系。这种关系是仅仅依靠政府规模与 GDP 数据所无法解释的，仍需要从社会组织原则的角度进行考察。

第一节 当代中国社会组织原则的演进

对每一个社会的研究都必须探讨社会基本的经济组织形式是什么，是如何形成的，何以成为社会的最基本组织形式，在这一基础上，才能进一步了解它的支配性因素，并阐明它们的关系。作为后发型的发展中国家，它的经济与政治发展都是跨越式的，它所面对的历史时空与自身的生产力发展水平有着太大差距，因此它往往需要将资本主义社会几百年的历史压缩至几十年的时间

---

① 张海星：《财政支出结构与经济增长实证分析》，《投资研究》2003 年第 6 期。
② 欧阳志刚：《我国政府支出对经济增长贡献的经验研究》，《数量经济研究》2004 年第 5 期。
③ 刘霖：《政府规模与经济增长：基于秩的因果关系研究》，《社会科学研究》2005 年第 1 期。

内，以推进社会的快速进步。这就使它基本的经济组织形式有别于自然秩序下的构成，而由政治性力量构建和塑造。这种情况下，社会的基本经济组织形式便可能与社会本身所具有的基础性生产力状况发生脱离，它的运作方式也将有别于正常的经济交往和流通。

一 垂直分立的社会组织形式

1949年之前，中国的乡村结构组合与社会生产具有高度的社区性、地域性、血缘性和内聚性，小社区面对面结构相似性和相互封闭的特征与文化上的共同性，形成了派伊所说的蜂窝状社会结构。蜂窝状结构下的基层社会生活具有很强的社区性和自足性，其经济形式则呈现为"农村经济的综合性"[①]。手工业、商业、服务业与农业生产同时混同在同一社区内，绝大多数农户同时兼营一些小的手工业和商业。何清涟说："一般而言，商业的发展必须以手工业的发展为基础，而中国的特点是商业的发展快于手工业的发展。"[②] 这种与农业生产高度一体化的小商品经济，而非基于手工业生产的商业行为，无法摆脱社区生活的封闭性与自足性，恰恰相反，正是这种与农业生产一体化的小商品经济最终使蜂窝状社会结构稳定下来。"小商品生产下的商业，却是在生产过程外部，主动促使生产物成为商品，结局就造成了商业支配产业，商业利润规制产业和农业利润的趋势。"[③] 小商品经济与农业生产的高度一体性限制了农业自身发展，也制约了商业经济的流通。与此同时，新兴经济力量如各种经济行业在城市的发展中不断成长，但它的生成并不是建立在社会基础性生产需求中，与整个社

[①] 崔晓黎：《新中国城乡关系的经济基础与城市化问题研究》，《中国经济史》1997年第4期。
[②] 许纪霖、陈达凯：《中国现代化史》（一），上海三联书店，1995，第35～36页。
[③] 王亚南：《中国半封建半殖民地经济形态研究》，人民出版社，1957，第259页。

会的生产力水平不相吻合，与广大乡村经济没有市场性的经济联系，这使其无力冲破地域、行业、政治的阻隔，形成大范围的市场流通和统一运作规则，新兴行业在其诞生之际便伴随着对自身的自治性管理，为便于行业的自我发展形成了各种行业协会和社会团体。他们的产生和发展与传统的同行会、同乡会联系紧密。同时城市新兴行业主要集中在流通、服务、消费等领域，现代工业很少，生产能力低下，城市经济的这一特点使它与小农经济和伦理自治的基层乡村无法产生沟通和利益互补。

清末至1949年这一长期历程中，中国社会一直以地主与农民、资本家与工人为主要社会阶级分布，并融合了农村乡绅与城市绅商等具有文化权威性的社会精英，使城市与乡村形成秩序化的稳定状态，这也是中国社会能够在长期的政治动荡、权力割据中坚守的基础。然而，这种稳定状态下的社会布局在农村形成地租体制和精英机制，在城市形成自治性的商会和经济联合体，社会资源集中在地主精英和绅商手中。精英阶层对社会稳定的重要性使国民党政府企图通过维持阶级现状和利用精英阶层达到控制社会的目的，这样政府便失去了掌握资源和配置资源的主动权，国家能力日趋低下，对传统体制和社会结构的高度依赖也导致新式国家官僚体制无法真正确立。真正意义上的政治秩序无法确立，经济秩序也处于广大乡村社会与新兴经济力量的脱节状态。

这就使1949年以后共产党进行社会整合必须打破传统社会结构和传统社会体制，转化国家汲取资源的条件，"使中国社会超越传统家族主义的社会观念，确立国家观念，超越由小农经济决定的社会结构和无政府主义，使国家和社会形成一个整体"①。新政权以"透过对其他社会禁忌的突破，以斗争削弱旧的社会关系

---

① 林尚立：《当代中国政治形态研究》，天津人民出版社，2000，第147页。

网,并且开始在参与者的民众中建立起一个新的身份认同"①。1950年的两部针对农村的法律《婚姻法》和《土地改革法》的实施打击了地主阶级,组织民兵,成立农民协会,重新划分土地,彻底瓦解了传统精英机制和传统体制,在城市推行国家资本主义,瓦解传统消费性商业城市的经济体制。这样,社会各阶层从传统的经济和阶级关系下解脱出来,成为政治经济上独立的直接面对国家的政治分布。20世纪50年代初开展的土地改革运动,以及此后旨在控制粮棉生产和贸易的统购统销,促使体现综合经济组织形式的农村经济形态变成单一的农业经济,小生产者逐渐失去了经营的选择权,手工业、商业和服务业被迫剥离出来,土地改革因是按农村人口计算,无偿分田分财。因此,相当一批从事手工业、商业的农村人口重新退回土地上务农。随同土地制度一起瓦解的还有传统宗族内的"公田"以及建立在旧的社会组织基础上的耕作制度与合作制度。手工业、商业、服务业与农村经济的脱离,使农业成为一个独立意义上的产业,农民也成为职业化的农民。在城市中,国家实施"三反"、"五反"和工商业社会主义改造,推行国家资本主义,瓦解传统城市绅商和精英控制下的经济体制。到1954年底,全国公私工商业企业基本上都实施了公私合营,并成为国家和社会整体资源的占有者,剩下来的小型和比较落后的中型企业处境困难,难以与国营和公私合营企业展开竞争,也都逐渐进入被改造行列。在城市,1954年国家对各种形式的工商企业按行业划分,归口管理,独立运作。1949年以前具有主导作用的地主、商人和资本家消失了,原有的社会各阶层行业间的经济交往和社会关联也被打破,工人、农民从阶级统治中解放出来,社会各行业也从旧的经济体制中获得经营与运作的独立。这样,传统体制下具有高度依附性的等级阶层关系变成政治经济独立的、垂直分立的分布状态,所有经济组织、不同产业和行业

---

① 〔美〕李侃如:《治理中国》,李淑娟译,台北,"国立"编译馆出版社,1998,第67页。

直接面对国家、行业间利益的分立和政治上的独立使社会政治结构呈现孤立化、分散化的状态。新的平行关系丧失了以前的等级制度可能拥有的"社会粘合力"和规范理由。这就使中国社会的基本经济组织形式呈现为"垂直分立的经济组织形式"。

这种垂直分立的经济组织形式不仅存于它的生成时期，由于它的组建是建立在国家对整体资源的占有与配置上，经济组织的发展也必须受制于国家对资源的配置与产品的需求，这就使得在一个较长时间内，国家的经济组织形式不会轻易变动。无论是国家重工业体系的构建还是20世纪80年代国家对部门经济的推进，中国的经济发展都是建立在行业经济发展的基础上。20世纪八九十年代出台的了一系列部门性法律，如铁路、民航、能源、邮政、电信、保险、商业银行等等都带有明显的行业保护色彩，国家在资本、资源、政策、权力各方面对行业经济、部门经济的支持和培植都体现了建国初期的基本思路，也展现出中国这几十年整个经济发展历程中统一的基本经济组织形式。在此基础上，中国的整个社会结构和利益均衡关系都打上了行业分布的特征，中国社会结构也同样呈现为垂直分立经济组织体系下的行业分布。这样，行业间、部门间、国有部门与民间部门间以及不同地域部门间的协调统一就成为中国政治与经济发展的共同基础。

二 社会整合性的组织构成方式

通过国家改造形成的各经济行业与新中国成立后新组建起的一系列工业体系都不是建立在社会经济的自然发展基础上，这些经济行业体系与更为广泛的低水平的农村经济现状是不相吻合的，这使得这些经济组织本身的发展不可能基于社会整体需求基础上的市场流通与供需平衡来实现自身的发展。在建国初期，国家政权建设过程很大程度上是政党进行革命的过程，依靠的是政党的革命力量瓦解传统伦理性社会结构。但在瓦解之后，并没有既定的或可预期的社会运作机制，社会经济各方面都将处于一盘散沙状态，这样，如何"使中国社会超越传统家族主义的社会观念，确立国家观念，超越由小农经济决定的社会结构和无政府主义，使国家和社会形成一个整体"① 便成为新政权建设者的使命。在这一背景下，以党的组织体系和强制力对整个社会经济各方面进行整合治理就成为政权建设的主要方法，从而构建起以单位制为基础的社会基本秩序。组织的构建都是在国家的集中整合和整体设计中形成的，其本身的存在与发展依靠的是对国家资源、资本的占有和国家对社会经济组织设计需求来运作的。由于组织自身的资本和资源占有是由政府控制下分配的，组织自身无法成为一个能动性的主体。这使得经济组织的运作始终处于封闭与孤立中，生产要素的提供与产品的生产也是一种资源整合下的配置。

垂直分立化的经济组织形式和政治经济高度整合，使整个社会的结构划分与利益组合体现在一个个相对封闭的经济组织单元中。也就是说经济组织在对社会资源进行分配和占有的同时，也必须将传统低生产力水平、低组织化、低整合化的社会群体按资源的划分进行重新意义上的职业重组。即经济组织本身就是一个社会化的经济体系，以经济组织的社会化（最典型的企业办社会）为纳入自身体系内的民众提供基本的生活、就业、福利以及各种社会保障措施。垂直体制下的经济组织通过对资源、产品的占有与分配权力，为单位组织内的民众提供全方位的社会服务与经济保障，经济组织集生产性与社会提供性于一体，组织内部资源共享、信息共享、生活方式统一，具有很强的自我生产与自我保障能力，成为自足的社会共同体。但作为国家和政府进行资源配置下的经济体，经济组织的发展处于国家资源体制的控制之下。1957年11月，国务院决定把各商业机构改变为行政与企业管理合一的组织形式，取消了地方上原有的专业公司，合并到商业行政机构，此后工业也逐步实行了行政机构与企业管理机构的合并，与农村的人民公社一样，在城市形成政社合一的单位组织。尽管

---

① 林尚立：《当代中国政治形态研究》，天津人民出版社，2000，第147页。

在20世纪80年代以后，国家实行开放搞活政策，社会性事务不断从经济组织内部脱离出来，乃至后来不断有新的经济组织从原有的组织体系中分离，但国家对主体性资源和资本的控制，并没有使经济行业分化到无法控制的地步，对资本与资源的控制与支配仍是经济组织实现其经济发展和社会整合的最大手段。这就使任何一个依赖国家资源和资本分配的产业或行业仍处于资源控制下的发展态势。这种控制不仅仅体现在建国初期，而且持续延续着。20世纪80年代以来，国家采取的一系列产业政策，都是通过对某一种产业给予资源、资金、政策以及权力等社会资源整合来推进该产业的发展，这种行为见诸于各种各样的行业法规和政策，同时国家对宏观经济膨胀和紧缩的调控也同样是通过这一系列社会经济整合因素来发挥作用。至今，社会主导性资源，如交通、能源、商业银行、保险、通讯、自然资源开发以及一些关键性领域的发展仍处于垄断状态或者是实行许可性限制的。国家对主要社会资源的把握使其对整个经济，以及每一个行业的发展都能够产生控制性的作用。在垂直分立的经济行业间实现经济总量的供给和需求均衡，与在日益社会化的经济行业间实现的供给与需求均衡，其实没有本质意义上的区别。只要是以采取宏观调控为主导的经济运行模式的国家，它的经济发展很大程度上是确立在对行业经济的垂直管理和国家对主要社会资源整合的基础上。

将中西方行政方式对比，我们会很直观地看出西方国家面对的是市场经济和公民社会，我们国家面对的则是权力化的经济体制和社会体制。这可能源于西方国家从起初追求的就是社会与市场的统一，而我国的政权建设因其独特历史原因，从起初追求的就是体制性统一。理论上，现代国家政权建设和官僚行政体制的确立无论在西方还是东方，其目的和作用应当是统一的，即瓦解传统社会结构、延伸国家权力，使民众直接面对国家存在。但同样是这一过程，中西方却呈现出巨大差异。西方国家的政权建设过程将民众逐渐从庄园、行会、同业会、家族、宗教团体等特权组织中解脱出来。同样，我国的政权建设通过土地改革、合作化、集体化等运动，没收了宗族活动的寺庙、祠堂、族田等财产，摧毁了宗族活动的物质设施，并以阶级划分割断了人们的传统宗族联系。① 两者都试图将民众从传统社会格局中解放出来，但前者解放的结果是个人的自我独立，个人成为拥有公民权利和承担公民义务的独立个体，后者则在组织化的整合中重新进入一个缺乏个人自主空间的公共权力体制内。现代中国"人的解放"只不过是从一种"私德"归属的家族式空间，转移到"公德"归属的国家空间的过程，所谓"解放"一词的内涵长期以来和个人自主性空间的获得基本没有关系。② 也就是说在政治伦理的转型过程中，西方社会确立起个人的社会责任，而我国则以权力体制下单位和组织的集体责任取代了个人的社会责任。这就造成中西方社会基本秩序的差异：西方社会是以个人为社会基本秩序单元，而我国则以单位为社会基本秩序单元。当个人承担社会职责分工中的权利与义务时，他便以社会主体的身份承担起社会责任，这也是今天西方诸多发达国家能够呈现大量个人自由组合的非政府组织、中介组织、志愿者组织、营利组织、非营利组织，并能够承担大量社会职能和社会责任参与社会治理的根本原因。而我国的单位、组织本身是在权力体制的支配和要求下形成的，缺乏自主性社会责任和社会化的运作机制，体制的要求和权力的支配是主要甚至是唯一动力来源，所以以单位作为社会基本秩序单元，只能长期依赖于体制化的治理。

三 社会组织原则与政府增长走向

通过社会整合实现社会的利益聚合和社会职业关系的塑造，个人与经济组织与国家在社会资源的配置与利益聚合中达成基本

---

① 都淦、任勇：《现代化变迁中的乡村治理与宗族》，《社会科学研究》2004年第6期。
② 杨念群：《亲密关系变革中的"私人"与"国家"》，《读书》2006年第10期。

层面的统一。这种社会组织原则意味着政府不会为了经济的增长而忽视社会的稳定,同样也不会仅仅为了社会的稳定而放弃对经济发展的追求。垂直分立经济组织形式与政治经济整合关系原则决定了我国独特政治体制,政府增长的走向也必然确立在这一基础上。

与西方现代国家建设过程一样,我国在推进国家政权建设过程中同样面临对传统社会结构的瓦解,所不同的是瓦解方式和瓦解对象存在差异。西方国家是通过国家权力与新兴资产者联合对传统分封制,对庄园、城镇、各种同业会等相对封闭的特权进行持续瓦解,一方面推进了统一市场的形成,另一方面确立起强制的官僚行政体制。我国则完全不同,国家政权建设过程很大程度上是政党进行革命的过程,依靠的是政党的革命力量瓦解传统伦理性社会结构,但在瓦解之后,并没有既定的或可预期的社会运作机制,社会经济各方面都处于一盘散沙状态。这样,如何"使中国社会超越传统家族主义的社会观念,确立国家观念,超越由小农经济决定的社会结构和无政府主义,使国家和社会形成一个整体"便成为新政权建设者的使命。在这一背景下,以党的组织体系和强制力对社会经济各方面进行整合治理就成为政权建设的主要方法,从而构建起以单位制为基础的社会基本秩序。单位制和组织化整合尽管在思想和意识形态上达成高度统一,但将社会各领域分散至各种社会关联性较弱的单位组织中,使得社会从整体上缺乏有效的运作机制,这样体制治理与体制安排的作用和价值就非常突出。

面对遍布全国的各种分散化的单位组织时,行政体制的设置只能按照行业、部门归口对接进行管理。在归口管理过程中,我国行政体制的确立是与计划经济体制统一在一起的。为了能够控制和掌握每一个行业,行政体制的设置必须以分化出来的行业和产业结构为依托,几乎有多少行业就有多少职能部门。在社会化程度较低的情况下依赖于行政手段进行行业界定,也必然造成行政职能社会化不足的先天性缺陷。这样,如何使行政职能社会化,保障基层民众的生活、就业和福利，使民众对政权认同就成为一个关键性问题。在行政体制本身无法承担社会公共职能的情况下，诸如社会就业、住房、保险、养老等社会问题，就依靠隶属于行业体制下的社会经济组织（企事业单位）来承担。这些单位组织通过对资源的占有和分配为单位组织内的民众提供全方位的社会服务与经济保障。由于行政体制依附于政治体制，企事业单位又依附于行政体制，在实际运作中造成党、政、经、社等体制处于捆绑状态。体制捆绑的目的很明确，就是将政治治理、行政治理以及公共事务管理等功能统一起来。

在建国初期，这种捆绑性体制对瓦解传统社会伦理结构，确立新的国家认同起到了至关重要的作用。但随着社会经济的发展，依靠体制捆绑的方式将政治治理、社会治理以及社会事务管理结合在一起，并不能形成系统的功能互补机制。一方面因为行业化、部门化的行政权力在推进社会经济发展的过程中，使执政党在革命过程中确立起来的严密权力体系，又在部门化的权力构成中分散开来。更主要的原因还在于体制间目标与职能上的差异。政治治理的目标是政治稳定、意识形态统一以及政治合法性，它依赖的是政党体制和权力意志。行政治理要求效率和效能，当权力集中时，统一资源配置模式使社会经济组织缺乏自主性；而当权力下放时，部门化的行政体制和分散化的社会经济组织，又会陷入缺乏统一运作机制的危机中，造成"一管就死，一放就乱"的顽症。从社会公共事务管理的角度而言，尽管通过政权建设将社会经济各层面都纳入了国家权力体制框架，但各级政府机构没有直接担负起诸如就业、住房、医疗、养老等社会事务的责任，而是依靠单位制在企事业单位内部解决。这实际上造成公共服务被单位制所分割，形成单位性、部门性服务与公共服务的矛盾。

在这一分析基础上，我们会清楚看到，改革前，我国的行政体制较现代西方行政体制存在巨大差异：一是行政体制不是作为统一、独立的国家权力执行角色存在，而是与政党体制、经济体制、社会体制捆绑在一起的；二是政治治理、社会治理和社会公共管理等功能看似一个整体，其实各自职能目标又不统一；三是作为公共行政两大功能的社会治理和社会公共事务管理并没有统一在行政体制中，而是分散在政党体制、行政体制与社会经济体制中。原有政治治理体制通过体制捆绑把政治、经济、社会等各方面资源纳入统一的权力体制把握下。这种体制在特定的历史环境下，便于思想和行动上的统一，但将社会分割成各种联性较弱的体制和单位，一旦社会政治整合因素弱化，就会导致社会秩序混乱。我国政府增长的走向也就是在这一基础上不断从捆绑性体制向独立的公共行政体制转变，将本属于政府管理的职责从捆绑性体制下解脱出来。

当社会经济发展超越政治稳定成为社会主题时，原有政治体制、行政体制与单位制作为一个整体的秩序结构必须得到有效改革，使行政管理体制作为一种促进社会经济发展和社会监管的力量突现出来。所以在我国政府增长过程也就是表现为行政体制改革过程。通过机构改革将党政、政企、政事、政社分开，将社会治理和公共事务管理职能纳入行政的范围，而将经济生产以及民众个人事务从行政职能中剥离出去。从1970年代后期国务院恢复部门管理体制起，党政职能开始逐步分离，党委不再直接管理社会经济事务，社会管理的职能逐步移交由政府负责。随着单位制的瓦解以及企业改制的推进，大量的单位人转为社会人，政府公共管理的职能不断加强，1990年代后期，中国公共卫生、医疗、保险、就业、住房等公共事务管理提上日程，2000年以后的社会体制改革加速政府职能的公共化。从1988年国务院不再承担微观管理和行业管理职能开始，政经、政企职能分离持续推进，行政权力逐渐从经济领域收缩，2000年全国又撤销一大批专业经济管理部门和行政性公司，不断推进行政职能向指导、监管方面转移。在原有治理体制下，我国的行政管理体制以条块分割方式存在，部门之间、中央和地方之间职权划分混乱。进入新世纪以来不断推进行政结构的重新组合，将行政决策、行政执行、行政监督分开，以确保统一行政下的各部门、各地方配合，确保社会有一个良好的运作机制。但对机构改革本身的过分依赖，使机构本身的作用远远大于机构之间的协调机制。这也构成了当前学界讨论思考的问题，如何化解利益部门化，加强相互之间的协调合作，以确保行政改革向制度化方向发展。

第二节 官僚体制与统一经济流通体制

"中国的现代化始终面临一个严峻的结构性挑战：作为现代化的迟—外发型国家，中国必须作出相当幅度的政治和社会结构调整，以容纳和推进现代化的发展。在这一结构的调整过程中，需要解决的核心问题被认为是如何改造传统的政治结构和权威形态，使其在新的基础上重新获得，并转换成具有现代导向的政治核心。"[1] 1949年以后，中国的国家政权建设和政府治理正是遵循着这一路向发展而来的，在改造传统社会结构、瓦解传统权威的基础上不断加强中央政府的权力，以其独立的政治意志和权力要求进行社会整合、进行社会资源汲取和资源配置，形成单一的公共性权力核心。

一 官僚体制的确立

"使中国社会超越传统家族主义的社会观念，确立国家观念，超越由小农经济决定的社会结构和无政府主义，使国家和社会形成一个整体。"[2] 新政权以"透过对其他社会禁忌的突破，以斗争削弱旧的社会关系网，并且开始在参与者的民众中建立起一个新的身份认同"[3]。这样，社会各阶层从传统的经济和阶级关系下解脱出来，成为政治经济上独立的直接面对国家的政治分布。对传统精英机制的瓦解和旧体制的打破，彻底铲除了地方权力，确立

---

[1] 邓正来等编《国家与市民社会》，中央编译出版社，2002，第14页。
[2] 林尚立：《当代中国政治形态研究》，天津人民出版社，2000，第147页。
[3] 〔美〕李侃如：《治理中国》，李淑娟译，台北，"国立"编译馆出版社，1998，第67页。

起中国共产党的权力中心地位。新政治体制正是在这种政治基础上确立的,并由1954年宪法确定下来。通过支配各种政治组织团体,瓦解地方权力结构,中国共产党实现了其进行官僚体制建设的前提条件,成为支配国家政权建设的主导性单一力量。党的政治权力向国家权力的转化过程便成为国家官僚体制的建设过程,正如迈斯纳所说:伴随中国"社会主义过渡"的还有从革命的组织形式向统治的官僚形式的转变①。

建国初期的一系列改造和运动彻底打破了传统社会结构,传统的绅商、地主和精英势力基本消失,原有的社会各阶层行业间的经济交往和社会关联也被打破,社会各行业也从旧的经济体制中获得经营与运作的独立,传统体制下具有高度依附性的等级阶层关系变成政治经济独立的、垂直分立的分布状态,所有经济组织、不同行业和产业直接面对国家,行业间利益的分散和政治上的独立使社会政治结构呈现孤立化、分散化的状态。垂直分立的经济组织形式对国家政治体制的建设必将产生重大影响。因为这一经济组织形式本质上展示出了一种全新的社会结构,政治层面的社会控制必须以此作为新的政治治理通道,形成新的政治体制。当代中国的政治体制就是建立在这一经济结构基础之上,各阶层、行业直接面对国家的分散存在,国家为了能够控制和掌握每一个阶层、行业,官僚体制的设置必须以阶层、行业的存在方式为依托,依靠行政手段划分垂直的职能部门和行业体系,体制建设与行业发展高度同步,几乎有多少行业就有多少职能部门的设置,从而造成大量复制性的垂直职能部门对社会各行业各领域进行管制。"从某种意义上讲,从省、市(地)、县、乡镇到单位的领导机构都是中央的派出或延伸,从单位到中央所有层次的组织在结构上都是同质的。"② 就是说官僚体制的设置与组建是以垂直经济

---

① 〔美〕莫里斯·迈斯纳:《毛泽东的中国及毛泽东以后的中国》(上),四川人民出版社,1989,第17页。
② 李强:《国家能力与国家权力的悖论》,《中国书评》1998年第2期。

组织形式为权力运作基础的。通过行政手段按行业划分的体制，从中央经省、市、县直达基层，按等级原则，对行政权限和职责进行垂直划分，形成层层隶属、层层节制的金字塔式的等级结构。现代官僚体制确立的目的在于要全社会确立现代国家观念和中央政权的权威，所以必须瓦解传统的社会结构和权威结构，而传统社会结构与权威结构的瓦解并不直接意味着中央政府的权力就能够充分发挥影响力，它必须确立新的生活、生产方式，将民众生活与新权力体制统一起来。这使得中国现代官僚体制的确立与两种经济方式紧密相连：一是官僚体制的设置与行业经济体制一体化，二是官僚体制的运作与行业化的经济组织运作一体化。

由于城乡分离和行业经济的分立，又由于市场功能的缺乏，要实现与现代官僚体制相适应的社会基础，形成社会化的生产方式，就有必要确立计划经济管理体制。依靠计划经济人为实现高度细密的行业分工和社会化大生产，以构筑适应现代官僚体制运作的社会基础。这样便导致了中国现代官僚体制的形成与计划经济管理体制确立的一致性和共生性。比如，"为加强国家对经济的统一领导，实现'一五'计划，从中央到地方的政府机构设置不断得到调整和加强，到1957年逐步建立了与全国集中统一的经济管理体制相适应的国家行政管理体制的格局"[①]。正如汤森所说，"一五"计划时期也正是所谓体制时期[②]，与计划经济管理体制的共生性和适应性决定了中国官僚体制的运作方式。

与计划经济管理体制的共生，首先造成了官僚体制的垂直性。因为计划经济体制使官僚体制的职责更多地集中于国家政策的行政管理，特别是经济领域。"第一个五年计划期间普遍采用纵向领导的方式，地方政府的职能部门对上级政府相应职能部门负责，一直延续到北京的部委，这一制度使中央部委实现了对行政管理

---

① 谢庆奎：《中国地方政府体制概论》，中国广播电视出版社，1989，第26页。
② 〔美〕詹姆斯·K. 汤森等：《中国政治》，顾舒等译，江苏人民出版社，1996，第225页。

最大的控制，并促进了下级专门部门的发展。"① 官僚体制与计划体制一道按行业垄断和分配社会资源，通过行政手段按行业划分的体制，从中央经省、市、县直达基层，在纵向结构表现为条条化和行政组织的层级化，按等级原则，对行政权限和职责进行垂直划分。

与上文阐述的过程并行的是，官僚体制与单位制经济组织的一体化。1949年后国家打破原有商业消费性的城市经济体系，依靠行政手段划分职能部门和行业体系，使消费城市转变成生产城市，将各种生产企业和经营单位纳入体制管理框架，同时国家通过垄断社会组织，形成了社会秩序的新格局。但由于国家条条体制是在行政职能划分的前提下进行的，而且社会本身已严重缺乏市场流通与社会化的服务能力，必将造成国家官僚体制对基层民众管理上的脱节。用行政手段划分和确立起的体制，而非基于社会利益需求的职能化体制，自然存在社会职能不足的先天性缺陷，这就要求国家官僚体制职能社会化，以体制的职能社会化保障城市基层民众的生活、就业和福利，使民众对政权认同。然而官僚体制在其独立的行政规则的运作下无法承担其本应承担的社会公共职能，诸如社会就业、住房、保险、养老等社会问题。在这种情况下，就依靠行业体制下的经济组织来承担这些社会公共职能，以实现国家体制对基层民众的合法性。这样，社会公共职能便由行业经济体制下的经济组织来承担，从而使垂直分立的经济体制下无数基层组织单位充斥整个城市，形成工厂、企业办社会的格局。行业体制下的经济组织通过对资源、产品的占有与分配权力，为单位组织内的民众提供全方位的社会服务与经济保障，单位组织集生产性与社会提供性于一体，单位组织内部资源共享、信息共享、生活方式统一，具有很强的自我生产与自我保障能力，成为自足的社会共同体。同时单位作为国家政权进行城市社会整合

---

① 〔美〕詹姆斯·R.汤森等：《中国政治》，顾速等译，江苏人民出版社，1995，第299页。

和权威力量渗透的结果,它存在于体制之下,无论它的上级是属于中央还是地方,都是国家和政府的派出机构,都必须听从国家的指挥。所以城市单位组织拥有政治、经济、社会服务等综合功能,具有基层政权的意义。1957年11月,国务院决定把各商业机构改变为行政与企业管理合一的组织形式,取消了地方上原有的专业公司,合并到商业行政机构,此后工业也逐步实行了行政机构与企业管理机构的合并,与农村的人民公社一样,在城市形成政社合一的单位组织。

官僚体制与行业经济体制和单位制经济组织的一体化结构,使中央政府和国家权力在迅速瓦解传统社会结构和权威结构的同时,使人民大众与新的经济生活和生产方式紧密结合在一起,中央政府权力依靠自身控制着的各种政治、经济、社会资源以行业化经济体制和单位制经济组织为路径不断增强和延伸权力范围和力度。从另一方面而言,行业经济体制与单位制经济组织作为政府权力的载体不断将政府权力的影响扩大到社会每一个角落的生活和生产中去。在这一意义上,20世纪50年代以来的政府权力得到了突飞猛进的增长。但这并不意味着官僚体制建设和现代国家政权建设取得充分意义上的成功,因为当政府权力的扩张与延伸遵循行业经济体制和单位制经济组织这一路径时,已将自身的诸多权力让渡予它们,从而使它们成为权力封闭的特权经济组织。对于行业经济而言,各个部门都试图建立各自独立的小系统,而牺牲整体的社会经济利益。[①] 对单位组织而言,它不仅成为国家政权进行社会整合的体制载体,而且也成为各种国家职能社会化和民众利益能够满足的场所,它使整个社会政治分隔到局部,使各种社会矛盾与利益要求可以在内部得到解决,因而"政治活动通常不必越过组织边界达到高级层次",社会政治矛盾与冲突不可能直接冲击国家政治体制。无论是行业经济体制内部还是单位

---

① 叶孔嘉:《经济改革综述》,戴沃尔特·加勒森主编《中国经济改革》,社会科学文献出版社,1993,第3~4页。

制经济组织内部，都形成了一种对外相对封闭的特权范围，中央政府权力只能延伸到行业体制和单位组织的外围，而不能够触及其内部的运作，这种特权的存在使它们可能成为国家权力延伸的载体，也可能是造成国家权力棚架，无法进一步延伸的阻碍性因素。事实上这种情况造成了国家权力被独立分散至每一个行业体系和单位组织中的严重后果。

二 统一经济流通体制的构建

为积极推进社会经济的快速发展，新中国成立初期国家在农村打破了传统的自然经济和农村的综合经济模式，使手工业、商业、服务业与农村经济脱离，农民成为真正意义上的职业农民，广大农村必须依靠其他领域提供工商业和消费用品。在城市通过工商业改造，将各经济组织归口管理，纳入垂直体制之下，使互相的传统商业关联趋于瓦解，农业与各工商业都处于分散孤立的存在状态，国家要在分散、孤立、垂直的经济组织间确立起新的经济过程，就必须依托其对经济资源、社会资源、政策资源的统一把握进行生产要素和产品的统一配置，这就要求国家综合运用对资源控制、对经济组织内部运作控制以及对经济组织间运作控制等三种控制方式，构筑起一个行政意义上的生产要素和产品流通市场。

"农业社会主义改造的急速发展直接带动了资本主义工商业和手工业的社会主义改造急速前进。"[①] 面对巨大的农村市场，城市经济开始由消费城市向生产城市转变。城市生产功能的强化使其在经济建设、产品提供、商业流通中取得核心的领导地位，通过对农村经济和城市经济的改造，国家垄断了商品流通，最大限度地进行社会资源的汲取与再分配从而达到城市与乡村在经济层面上的社会一体化。城乡一体化可使国家最大限度地把握城乡两方面的资源、信息和需求，并通过行政手段进行物质调拨，促进

---

① 薄一波：《若干重大决策与事件的回顾》，中共中央党校出版社，1991，第326页。

城乡物质流通。行政性流通体制的本质在于强化城市经济中心地位,使其在经济建设、行业流通、产品提供中取得核心和领导地位,在缺乏市场机制的情况下,人为地使城市成为社会经济交往的中心,以实现城市与乡村的紧密统一。

1953年,国家在城市搞工商业社会主义改造与在农村开展"统购统销"与"合作化"形成"双翼",并以此由新民主主义经济战略转向过渡时期总路线,但在经济发展的指导思想上并没有本质的区别,都是为促进城乡经济交流和各行业经济协调发展。过渡时期总路线也是更大程度地推进社会大流通与社会化大生产,以实现社会资本积累和总量的扩张。在"双翼"策略中推行的国家资本主义明显不同于国民党时期的国家资本主义。如果说国民党的国家资本主义是在城市内部推行单向的经济策略,无法实现社会资源的流通与再生,那么"双翼"策略正是对这一困境的超越,体现了经济同步发展的目标,对先进的工业部门大量投资,与此同时增加对轻工业和农业的投资。"一五"计划期间,国家农业税收150多亿元,而同期中央政府对农业的投资则高达99.6亿元,同时不断压低工业品价格,几次提高农产品价格,从而确保农业的快速发展。农业的发展为城市轻工业提供了充足的工业原料,由于轻工业资金周转和资金积累的优势,1952~1955年轻工业为国家积累了96.9亿元的资金①,从而为重工业的发展提供强大的资金后盾。三个经济部门共同增长,互相促进。毛泽东于1955年在《关于农业合作化的一场辩论和当前的阶级斗争》一文中说:"我们现在搞一个同资产阶级的联盟,暂时不没收资本主义企业,对它采取利用、限制、改造的方针,也就是为了搞到更多的工业品去满足农民的需要,以便改变农民对粮食甚至一些工业原料的惜售行为,这是利用同资产阶级的联盟,来克服农民的惜售。同时我们依靠同农民的联盟取得了粮食和工业原料去制约

---

① 董志凯:《论"一五"工业建设中市场的作用》,《中国经济史研究》1997年第4期。

资产阶级。资本家没有原料，国家有原料。他们要原料就得把工业品拿出来卖给国家，就得搞国家资本主义。"① 对农村统购统销和对城市的工商业改造使得国家控制社会流通，而这种流通体制的建立是基于消费城市向生产城市转变、农村综合经济向农业生产转变的基础上，针对资本的生产与再生进行的，这样社会资本积累就通过正常的农、工、商之间的协调发展来进行。毛泽东在《论十大关系》中说，如果真的要发展重工业，"那你就要注重农业、轻工业，使粮食和轻工业原料更多些，积累更多些，投到重工业方面的资金将也会更多些"②。

对此，崔晓黎曾做出恰当分析："中国的统购统销政策尽管也是低价政策，但与苏联的义务售粮制不同的是，中国恰恰是不断地压低工业品的销售价格，特别是农用生产资料的价格。其中包括农业用电及柴油。而在另一方面，却几次提高了农产品的收购价格，使农产品的收购价格指数的增长幅度在统购统销时期始终高于工业品的价格指数的增长幅度……当时尽管是严格的计划经济时期，但和工业品的价格政策相比，政策对农产品采用了更多的价格手段，说明不这样办则农产品的供给会更困难，这是符合市场规律的。"③ 也正是在这种促进社会经济行业协调发展中，计划经济体制高速推进经济发展的优势得到突出体现，依靠行政手段确立起的社会劳动分工体系，在部门与行业之间有严格的界限划分，每个部门和单位只需按国家提供的资源、生产计划进行生产，对外信息渠道和资金来源全部封闭，尤其在城乡之间制造壁垒，实行户籍制度。而城乡分治和行业壁垒制的实行，恰恰使国家可以更好地依靠行政手段制造行业间横向的大流通，根据需要对各生产部门进行计划性的调拨，形成政治意义上的"统一大市场"。"政治过程的社会化是唯一依然能够使没有得到利用的资

---

① 《毛泽东选集》第四卷，人民出版社，1977，第 197~198 页。
② 《毛泽东选集》第四卷，人民出版社，1977，第 29 页。
③ 崔晓黎：《新中国城乡关系的经济基础与城市化问题研究》，《中国经济史》1997 年第 4 期。

源和能量释放出来的选择"①，在社会大流通和社会化大生产的基础上，经济发展能力大大提高，国家财政汲取能力因此也大大提高。1952年中央财政收入水平减去农业税之后为民国年间的5.2倍，为清朝的27.3倍，而到1957年，中央财政的收入水平已是民国期间的10倍，为清朝的41.4倍。②

计划经济时期中国的经济增长主要来自于投入的增加，而非效率的提高，从1957～1978年中国的积累率平均达到29.5%，1976～1978年的积累率达到33.5%，1978年达到创纪录的36.5%。③资源调控下的生产要素和产品流通，是通过资源与资金的集中使用和统一调度推进经济增长，在短期内实现社会财富的高速积累、现代性工业体系的完备以及社会基础设施的充实。这种经济方式一定意义上是一种高效利用资源的赶超战略，短期内容易奏效，但长期发展会使整个社会无法承受。原因在于这种高速增长不是基于社会内在的发展需求，而是中央或地方政府采取的外在性的高投资强力推进，这使整个经济过程明显表现为"产出"与"投资"两个经济环节间的高频率循环，而正常经济过程中的生产、流通、加工、销售、消费以及再生产、再流通的再生产过程被高度压缩。产出—投资这种简单经济过程本身变成了目的，这与正常经济过程的资本增长是有反差的。长时间的高频率的产出与投资循环很容易掏空社会的发展成本，同时可能引发各领域、各行业发展的失衡。最终导致以下后果：国民经济各部门七长八短，比例关系严重失调；农业和轻工业严重落后，不能满足人民提高生活水平的需要；重工业臃肿而不先进，难以充分发挥主导作用，基础十分薄弱，阻碍了工业和农业生产的发展；积累和消费的比例关系失调，基本建设规模超过了社会可能提供

---

① 〔德〕哈贝马斯：《合法性危机》，刘北成译，上海人民出版社，2000，第179页。
② 董志凯在《论"一五"工业建设中市场的作用》中明确了当时"一五"工业建设离不开市场。
③ 张涛：《市场经济在当代中国启动之历史透视》，《史学月刊》2000年第2期。

的财力、物力和人力。① 在这种情况下，经济发展战略必须作出新的调整，"1978年中国经济改革的逻辑起点就是用高投入的方式保持经济增长的高速度已走到尽头"②。

第三节　条块之间的政府权力增长与市场机制的引入

如上文所说，官僚体制与行业经济体制和单位制经济组织的一体化，一方面使政府权力通过行业经济体制与单位制不断延伸扩大到社会的每一个层面。但与此同时也造成了相对封闭的权力体系和利益格局，国家权力被分散至相对封闭分立的行业体制和单位组织中。这就造成了垂直体制下的权力缺乏监督和资源的高度浪费。通过以上分析可知，垂直分立的经济组织与政治经济整合关系原则下的经济运行过程，体现为高频率的投资—产出循环，简化了本来复杂丰富的经济流通和再生产过程。当整个社会的经济过程被压缩至生产与投资两个环节，各个领域乃至整个社会在这两个环节中疲于奔命，并最终造成经济运作的成本透支。对于整个社会经济发展而言，急需解决的是满足民众的生活需求和社会整体的平衡。这就要求整个经济过程必须摆脱产出与投资间的单调循环，延伸至流通、消费等领域。而这种生产过程的延伸一方面意味着政府必须加强对垂直行业体制和单位制经济组织自身内部权力的监督，另一方面必须破除行业经济体制的封闭性与单位经济组织的特权性。

一　条块之间的政府权力增长

为克服官僚体制的缺陷，避免官僚体制职能的分散和权力的无约束性，就必须强化地方党委的领导作用，强调地方政府的独

---

① 吴敬琏：《吴敬琏自选集》，山西经济出版社，2003，第87页。
② 张涛：《市场经济在当代中国启动之历史透视》，《史学月刊》2000年第2期。

立与完整和内部各部门间相互协调与配合,这就要发挥块块体制的作用。"1957年,领导们认识到在一个基本上是分散的农民社会中,高度集中的制订计划的结构是无益的,他们探索着把中央、地区和地方权力结合起来,以及把国家与集体职能结合起来。"① 从1958年开始,中央把一部分工业、商业和财政管理权力下放给地方和企业。各地方为了管理好这些企业,相应成立了冶金、机械、化工等管理部门,增设了一些机构。地方政府和党委的权力不断得到扩大,地方财政权力和经济管理权力加强。但是无论怎样扩大地方权力,只要官僚体制还与计划经济管理体制并存,只要行业与阶层的孤立与垂直的存在方式没有改变,那么官僚体制的垂直特征就不容改变和置疑,仅仅依靠精简机构和权力分散无法达到对体制的制约,无法消除体制本身固有的缺陷。正如汤森所说:"1949年以后中国官僚机构的历史中,两种倾向交替出现,一种倾向是机构膨胀和制度化,另一种倾向则产生限制和改变官僚机构作用的反压力。"② 官僚体制的垂直同质与这两种倾向的交替导致了中国以条为主、条块结合的体制运作模式。条块之间的权力消长、机构的精简膨胀循环都处于社会组织原则的规约下,20世纪80年代以来,短短的二十几年中国又进行五次行政改革,1982年改革、1988年改革、1993年改革、1998改革、2003年改革,几乎每一次改革都处于机构的精简与膨胀的交替性循环中。这种权力间消长与机构精简、膨胀间的循环都是在垂直经济组织形式与资源控制原则支配下,处理控制与发展关系在政治层面的具体体现。

这意味着在垂直分立经济组织形式与政治经济整合关系原则下,政府治理方式要么强化垂直权力体系,要么放权给地方政府权力。但放权给地方并不意味着以地方权力来取代垂直行业体制,

---

① 〔美〕吉尔伯特·罗兹曼:《中国的现代化》,上海人民出版社,1989,第509页。
② 詹姆斯·R.汤森等:《中国政治》,江苏人民出版社,1996,第296页。

同样强化垂直行业体制的作用也不意味着取代地方权力，中央政府在两者之间的取舍，有着统一的目的，即都是为了强化中央政府自身的权力影响，试图在整个社会范围内构筑起一个统一的权力体系，既要防止垂直体制的垄断性和封闭性，也要防止地方政府权力的相互封锁，以使中央政府权力在全社会范围内发挥主导性作用。为达到这种目的，政府就必须在条块的权力均衡中寻求自身权力的增长。

垂直官僚体制在实行资源控制过程中，因其缺乏监督、缺乏约束而造成官僚主义、大量资源的浪费以及经济控制过分死板的情况，1957年，中央开始将垂直官僚体制手中的各种政治性、经济性、社会性资源下放给地方政府，如计划权、企业管辖权、物资分配权、基本项目建设审批权、投资权、信贷权、财政权和税收权以及劳动管理权等。这些诸多资源的下放，一方面使垂直的行业经济体制接受地方党委和政府的监管，垂直分立的经济体制其封闭性与孤立性开始受到挑战；同时各级政府开始充分运用自己手中的权力，大上项目，无偿调拨资源，很快造成缺乏管制性的混乱现象，爆发各自为政、自成体系的各部门、各地区、各单位争夺资源的大战，工农业生产陷入混乱，这种混乱明显是一种地方政府权力膨胀的结果。也就是说权力下放并没有使垂直行业经济体制开化，相反又使地方权力陷入各自为政的危险。1960年，中央开始实施"调整、巩固、充实、提高"的方针，在财政、信贷和企业管辖权等方面重新集中，要求建立比1950年统一财经时更严更紧的体制对金融、财政和统计等实行中央垂直领导。凭借这一套高度集中的体制实行稀缺资源的再配置，逐步使经济得以稳定。在人们庆幸经济秩序得以恢复的同时，却发现集中进行资源控制的弊病又都卷土重来。于是又重新酝酿改革。例如1970年以"下放就是革命，下放越多就越革命"为口号的大规模经济管理体制改革。1978年以后的改革采取的"财政包干"等行政性分权办法，开始时的确收到了鼓励地方政府增收节支，促进经济增长的目的，但很快就暴露出既损害计划经济所要求的政令统一，又促成地方保护主义的弊病，到 80 年代中期，地区之间相互封锁、分割市场以及对本地企业实行行政保护等行为已成为国内统一市场形成的重大障碍。进入 80 年代以后，中国的经济在资源控制体制下发生波动的频率越来越高，体现出一种经济发展越快，越需要进行资源控制的现象。1978~1983 年间一场"洋跃进"带来一场经济过热；1984~1986 年间由于信贷、投资等政策性资源的放纵，带来一场新的经济过热；1987 年到 1990 年形成一场前所未有的通货膨胀；1991~1994 年形成了一场新的投资过热。每次经济过热之后伴随的都是高度集中的资源控制，如信贷控制、投资权控制、财政紧缩、提高利率等手段并造成迅速的经济降温，并抑制经济的发展速度。随后的放松资源控制，又带来一场新的经济过热。

这一时期频繁的经济波动和经济过热，明显暴露出中央进行资源控制能力的下降。但中央权力集中度的降低，并不意味政府增长的趋势走向反向，因为这本身是中央政府的权力让渡，地方政府权力急剧膨胀的过程，也是推进垂直行业体制走向开放的过程。20 世纪 80 年代以来推进"分灶吃饭"和"财政大包干"体制，明确了各级财政的权力和责任，在短期内的确促进了地方政府努力增产增收，是一种经济增长与发展的有效手段，这种财政体制按照行政隶属关系把国有企业的利润和企业所得税规定为所属政府预算收入。这实际上推行了一种对地方政府放权让利的体制，使地方政府有充分的权力支配地方财政、信贷等资源。各级政府为增加收入，一方面千方百计地扩大基本建设规模，用政府投资兴办地方国有企业；一方面广泛采用地区封锁、税费歧视、变相补贴等办法保护属地企业免受外来企业竞争，地方保护主义全国蔓延。正是这种原因，经济过热的现象很难从根本上得到解决。可以说这一时期的财税体制使中央与地方对资源的控制力量发生失衡，中央的资源控制力度明显力不从心。这必然要求对中央与地方关系重新进行理顺。1994 年推行分税制改革，正是要从根本上解决这一问题。

分税制是实行"财政联邦制"的市场经济国家通常采用的预算制度,它的特点是按照各级政府预算的事权在各级政府间划分支出范围和按照各种税种的性质在各级预算之间划分收入来源,同时用中央政府对各下级政府的转移支付来平衡不同地区公共服务水平的一种财政体制。① 1994年分税制的推行在国家与地方政府关系上、在两者关于对资源控制能力上做出了新的界定。分税制改变了财政包干制多种体制并存的格局,政府间财政分配关系相对规范化,初步建立了各级政府的职责、权利、责任与费用的承担、利益分享的归属机制,理顺和平衡了各级政府间的责权关系。分税制财政体制将来自工业产品的增值税的大部分和消费税的全部划归中央,在很大程度上限制了地方保护主义,有效地促进了产业结构调整和资源配置的优化,强化了对地方政府财政预算的约束,第三产业和农业有关的税种划归地方政府,刺激地方政府发展第三产业和农业的积极性。分税制本质是对中央政府、地方政府间权力的一次重新划分和理顺,它在很大意义上扩大了中央政府的财政收入,而压低了地方政府,尤其是基层县乡政府的财权。这意味着此后的中央政府在资源控制力度上大大高于地方政府,地方政府对经济发展的控制与影响力不断降低,整个宏观经济控制权基本由中央政府掌握。其实,对于经济领域来说,中央政府与地方政府谁的权力大与小都无所谓,权力的转移对控制方式并没有大的影响,蒋一苇早就说过,中央集权模式是一种"国家本位论",行政分权是一种"地方本位论",两者都以自身的利益与目的为追求以实现经济的增长与发展,这里没有经济领域自己的自由。② 中央政府权力与地方政府权力哪个更大,哪个更小,抑或两者均衡,都是处于一种资源控制能力的分配,面对的都是垂直分立经济组织体系之间资源控制权力的划分。这一点意味着中央政府与地方政府之间具有高度的同构性与一体性,地

---

① 吴敬琏:《当代中国改革》,上海远东出版社,2004,第258页。
② 蒋一苇:《企业本位论》,《中国社会科学》1980年第1期。

方政府的权力范围相对于中央政府都是有限度、可能规约的,而不可能形成一种真正意义上影响国家权力格局的地方特权。在这一意义上我们认为中央权力与地方权力任何一方的增长,在本质上都体现了整体意义上的政府权力增长。现实情况也的确如实反映了这一问题,地方政府权力的增长并没有阻碍中央政府权力的扩张,同样中央政府权力的增长也没有阻止地方权力的扩大,20世纪90年代以来,中央、地方权力实质上是呈现同步增长的趋势。

钱颖一等从经济学的角度对中国改革过程中中央—地方关系确立了一个模型,即"中国式的财政联邦制"。这种联邦制理论主要针对发展中的转型国家,通过中央与地方之间的分权,中央政府要对地方政府对企业的干预倾向进行约束,从而促进后者行为有利于地方经济的发展。其实也就是一种地方发展与中央资源控制的关系。通过引用科尔奈的"预算软约束"概念和"财政联邦制",钱颖一分析了中国改革过程中中央和地方之间关系,认为中国的改革就是向地方分权,特别是财政分权。这样,联邦主义的两个特征也就出现:第一个是竞争效应,即在生产要素的流动下,地方政府之间的财政竞争会增加地方政府扮演救济(bailout)者的机会成本,从而形成一种承诺(commitment)机制;第二个就是货币集权与财政分权的博弈,以此达到硬化软约束降低通货膨胀,从而实现资源控制与社会发展的目标。钱颖一的理论模型本质上揭示的就是一种如何在资源控制中实现社会发展的解决方案。在财政权力下放与货币权力集中的统一使用中,国家对资源控制的力度不减,又刺激了地方的经济发展。[①] 在财政联邦制框架内,由于存在中央与地方政府之间的权力均衡与竞争,中央政府与地方政府之间并没有因财政与货币权力划分而降低各自的权力,相反,在均衡的竞争中两者的权力都在增长。

[①] 钱颖一:《中国特色的维护市场的联邦制》,载钱颖一著《现代经济学与中国经济改革》,中国人民大学出版社,2003。

二 市场机制的引入

要在条块之间的均衡中推进中央政府权力增长,一方面在于促使垂直封闭的行业体制走向开放,另一方面又不使地方政府陷入各自为政的局面,从而使整个社会纳入中央政府权力主导下的发展规划。对于前者,努力将行业体制内的行政职能与公益性职能逐步划归地方政府,以强化政府权力对行业经济的监督管理力度,提高其资源使用效率,使其成为服务于地方经济和整个国民经济发展的经济主体。在这里我们有必要从思想上澄清一个误解,即将行政职能和公益性职能从经济体制和经济组织中剥离出来并不意味着政府权力的减弱和干预范围的缩小,恰恰相反,这种剥离意味着行业经济体制和单位制经济组织所具有的特权开始趋向瓦解,行政权力开始作为独立的监督力量得到全面加强,并介入到行业经济体制和经济组织内部。对于后者,垂直行业经济体制的始终存在,以及中央—地方政府高度同质化的机构设置,都使地方政府无法逾越中央政府要求的权限,走向各自为政。在这一意义上,条块之间的政府权力增长在本质上构筑起一种统一的权力体制格局,这种格局努力使行业权力与地方权力统一到中央政府的意志上来。这种统一权力格局在行业间与地域间铺设出市场经济流通的社会政治基础。

在上述认识基础上,我们可以对20世纪80年代的"增量改革"进行解读,所谓增量改革就是在由国家资源直接控制的垂直经济组织体系之外发展非国家经济形式,其实就是在整体的资源控制下,在不影响垂直经济组织形式的经济过程外引进市场经济。市场经济引进涉及两个方面:一是垂直经济体系外围市场经济形式的恢复与发展,二是市场价格机制逐步形成。

在资源控制的垂直经济组织体系外围引进市场经济形式,一方面是不触及现行资源控制体制的稳定,另一方面实现经济过程的延伸,解决民众的生活需求问题。其中最大的政策转变是从禁止农村包产到户转为允许包产到户。1980年,中央决定允许农民根据自愿实行家庭联产承包责任制。此后仅仅两年，家庭联产承包责任制就在全国绝大多数地区取代了人民公社"三级所有，队为基础"的制度。农民在自己承包的集体土地上进行自主性耕作和生产，形成一种实质上的"业主制经济"。① 在这一情况下，农村的集贸市场、家庭手工业都得到迅速恢复。与此同时中央也在城市开始鼓励发展个体经济，1979年国务院国家工商行政管理局的意见决定，各地可以根据当地市场需要，在征得有关业务主管部门同意后，批准一些有正式户口的闲散劳动力从事修理、服务、手工业劳动，但不准雇工。到1981年国务院《关于城镇非农个体经济若干政策规定》中明确规定：个体经营户必要时可以请一至两个帮手，技术性强或有特殊技艺的，可以带两三个最多不超过五个学徒。从此雇工在八人（含八人）或以上，就成为划分个体企业和私营企业的界线。胡耀邦于1982年在中共十二次代表大会上《全面开创社会主义现代化建设的新局面》的报告中指出：由于我国生产力发展水平比较低，又很不平衡，在很长时期内需要多种经济形式的同时并存。在农村，劳动人民集体所有制的合作是主要经济形式，在农村和城市都要鼓励劳动者个体经济在国家规定范围内和工商行政管理下适当发展，作为公有制经济的必要的、有益的补充。

在农村以家庭经营为基础的"包产到户"合法化以后，加上政府为消除阻碍非国有经济发展的政策出台，集体所有和个体所有的乡镇企业得到迅猛发展，1979~1988年的十年间，在乡镇工商企业中就业的农民达一亿人。1983年后私营企业也开始得到发展。非国有经济一出现，其优势就凸显出来，并迅速壮大。20世纪80年代，非国有工业产出率约为国有工业的一倍。到80年代中期，包括集体经济、个体经济和私营经济在内的非国有成分无论在工业生产还是在整个国民经济中，都占据了举足轻重的地位。与此同时国家实行对外开放，实现部分地区与国际市场的对接，

---

① 吴敬琏：《当代中国改革》，上海远东出版社，2004，第169页。

设立特区，引进外资，大批外资或合资企业形成。

　　由于非国有经济的形成、发展以及运作是在国家资源控制的垂直经济组织体系之外，主要是由市场导向的，随着非国有经济的壮大，局部性的市场机制也就逐步形成，市场力量开始在体制的外围发挥资源配置作用。而市场经济的引入必然涉及市场机制尤其是价格机制的形成。为了使非国有企业能够在资源体制之外顺利发展，中国作出了一种特殊制度安排，使它们能够通过市场渠道取得原材料等的供应和销售自己的产品，这就是价格和其他方面的"双轨制"。

　　价格双轨就是一定程度上在资源控制的垂直经济组织中引进市场流通方式，以便允许企业生产和销售超计划产品。1979年国务院开始允许国有企业自销超计划产品，以补充社会生活及其他各领域的需求，从而开辟物资流通的"第二通道"，即市场轨道。国务院给予企业计划外产品一定的自销权和定价权，"企业按照补充计划生产的产品，首先由商业、外贸、物资部门不收购的，企业可以按国家规定的价格政策自行销售，或委托商业、外贸、物资部门代销"。在国家企业内部引入市场流通方式本质上与非国有经济发展是相互适应的。20世纪80年代初期，非国有经济成分迅速壮大，到1984年，非国有企业工业总产值已占到全国工业总产值的31%，没有市场上的自由交换，就无法生存。与此同时，垂直经济组织的计划外生产与交换范围也扩大。1985年国家开始允许企业市场价出售和购买"计划外"产品，从此开始正式实行生产资料供应和定价的"双轨制"。

　　"双轨制"的正式确定，为非国有经济的存在和发展准备了基本的经营环境，因此这种制度安排适应发展非国有经济的要求，随着非国有经济份额的扩大，在计划外流通的商品数量日益增多，因此市场定价范围逐步扩大。双轨制的推行符合资源控制与发展的原则，因为一方面整体意义上的垂直经济组织仍处于国家资源控制的范围内，同时市场范围的扩大又促进经济总量的增长。双轨制成为20世纪80年代中国社会发展的双赢选择。钱颖一、G.

罗兰等根据一般均衡理论，分析论证了双轨价格自由化的帕累托改进的特性。① 张军也基于产业组织理论，对价格双轨制在保持中国工业总产出持续增长方面的作用进行了解释。他认为一方面，计划价格保证了国有部门现有生产能力的发挥和原有计划产量的执行，另一方面市场价格的推行通过引入非国有部门与国有部门的竞争，既增加了产量又促进了竞争性市场结构的形成，从而避免"局部价格自由化陷阱"和"休克疗法"造成的衰退。②

20世纪80年代中国推行的增量改革，本质上是在国家保持对垂直经济组织体系整体资源控制下，放松对垂直经济组织外的资源控制以及部分放松经济组织内资源控制中对市场经济机制的逐步引入。这种改革方式通过部分的市场开放、价格开放、流通开放、生活消费等领域的开放，促进了经济过程的完善，使各个经济环节的积极性都得到充分发挥，如林毅夫等人认为这一时期的经济变革带来了中国经济发展的奇迹。③ 杨开忠等进一步指出中国经济真正的奇迹，不在于非国有经济的发展，而在于双轨制下，国家企业得到的发展。他指出，中国转轨过程中，以国有部门为主的计划轨道和非国有部门为主的市场轨道之间的互动是理解这一问题的关键，特别是这两个轨道之间的产品供需关系。④

---

① L. lau, Y. Qian, and G. Roland, Pareto-Improving Economic Reforms through Dual-Track Liberalization, *Economics Letter*, 55 (2), 1997, pp. 285 – 292; Lawrence J. Lau, Yinyi Qian, Gerard Roland, Reform without Loser: A Interpretation of China's Dual-track Approach to Transition, *Journal of Political Economy*, 2000.
② 张军：《中国过度经济学导论》，立信会计出版社，1996。
③ 参见林毅夫《中国的奇迹：发展战略与经济改革》，上海三联书店、上海人民出版社，1994。
④ 杨开忠等在《解除管制、分权与中国经济转轨》（《中国社会科学》2004年第1期）中认为，长期以来对中国转轨的认识和理解主要集中于"资源的有效配置论"和"制度安排论"。而这两种认识都是从政府本身的自主性和能动性来认识的，而没有去关注当市场机制引进之后，市场本身的作用和意义。市场机制存在于完善的经济运作过程中和社会化再生产过程中，如果允许市场机制发挥作用，那么就应当使经济过程本身得到健全，而这一问题必须在垂直经济组织形式与资源控制关系中才能得到梳理。

杨开忠等人的理解与本文阐述的观点是基本吻合的，即：中国经济的改革和转型本质上是市场经济过程逐步完善的过程，它要从简单的生产—投资循环转向完善的社会化再生产过程。中国推行双轨制过程中，一定程度上实现了经济过程的延伸，如在整个经济过程中流通、消费等环节逐步发展起来，并在此基础上推进了经济整体的均衡发展。

但双轨制也为权力寻租和权力货币化的滋长提供了便利条件。因为权力配置与市场配置两种运作方式共同存在于一个企业内部，企业完全可以将国家分配的资源用于市场的交换中，把各种资源分配的权力当作一种市场资本来运用。这一方面因缺乏合适的控制机制造成经济层面的混乱，同时也对国家进行资源控制的运作方式造成极大挑战，国家资源开始大量流失，国有企业财务状况日益恶化，国家财政税收受到很大压力。从理论上讲，这些问题的出现以及问题难以处理的原因仍在于整个经济过程的不完善。国家对垂直经济组织外部以及部分运作机制的放松，虽然促进了经济过程由原来的生产—投资简单循环向流通、消费等环节的延伸，并使社会经济过程基本走向完备。但是这种经济过程的延伸和完备不是建立在统一的机制上，而是由两种运作方式组合而成，因此缺乏有机性，一定程度上市场机制中流通、销售、消费等环节的繁荣是建立在对行政控制机制下的生产、投资等环节侵蚀基础上，这种侵蚀反过来又是对市场机制本身的侵蚀，也就是说市场机制很大程度成为一种可以不劳而获的途径。

第四节　宏观控制与市场机制形成

尽管中央政府权力在行业体制与地方政府的均衡中取得了很大发展，但中央政府的这种权力均衡本质上存在着一种对行业经济体制与地方政府的依赖，从而使行业经济体制无法彻底与行政权力脱离，地方政府对经济的控制难免会出现各自为政的局面。从而使经济组织内部以及经济组织间的运作方式，并没有发生本质变化，仍然是以资源控制为其基本的运作方式，也就是说经济组织仍是一种资源掌握者的控制对象，这使其不可能形成一种属于自身的运作方式；另一方面由于政府所实施的资源控制，往往是要通过垂直分立的经济组织体系来达到其经济增长的目的，这就使其成为政府资源控制的最大受益者，所以垂直分立的经济组织也无意于去实现属于自己的经济运作机制。这就使自由、竞争的市场秩序，即反垄断、反信息不透明的市场秩序无法真正实现。这意味着由政府资源控制下的经济发展模式还在继续，其固有的特征也持续着。

为使中央政府权力摆脱对行业经济体制与地方政权的依赖，就必须彻底打破行业体制的权力特征，使经济组织仅仅作为一个经济主体参与到资源的竞争中。当中央政府积极推进企业改制，使企业的运作方式逐步脱离体制性资源控制、走向市场化资源配置之时，就必须将传统的体制性资源控制转向市场化控制，这就要求一大批官僚体制的经济职能要下放，社会服务意识要提高。20 世纪 90 年代以来中国行政体制改革加速推进了这一进程，促使行政官僚体制不断社会化。中央所属的行政经济职能混合的部门或企业进行分离，以经济性质为主的"集团公司"、"总公司"等将行政职能上交国家计委（发改委）的各"国家局"，而以行政职能为主的部门，将经济职能脱离出来实行市场化运作。与此同时必须加强中央权力对地方权力的监督管理，提升中央权力的执行力度，将人民银行与银监会的设置打破省区限制，将金融、证券、税务、工商、质监以及涉及民生的能源、食品、药品管理垂直化，从而达到约束地方政府权力的目的。

1992 年党的十四大提出了建设社会主义市场经济的目标，1993 年《党政机构改革方案》指出，机构改革要适应社会主义市场经济的要求，按照政企分开和精简、统一、效能的原则，转变政府职能。改革加强了宏观经济调控和监督部门，强化了社会管理职能部门，减少了具体审批事务和对企业的直接管理，政府的行政职能主要是统筹规划、政策引导、组织协调、提供服务和行政监督，逐步理顺政府部门职权，改变部门间垂直划分、资源分管、职能交叉等状况，调整部门设置，精简各部门的内部机构和人员，提高行政效率。这样行政官僚体制与社会关系的界定，无论在理论上还是在实践中，都取得了前所未有的深度，提高了行政职能的合理化。1998年的行政改革进一步深入，要求建立运转协调、行为规范的行政管理体制，也就是说官僚体制垂直并相互分立的格局要得到彻底改观，在职能的规范化、社会化中实现运转的协调，以促进市场经济机制的建立。这就要求官僚体制要按照发展社会主义市场经济的要求，转变政府职能，实现政企分开，把政府职能转变到宏观调控、社会管理和公共服务方面来，把生产经营权真正交给企业，把社会可以自我调节与管理的职能交给社会中介组织。对传统垂直的、相互间分立的经济体制进行内部组织结构调整，加强宏观经济调控部门，调整和减少专业经济部门，适当调整社会服务部门，加强执法监督部门，发展社会中介组织。同时按照权责一致的原则，合理划分事权，理顺条块以及行政层次之间的关系。总之，20世纪90年代以来的行政体制改革，突出体现的就是官僚体制的垂直分立转向综合协调，由垂直单线条的部门经济管理转向协调运作，加强社会化服务。而这一过程是与垂直分立的经济组织体系的运作机制逐渐转向市场化紧密相关的。当市场经济不断成熟、经济过程和社会再生产过程不断完善时，垂直分立设置的官僚体制职能便无法通过对单一部门经济组织的资源控制来实现对社会的控制，官僚体制必须建立在综合协调、统一运作的基础上。为此必须减少经济管理部门，增强综合性的宏观控制和社会服务部门。

对于中国而言，确立市场机制本质上就是如何形成一套控制市场经济的机制，使整个经济过程摆脱双轨运行的矛盾，统一置于市场机制下，形成完善的再生产过程。这就是要求国家必须在三种资源控制方式中保留对社会经济过程具有基础性控制力量的稀缺性资源本身或生产的控制，如金融、能源、交通、土地、不可再生的自然资源以及重要投入性原材料等基础性生产资料或基础产业,而放松对垂直经济组织自身的运作机制以及经济组织间的运作机制的资源控制力度。

完备、均衡的社会再生产经济过程体现的不仅是经济运作的秩序,而且也是实现稳定有序的社会秩序的基础,这要求每一个经济环节,包括经济组织内部的生产经营环节都必须建立在一个统一的机制上,这种机制中的每一个环节首先必须是均衡的,没有哪一个环节在地位上具有优势;其次这种机制必须是统一的,没有行政的或市场的运作方式的划分;其三这种机制必须是一个完备的社会再生产过程。这几项要求使得中国的经济改革决不能停留在资源控制下的边缘地带,必须进入国有企业的内部,从整体上推进市场机制的建设。正是在这种认识前提下,1992年党的十四大确定了建立社会主义市场经济的改革目标。1993年十四届三中全会审议并通过了《中共中央关于建立社会主义市场经济体制若干问题的决定》,提出"整体改革与重点突破相结合",要在国有部门打攻坚战,"既要注意改革的循序渐进,又要不失时机地在重要环节取得突破,带动改革全局"的改革战略,并为社会主义市场经济的财税、金融、企业等提出了改革目标。提出于20世纪末初步建立社会主义市场经济制度。1997年党的十五大提出要努力寻找能够极大促进生产力发展的公有制实现形式,"一切反映社会化生产规律的经营方式和组织形式都可以大胆利用"。"非公有制经济是我国社会主义市场经济的重要组成部分,对个体、私营等非公有制经济要继续鼓励、引导,使之健康发展。"国有企业的改革攻坚与非公有制经济形式的发展成为市场机制能够确立的基础。

按照十五大的要求,1999年十五届四中全会进一步明确公司化改制的要求,国有大中型企业的公司化改革真正进入了按照国际通行规范建立现代公司的阶段。十五届四中全会《关于国有企业改革和发展若干重大问题的决定》对于国有大中型企业的公司化改制指出了一系列要求:强调改制的企业能够在所有者与经营者之间建立起制衡关系的法人治理结构,要求除少数必须由国家垄断经营的企业外，积极发展多元投资主体的公司，即要在国有企业引进非国有股份投资，同时还提出国有企业尤其是优势企业，宜于实行股份制的，要通过规范上市、中外合资和企业互相参股等形式，改为股份制企业，发展混合型所有制经济。此后的国有企业改制也就遵循着上述要求逐步开展。首先是将资源控制等体制性作用与企业彻底分离，实行政企分开。1998年以后中央政府所属的垂直一体化的总公司、集团公司等兼具有行政职能的组织，将行政职能移交给国家计委的"国家局"，同时将这些垂直一体化的垄断行业经济组织逐步分拆改组，打破垄断，形成竞争局面。以石油工业为例，国家将石油化工总公司与石油天然气总公司进行改组，将北方地区的石化的炼油、零售等下游装置移交给中石油，而南部地区中石油的油田移交给中石化，并允许它们在对方地域内投资和运营，这两个公司再加原来从事海上石油开采的中海石油，就形成三个相互竞争的综合性公司。通过上述改革的企业一般仍然机构臃肿，资产质量差。针对这种情况，对企业进行再重组，对非核心业务的资产、人员进行剥离、进行分拆或其他处理方式。再则就是对剥离出的核心业务进行重组、首发和上市，而非核心业务的资产、人员、债权等仍保留在原企业，以保证新设立的企业拥有良好的财务业绩和上市的可能性。在国家集中抓好对整个国民经济有控制意义的国有大型企业的同时，对中小企业则实行"放开搞活"政策。中共十四届三中全会已指出：一般小型国有企业，有的可以实行承包经营、租赁经营，有的可以改组为股份合作制，也可以出售给集体和个人。1995年国家提出"抓大放小"的方针，即抓大主要集中抓好一批关系国家命脉、体现国家经济实力的大型企业，而放小则是指通过兼并、租赁、承包、出售或破产等方式放开搞活一般国有中小型企业。

在国家对国有企业改革进行全面攻坚之时，为了推进市场经济体制的建立，国家也开始大力发展民营经济，之所以要这样，主要原因在于民营经济是市场经济的基础和最活跃的成分，是维持经济和社会稳定的基础性力量，也是技术创新的重要源泉。[①]
而从理论上讲，在中国长期以垂直经济组织体系为主导的部门分工体系下，没有民营经济的大发展，市场经济过程不可能得到完备和健全；同时民营经济作为整个经济体系的重要组成部分和经济过程的重要环节，如果与国家企业不具有同等地位，那么难免形成经济运作中的失衡和经济过程上的不健康。中共十五大的决定为平等对待不同所有制企业奠定了政治基础。2001年中国加入WTO更为实行普遍的国民待遇增加了迫切性。2001年12月国家发布了《关于促进和引导民间投资措施的若干意见》指出，凡鼓励允许外商投资进入的领域，都鼓励和允许民间投资进入，且所有政策一律平等。中共十六届三中全会进一步强调："清理和修订限制非公有制经济发展的法律法规和政策，消除体制性障碍。放宽市场准入，允许非公有资本进入法律法规未禁入的基础设施、公用事业及其他行业和领域。非公有制企业在投资、税收、土地使用和对外贸易等方面，与其他享受同等待遇。"

中国的资源控制长期处于分立的行业布局和垂直性官僚体制的设置中，这对于整体意义上的社会经济过程的形成十分不利，也不利于垂直分立的经济组织相互间形成统一的经济运作机制。当中央政府积极推进企业改制，使企业的运作方式逐步脱离体制性资源控制、走向市场化资源配置之时，就必须将传统的体制性资源控制转向市场化控制，这就要求一大批官僚体制的经济职能要下放。如上文提到的石油总公司等，其行政职能上交国家计委的各"国家局"。这就留下另一个要解决的问题，即国有资产由谁来管理，在垂直性经济组织体系依然在国家整个经济过程中占据重要地位时，国家资源控制如何操作。也就是说，在资源由各部严格控制转向放松控制这一过程中，国家如何实施资源控制，以适应经济发展与稳定的双重要求。这一趋势集中体现了一个要求，即在经济组织运作机制放活的同时，加强资源的统一管理。

[①] 吴敬琏：《当代中国经济改革》，上海远东出版社，2003，第168页。

根据中共十六大的决定，全国人大于 2003 年 3 月通过设立国有资产监督管理委员会的决定。国有资产监督管理委员会的基本职能就是：进一步推进国有经济的布局调整，进行尚未实现公司制的国有企业的改制，对已经实现改制的企业代表国家行使所有权，在这些企业建立起所有者与经营者之间的制衡关系。重要的是国资委的组建，通过对资源的统一管理，能够使国家经济从自己不具有优势的领域和产业中有步骤、有秩序地退出，用腾出来的资源改善政府的公共服务，加强关系国民经济命脉的重要行业和关键领域，以及非国有经济不愿进入的领域，使国家经济和非国有经济都能充分发挥各自的优势，在整个经济体系中达成相互协调、配合、共同参与、公平竞争的局面。这时的资源控制方式实质上已从对经济组织运作方式以及经济组织间运作方式的资源控制中基本退出，只保留了对国家主导性资源本身的控制和个别关系国民经济命脉的主要产业的生产经营的垄断或控制，促使垂直经济组织体系不断向社会化、市场化转变，与非国有经济、与整个经济过程融为一体，从而使国民经济在统一的市场运作机制和均衡的市场地位中实现从生产——加工——流通——销售——消费到再生产、再加工的循环，这一完备性经济过程的实现将使整个经济过程与整个社会民众的生产、生活、消费融合成一个整体。这一方向便是成熟市场经济的运作机制。而市场机制的形成要求垂直的国有经济组织体系必须真正从社会经济资源的垄断占有权中分离出来，与社会中其他非国有经济组织公平均衡的融合。

中国是一个由传统向现代转型的社会，它试图在最短的时间内实现社会政治经济各方面的现代化。为此它在经济的低社会化、低生产力水平的基础上构建起垂直分立的经济组织体系，并通过资源的控制分配将这些组织体系变成一个统一的经济体。这种经济组织形式与资源控制下的运作方式构成了当代中国社会发展的组织原则。如何从一个垂直分立的经济体系向有机运作的社会再生产过程转变，并促使经济过程不断完善，这是研究中国社会转型特征的根本所在。而这一理论在现实方面的表现就是我们通常所说的计划向市场的转型。这一过程犹如西方社会从重商主义、自由资本主义、垄断资本主义到成熟市场经济的发展，是一个秩序演进和变迁的过程，需要人们关注的是秩序演进的方式与支配秩序进行的因素，这远胜过以时间的阶段性划分对历史进行外在的描述。比资本主义社会的市场经济发展历程更为难以处理的是，中国的这种转型是在急速中推进的，无论从时间还是理论上都让人难以进行简单的阶段性划分来抽象出一种秩序。但无论如何将垂直分立的经济组织体系与资源控制方式的组合转变成一个自主、能动、与整个社会融为一体的经济过程，是中国社会经济转型的重要立足点，也是我们解读中国社会转型过程中秩序演进的核心所在。当代中国的政府增长集中体现为政府对垂直分立经济组织间的协调与统一，政府权力作为一种引导市场经济成长的公共性力量，将市场经济作为一种社会运作机制而不只是一种经济增长手段来发展，并在此过程中实现政府自身的权力增长和规范化。所以我们得出的结论就是，由政府主导转轨的过程，本身就是一个政府增长与市场成长的统一进程。

结 束 语

本书对西方市场经济发展历程的考察，无论在地域还是时间上都没有详细的界定，从中展示出的不同时期社会组织原则也是一种高度的抽象。全书的阐述没有关注各个社会或民族国家的具体发展以及它们具体的社会组织原则，这使全书中所阐述的社会组织原则与政治经济秩序难免与具体的民族国家发展过程存在理论与现实间的张力。但全书的目的并不是去具体描述一个特定的社会组织原则与其政治经济秩序，更不是企图构建一种社会演进理论。在此意义上，本书对西方市场经济发展历程中阶段性的划分与不同时期社会组织原则具体演进形式的描述，并不能作为一个统一的规则运用于更为普遍的社会中。我们无法也不能从这一角度把今天中国、印度、俄罗斯等国家的发展情况带入上述的阶段性分析进行比较。我们说社会组织原则并不存在于时间的划分中，而存在于不同社会具体的经济组织形式与其构成方式中。也就是说本书重要的不是来阐明组织化资本主义或后组织化资本主义社会组织原则的具体形式，而是通过对整个市场经济发展历程中各时期社会组织原则的抽象与阐述，展示出社会组织原则这一理论与方法的价值与意义。这一理论与方法启示我们，任何一个社会都应当有其独特的社会组织原则，而且这一原则就蕴含于该社会生产力水平决定下的社会基本经济组织形式与其组织构成方式的关系中。这种关系决定了这个社会在总体上是稳定还是发展、是效率还是均衡。在这一认识基础上，我们可以将本书阐述的社会组织原则理论与方法在更广泛的范围内加以运用。

以欧美市场经济的发展为摹本,我们可以清楚地看到市场经济从起步到今天不断走向成熟,政府增长也是一个连贯的统一历程,政府增长与市场成长始终是共同演进中的统一体。但这种总体印象性判断并不足以完整体现政府增长与市场成长的内在统一性,因为还有太多的国家是在非正常演进中实现向市场经济转化,这些转轨国家是否同样遵循政府增长与市场成长的正相关关系呢?世界银行1993年出版的《东亚奇迹:经济增长和公共政策》基本认同东亚国家在市场转轨和经济发展中政府的作用甚至国家主导的意义。但是强调政府权力对市场发展和经济增长的意义依然是一方对另一方的依附和代替,如青木昌彦所指出的无论是亲市场论,还是国家推动发展论都将政府和市场看做是资源配置的相互代替机制,二者的主要区别在于市场缺陷解决机制的不同。两派的观点都视政府和市场的作用是相互替代的。青木昌彦等人冲破了这种两分法的认识,提出了市场增进论的观点,认为在经济发展水平和市场发育程度较低时,民间部门解决协调问题的能力较为有限,而政府在促进发展方面有相当大的适用空间,政府能够为市场机制的发展提供稳固的制度框架,通过补充民间部门协调能力,设立"相机性租金"以激励民间部门的竞争,以此政府能提高民间部门的市场竞争能力。青木昌彦的市场增进论认为政府政策的职能在于促进或补充民间部门的协调功能,而不是将政府和市场仅仅视为相互排斥的替代物。在分析政府为民间部门的相互协调提供条件的能力时,应认识到政府的行为会受到其有限的信息处理能力的制约,也应意识到政府的动因会受到其制度及其与民间部门之间相互作用的影响。青木昌彦明确指出:政府应当被视为是与经济体系相互作用的一个内在参与者,它代表了一整套的协调连贯机制,而不是一个附着于经济之上的、负责解决协调失灵问题的外在的、中立的机构。[①] 大野健一指出:政府行

[①] 青木昌彦等:《东亚经济发展中政府作用的新诠释:市场增进论》,参见孙宽平主编《转轨、规制与制度选择》,社会科学文献出版社,2004。

为之所以重要还有一个重要原因：市场化是一个必须由国家作为实现单位的过程，它要求强制执行与市场交换相一致的法律、规则和标准，稀有资源必须在全国范围内动员到被选项目，必须建立统一的有基础设施支撑的市场等。①市场增进理论给我们的启示在于它将政府与市场作为一个统一整体来看待，在经济部门与行业缺乏独立协调能力时，政府政策的职能将定位于促进和补充部门的协调功能，推进市场经济发展。如果说西方世界的市场经济的形成机制存在于政府对地域、经济特权以及垄断权力的不断瓦解和理性制度的塑造中，那么对处于转型中的东亚国家和地区来讲，其市场形成机制则存在于政府权力在部门经济协调机制中的作用。

最后选择中国作为考察对象，并不只是因为它为我们更熟知，而是它的社会发展现状及结构特征对整个发展中国家更具代表性。它的发展历程与经济转型模式的成功也更令人热衷。中国目前处于一个转型阶段，要从一个转型社会中抽象出一种社会组织原则是困难的，因为许多的事物都还处于变化之中。但正如西方市场经济历程从重商主义时期的统一市场构建到今天逐步成熟的市场秩序竞争的演进过程一样，当代中国的市场经济发展尽管时间短暂，但却经历着相似的发展历程。从新中国成立初期确立的计划体制下的统一流通体制，到20世纪80年代初的市场经济的引入，再到今天建设完善的市场经济机制，如西方国家一样，在市场成长的过程中，中国的政府规模、政府权力范围、对社会经济的控制能力也都在逐渐增长。

本书只是在马克思、韦伯、哈贝马斯等政治社会学大师的理论基础上，将理论考察的视野放宽至后组织化资本主义社会，以一种对现代社会秩序理论解读的渴望，将马克思的社会形态演进理论、韦伯的社会秩序静态分析理论以及哈贝马斯的社会合法性

---

① 大野健一：《通向市场经济的路径选择和政府作用》，参见孙宽平主编《转轨、规制与制度选择》，社会科学文献出版社，2004。

分析方法、涂尔干的社会分工论以及帕森斯的组织社会学等统一起来，抽取它们的共性，为重新理解和认识政治—经济、政府与市场关系提供一种新的认识视角。从根本上讲，本书的一系列概念的演绎和逻辑推理都是高度遵循马克思的生产力与生产关系这一基本原理的。正是这一原理才使本研究有可能从复杂的社会变迁与多元化社会发展模式中抽象出"社会组织原则"。生产力与生产关系这一基本原理是任何试图进行社会演进性分析的理论者所不可逾越的，而我们试探性提出的社会组织原则也只是对生产力与生产关系理论的进一步阐述。马克斯·韦伯的社会静态分析理论，也是今天任何进行政治学或社会学研究者都不可能忽略的，尽管他的分析是一种静态的，但他打破了将政治组织与经济组织运作方式分开进行分析的传统，而将对效率追求的目的植入政治与经济等所有社会组织的运作中，从而抽象出"官僚制"和"科层制"等重要概念，对政治学、社会学、管理学以及组织理论都产生了重大影响。在这里我们只是继续延续了韦伯的认识，并将它与马克思的演进理论联系起来，开始从社会的根源上探寻政治领域的组织形式与经济领域的组织形式的一致性。同样哈贝马斯的政治社会理论是研究晚期资本主义社会的学者无法错过的，他作为法兰克福学派的新掌门，熟知并洞悉马克思的理论，在经济基础与社会政治层面中导出一个社会组织原则的概念。这一概念对本书的形成有很大帮助。可以说，本书中的基本观点都是在这些理论基础之上综合而形成的。而涂尔干的社会分工理论为本书的社会基本组织形式等概念的提出具有重要意义，帕森斯等人的组织社会学更是本书方法论和解读社会秩序的重要参照内容。

由于本书是在社会组织原则这一理论基础上阐释政治与经济关系及其演进规律的，自然也将一系列对社会秩序的分析理论——政治学和经济学观点带进文中，进行社会学层面的重新解读，在某种意义上也使本书成为一种对政治学和经济学理论发展演进的社会分析。但本书将一系列理论带进来，不是简单地重复引用，而是将它们建立在社会经济组织形式演化的基础上，在社会组织原则的理论框架内进行重新理解。在这一意义上，本书的社会组织原则理论可以引发以下思考。

理论演进的统一性。任何理论的形成与产生都是基于对那一时代社会特点作出的思考，也就是说必然带有强烈的时代印记，尽管同一时代存在诸多的理论争执，但这种争执都是基于共同的社会结构和社会特征引发的，总会有一种主导性的观点成为主流，并引导整个理论的发展。真正的差异是在理论本身取得突破性进展的时候，而这一点往往起因于社会本身的发展，使原有理论不再那么合适，新的理论学派往往以此对原有理论进行批判，而这种批判说白了，并不是一种真正意义上的理论创新，仅仅是更符合新一时期的社会结构和社会特征的需要。对于本书所阐述的政治学和经济学理论的演进而言，也正是如此。从霍布斯和让·布丹的君主至上思想到密尔的代议制政府思想，从有限政府理论到大政府理论，从韦伯的传统公共行政到新公共行政和新公共管理，每一次的理论变迁都是巨大的，甚至是颠覆性的，理论间的冲突不可避免，但又有谁能判定一种理论比另一理论更具指导意义呢。在本书中这些差异很大的理论在社会基本经济组织形式的演化基础上得到了统一解读，因为每一种理论都确立在当时的社会基本经济组织形式的基础上。同样，从古典经济学的专业化分工理论到新古典经济学的规模经济和资源配置理论，从微观经济协调到宏观经济控制，从斯密的自由市场理论到科斯的经济组织理论，从纵向一体化经济组织理论到张五常等人的契约化企业理论，每一种变迁无不是在社会基本经济组织形式演化的基础上形成的。一种理论到另一种理论的跨越体现的不只是创新，更蕴含着理论之间颠覆不破的内在逻辑的统一性，对于政治社会学的解读而言，后者相对前者可能更为重要。

政治学与经济学的统一性。在古典政治经济学那里，政治学与经济学并没有分离，无论是马克思还是斯密都将两者作为一个整体来分析，然而随着市场经济运作方式逐步脱离政治领域，政治学与经济学也日趋分离，今天的政治学越来越行政化，经济学越来越工具化。尽管人们能够认识到政治—经济、政府—市场无法截然分开，但这种认识长期局限于两者在功能上的互补，即通常人们所说的对立统一。当现实和历史显示政治与经济、政府与市场呈现非对立统一的正相关发展时，人们并没有认真去探究两者能够统一的真正基础在哪里。从方法论的角度看，两者的统一只有在政治社会学层面能够得到认识。因为从斯密的古典经济学到杨小凯等人的新兴古典经济学，经济学始终是基于专业化经济分工和经济组织演化来发展的；政治学的发展也是以竞争性利益集团分化及其权力博弈为基础的，无论是专业化分工还是利益集团分化都是社会基本经济组织形式演化的体现形式，两者应该有着共同的立论基础。所以本书通过对社会基本经济组织形式演化分析和社会组织原则的阐述，最终使政治学与经济学重新走向融合。

政府治理方式与经济运作方式的统一性。通常人们所说的有什么样的政府治理方式就有什么样的经济运作方式，并没有什么错，但如果是站在政府—市场二元论的视角做出的判断，那么就会产生问题，因为这种认识将政府治理方式定位成影响经济运作的干预性因素。在社会组织原则这一理论框架内，我们能够发现，其实政府治理方式与经济运作方式两者间并没有实质的相互作用和影响，因为两者的运作方式并不是一方为另一方面而存在，也不是一方依附于另一方面而存在。政府治理方式从王权政治到代议制，从以官僚体制为主导的传统公共行政到结构扁平化、分散化的新公共行政，都基于社会基本组织形式演化和社会组织原则的变迁，与经济运作方式不是直接的因果关系。同样经济运作方式由特权经济下的市场流通到自由市场条件下的流通，再到秩序竞争的市场经济也是基于社会基本组织形式演化和社会组织原则的变迁，而与政府治理方式没有直接的联系。恰恰正是因两者没有直接的关联才使它们真正统一在一起，因为政府治理方式的演进和经济运作方式的演进共同确立在社会基本组织形式演化和社会组织原则变迁的基础上，这使两者成为共同演进的统一体。

参考文献

〔英〕约翰·密尔:《论自由》,程崇华译,商务印书馆,1982。

〔德〕马克斯·韦伯:《社会科学方法论》,杨富斌译,华夏出版社,1999。

〔德〕马克斯·韦伯:《民族国家与经济政策》,甘阳译,生活·读书·新知三联书店、牛津出版社,1997。

〔德〕马克斯·韦伯:《经济与社会》,林荣远译,商务印书馆,1997。

〔法〕埃米尔·涂尔干:《社会分工论》,渠东译,生活·读书·新知三联书店,2000。

〔美〕戴维·毕瑟姆:《官僚制》(第二版),韩志明译,吉林人民出版社,2005。

〔美〕安东妮·奥勒姆:《政治社会学导论》,董云虎等译,浙江人民出版社,1989。

〔美〕埃兹昂尼·哈利维:《官僚政治与民主》,吴友明译,台北桂冠图书股份有限公司,1998。

〔英〕杰西·洛佩兹等:《社会结构》,允春喜译,吉林人民出版社,2007。

〔美〕贾恩弗兰科·波齐:《近代国家的发展》,沈汉译,商务印书馆,1997。

〔美〕克拉勃:《近代国家观念》,王检译,商务印书馆,1957。

〔法〕克罗戴特·拉法耶:《组织社会学》,安延译,社会科学文献出版社,2000。

〔美〕詹姆斯·汤普森:《行动中的组织》,敬乂嘉译,上海人民出版社,2007。

〔德〕哈贝马斯:《合法化危机》,刘北成等译,上海人民出版社,2000。

〔德〕哈贝马斯:《公共领域的结构转型》,曹卫东译,学林出版社,1999。

〔法〕马克·布洛赫:《法国农村史》,余中先等译,商务印书馆,1997。

〔法〕马克·布洛赫:《封建社会》,张绪山等译,商务印书馆,2004。

〔法〕米歇尔·博德:《资本主义史1500~1980》,吴艾美译,东方出版社,1986。

〔德〕斐迪南·滕尼斯:《共同体与社会》,林荣远译,商务印书馆,1999年。

〔德〕施路赫特:《理性化与官僚化》,顾忠华译,广西师范大学出版社,2004。

〔德〕黑格尔:《法哲学原理》,范扬等译,商务印书馆,1982。

〔法〕皮埃尔·罗桑瓦隆:《乌托邦资本主义》,杨祖功等译,社会科学文献出版社,2004。

〔英〕迈克尔·佩罗曼:《资本主义的诞生》,裴达鹰译,广西师范大学出版社,2001。

〔英〕亚当·斯密:《国民财富的性质及原因研究》(上),郭大力等译,商务印书馆,2004。

〔英〕艾瑞克·霍布斯鲍姆:《资本的年代》,张晓华等译,江苏人民出版社,1999年。

〔美〕斯科特·拉什:《组织化资本主义的终结》,征庚圣等译,江苏人民出版社,2001。

〔美〕詹姆斯·布坎南：《自由、市场与国家》，平新乔等译，上海三联书店，1989。

〔英〕罗伯特·杜普莱西斯：《早期欧洲现代资本主义的形成过程》，朱智强等译，辽宁教育出版社，2001。

世界银行：《1996年世界发展报告：从计划到市场》，财政经济出版社，1996。

世界银行：《1997年世界发展报告：变革世界中的政府》，中国财经出版社，1997。

〔德〕何梦笔主编《德国秩序政策理论与实践文集》，庞健等译，上海人民出版社，2000。

〔美〕德姆塞茨：《竞争的经济、法律和政治纬度》，陈郁译，上海三联书店，1992。

〔美〕约翰·F. 沃克、哈罗德·G. 瓦特：《美国大政府的兴起》，刘进等译，重庆出版社，2001。

〔美〕C. E. 林德布鲁姆：《市场体制的秘密》，耿修林译，江苏人民出版社，2002。

《马克思恩格斯选集》（1~4卷），人民出版社，1972。

〔美〕史蒂芬·霍尔姆斯等：《权利的成本》，毕竞悦译，北京大学出版，2004。

〔美〕斯蒂格利茨：《政府为什么干预经济》，郑秉文译，中国物资出版社，1998。

〔美〕斯蒂格利茨：《政府经济学》，曾强等译，春秋出版社，1988。

〔美〕曼瑟·奥尔森：《权力与繁荣》，苏常和等译，上海世纪出版集团，2005。

〔美〕杰克·J. 弗罗门：《经济演化：探究新制度经济学的理论基础》，李振明等译，经济科学出版社，2003。

〔美〕霍华德·威亚尔达：《民主与民主化比较》，榕远译，北京大学出版社，2004，第21页。

〔日〕青木昌彦：《政府在东亚经济发展中的作用——比较制

度分析》，金滢基译，中国经济出版社，1998。

〔美〕乔治·斯蒂纳：《企业、政府与社会》，张志强译，华夏出版社，2002。

〔美〕乔治·弗雷德里克森：《公共行政的精神》，张成福译，中国人民大学出版社，2004。

〔美〕菲利普·J.库珀：《二十一世纪的公共行政：挑战与改革》，王巧玲等译，中国人民大学出版社，2006。

〔美〕戴维·J.格伯尔：《二十世纪欧洲的法律与竞争》，冯克利等译，中国社会科学出版社，2004，

〔美〕奥利弗·E.威廉姆森：《资本主义经济制度——论企业签约与市场签约》，段毅才等译，商务印书馆，2002。

〔英〕昆廷·斯金纳等主编《国家与公民》，彭利平译，华东师范大学出版社，2005。

〔英〕E.E.李奇等编《剑桥欧洲经济史》（第五卷），王春法主译，经济科学出版社，2002。

〔法〕托克维尔：《旧制度与大革命》，冯棠译，商务印书馆，1992。

〔法〕费尔南·布罗代尔：《资本主义的动力》，杨起译，生活·读书·新知三联书店，1997。

〔英〕罗德里克·马丁：《权力社会学》，丰子义等译，生活·读书·新知三联书店，1992。

〔美〕迈克尔·麦金尼斯编著《多中心体制与地方公共经济》，毛寿龙等译，上海三联书店，2000。

〔美〕巴里·克拉克：《政治经济学——比较的视点》，王询译，经济科学出版社，2001。

〔英〕马歇尔，《经济学原理》（上卷），商务印书馆，廉运杰译，华夏出版社，2005。

〔英〕约翰·梅纳德·凯恩斯：《就业、利息和货币通论》，高鸿业译，商务印书馆，2002。

〔德〕瓦尔特·欧根：《经济政策的原则》，李道斌译，上海

人民出版社，2001。

〔英〕查理斯·汉迪：《超越确立性——组织变革的观念》，徐华等译，华夏出版社，2000。

〔德〕柯武刚、史漫飞：《制度经济学——社会秩序与公共政策》，韩朝华译，商务印书馆，2002。

〔英〕简·莱恩：《新公共管理》，赵成根译，青年出版社，2004年。

〔美〕O. C. 麦克斯怀特：《公共行政的合法性》，吴琼译，中国人民大学出版社，2004。

〔英〕冯·哈耶克：《个人主义与经济秩序》，邓正来译，三联书店，2003。

〔美〕迈克尔·麦金尼斯主编《多中心治道与发展》，王文章等译，上海三联书店，2000。

〔美〕文森特·奥斯特罗姆等：《制度分析与发展的反思——问题与抉择》，王诚等译，商务印书馆，1992。

〔英〕安东尼·吉登斯：《第三条道路及其批评》，孙相东译，中共中央党校出版社，2002。

〔英〕诺尔曼·吉麦尔：《公共部门增长理论与国际经验比较》，杨冠琼等译，经济管理出版社，2004。

〔美〕曼瑟尔·奥尔森：《集体行动的逻辑》，陈郁等译，上海三联书店、上海人民出版社，1995。

〔美〕G. J. 斯蒂格勒：《产业组织与政府管制》，潘振民译，上海人民出版社、上海三联书店，1999。

〔澳〕欧文·E. 休斯：《公共管理导论》，中国人民大学出版社，2001。

〔美〕E. S. 萨瓦斯：《民营化与公私部门的伙伴关系》，周志忍译，中国人民大学出版社，2002。

〔美〕罗森布罗姆等：《公共行政学：管理、政治和法律的途径》，张成福等译，中国人民大学出版社，2002。

〔美〕尼斯坎南：《官僚制与公共经济学》，王浦劬译，中国青年出版社，2004。

〔美〕敦利威：《民主、官僚制与公共选择》，张庆东译，中国青年出版社，2004。

〔美〕李侃如：《治理中国》，李淑娟译，"国立"编译馆出版社（台北），1998。

〔美〕莫里斯·迈斯纳：《毛泽东的中国及毛泽东以后的中国》（上），四川人民出版社，1989。

〔美〕詹姆斯·K.汤森等：《中国政治》，顾速等译，江苏人民出版社，1996。

〔美〕吉尔伯特·罗兹曼：《中国的现代化》，比较现代化课题组译，上海人民出版社，1989。

杨小凯、黄有光：《专业化与经济组织》，经济科学出版社，2004。

杨小凯：《杨小凯谈经济》，中国社会科学出版社，2004。

张五常：《经济解释》，商务印书馆，2002。

钱颖一：《现代经济学与中国经济改革》，中国人民大学出版，2003。

吴敬琏：《当代中国改革》，上海远东出版社，2004。

盛洪主编《现代制度经济学》，北京大学出版社，2003。

《毛泽东选集》（1～4卷），人民出版社，1977。

毛寿龙：《有限政府的经济分析》，上海三联书店，2000。

张静：《现代公共规则与乡村社会》，上海书店出版社，2006。

竹立家等编译《国外组织理论精选》，中共中央党校出版社，1997。

李友梅：《组织社会学及其决策分析》，上海大学出版社，2003。

黄健荣：《公共管理新论》，社会科学文献出版社，2005。

张维迎：《企业的企业家——契约理论》，上海人民出版社、上海三联书店，1995。

孙宽平主编《转轨、规制与制度选择》，社会科学文献出版社，2004。

许纪霖、陈达凯：《中国现代化史》（一），上海三联出版社，1995。

王亚南：《中国半封建半殖民地经济形态研究》，人民出版社，1957。

林尚立：《当代中国政治形态研究》，天津人民出版社，2000。

薄一波：《若干重大决策与事件的回顾》，中共中央党校出版社，1991。

吴敬琏：《吴敬琏自选集》，山西经济出版社，2003。

周汉华：《监管制度的法律基础》，吴敬琏主编《比较》第26期。

甘阳：《走向"政治民族"》，《读书》2003年第4期。

董晓宇：《由传统公共行政到公共管理》，《北京行政学院学报》2004年第1期。

董晓宇：《由传统公共行政到公共管理》，《北京行政学院学报》2004年第1期。

李国柱、马树才：《政府规模与经济增长：基于中国的经验研究》，《统计与决策》2007年第3期。

刘军：《权利发展与权利成本》，《博览群书》2005年第2期。

史记：《政府规模理念与我国政府机构改革》，《国家行政学院学报》2001年第3期。

颜廷锐等：《政府规模与行政效率》，《中美经济评论》2003年第9期。

金太军：《新公共管理：当代西方公共行政的新趋势》，《国外社会科学》1997年第5期。

吴瑞财：《治理能力与个性自由》，《漳州师范学院学报》2006年第1期。

马拴友：《政府规模与经济增长》，《世界经济》2000年第11期。

郭庆旺等：《财政支出结构与经济增长》，《经济理论与经济管理》2003年第11期。

张海星：《财政支出结构与经济增长实证分析》，《投资研究》2003年第6期。

欧阳志刚：《我国政府支出对经济增长贡献的经验研究》，《数量经济研究》2004年第5期。

刘霖：《政府规模与经济增长：基于秩的因果关系研究》，《社会科学研究》2005年第1期。

崔晓黎：《新中国城乡关系的经济基础与城市化问题研究》，《中国经济史》1997年第4期。

都淦、任勇：《现代化变迁中的乡村治理与宗族》，《社会科学研究》2004年第6期。

杨念群：《亲密关系变革中的"私人"与"国家"》，《读书》2006年第10期。

李强：《国家能力与国家权力的悖论》，《中国书评》1998年第2期。

董志凯：《论"一五"工业建设中市场的作用》，《中国经济史研究》1997年第4期。

张涛：《市场经济在当代中国起动之历史透视》，《史学月刊》2000年第2期。

蒋一苇：《企业本位论》，《中国社会科学》1980年第1期。

杨开忠等：《解除管制、分权与中国经济转轨》，《中国社会科学》2004年第1期。

Allison, Graham, Public and Private Management: Are They Fundamentally Alike in All Unimportant Respects? in Frederick S. Lane (ed.), *Current Issues in Public Administration*, New York: St. Martin's Press, 1982.

Rosenbloom, *Public Administration*, New York Random House, inc 1986.

Mueller, Dennis C., *Public Choice* III, Cambridge University Press, 2003.

Organization for Economic Co-Operation and Development, *Governance in Transition: Public Management Reforms in OECD Countries*, 1996.

World Bank, *World Development Report* 2002: *Building Institution for Markets*, Oxford: Oxford University Press.

Kravis etc., *World Product and Income Internation Comparison of Real Gross Product*, Baltimore: Johns Hopkins University Press, 1982.

Barro, Robert J., Economic Growth in a Cross-section of Counties, *Quartely Journal of Economics*, 1991.

Landau, Daniel., Government Expenditure and Economic Growth: A Cross-county Study, *Southern Economic Journal*, 49, 1983.

Kormendi, Roger C. and Meguier, Philip G., Macroeconomic Determinants of Growth: Cross Country Evidence, *Journal of Monetary Economics*, 16, 1985.

Tanzi, the Role of the State and the Quality of the Public Sector, *IMF Working Paper*, 2000.

March, James and Herbert Simon, *Organizations*, New York: Wiley. 1958.

Parsons, Talcott, *Structure and Process in Modern Societies*, New York: The Free Press of Glencoe, 1960.

Michel Foucault, Two Lectures in Power-Knowledge: Selected Interview and Other Writings, *The Subject and Power*, 1927-1977, ed., Colin Gordon, New York: Pantheon, 1980, 80ff.

Shoshana Zuboff, *In the Age of the Smart Machine: The Future of Work and Power*, New York: Basic Books, 1988.

Frederickson, Painting Bull's Eyes Around Bullet Holes, in *Governing*, Oct. 1992.

John Rohr, *To Run a Constitution: The Legitimacy of the Adminis-

trative State, University Press of Kansas, 1986.

Hood, C. A., Public Management for All Seasons, *Public Administration*, 1991, (69).

R. J. Holton, *The Transition from Feudalism to Capitalism*, London, Macmillan Publishers LTD., 1985,

Schofield, *Modern CaPitalism*, Oxford, 1966.

Benjiamin Barber, *Strong Democracy*, *Participatory Politics for a New Age*, University of California Press, 1986.

Organization for Economic Co-Operation and Development, *Governance in Transition*: *Public Management Reforms in OECD Countries*, 1996.

Lester Salamon, Beyond Privatization, *The Tools of Government Action*, Washington, D. C.: Urban Institute Press, 1989.

L. lau, Y. Qian, and G. Roland, Pareto-Improving Economic Reforms through Dual-Track Liberalization, *Economics letters*, 55 (2), 1997.

Lawrence J. Lau, Yinyi Qian, Gerard Roland (2000), Reform without Loser: A Interpretation of China's Dual-track Approach to Transition, *Journal of Political Economy*, 2000.

James Gwarteny, the Size and Functions of Government and Economic Growth, http//www.house.gov/jec/

沈启容:《权力概念分析》,http://www.zisi.net/htm/ztlw2/whyj/2005-05-11-21362.htm。

姜奇平:《电子政务与公共行政现代化》,http://www.softhouse.com.cn/html/200505/20050511094628 00007235.html。

后 记

我很庆幸自己生活在一个职业化的时代，因为职业破除了传统权威，也祛除了世界的迷魅，从而使我们每个普通人能够拥有实现自己梦想的途径。职业为我们每个人提供了全新的发展空间。但职业的专业化、理性化也规约着我们的发展轨迹，限制着我们思想与行为的自由。一方面，职业理性在破除传统权威的同时使宗教等传统救赎力量失去了作用；另一方面，职业又限定着个人自行构建价值与目的，追寻生命意义的空间。职业因此也成为我们每个人既渴望又担心的矛盾对象。马克斯·韦伯这位理性精神的揭示者，很明白人类发展的这一处境，所以就有了"学术作为一种职业"和"政治作为一种职业"两篇著名的演讲。韦伯告诉我们，在职业化和传统秩序崩解的过程中，有两个职业能够使我们摆脱这一精神上的困境，这就是"学术"与"政治"。学术可以发现真理，扫除蒙昧，政治可以完善体制，让人生活在自由、平等、博爱之中，这两种活动不仅可以使从事本职业的人获取自身的生命意义，而且还可以帮助每一个人寻找生命的方向。在这一意义上，我又庆幸自己拥有一份教学和学术职业，而且还是一份与政治理想紧密相关的学术职业。当然以自己有限的水平和能力，不可能去帮助别人，能为自己保持一份心灵的安静和精神的自在已实属难得。

写作本书的过程，正值我承担繁重的教学任务和孕育女儿的时候，工作和精神压力都很大，正是这份心灵上的安静和精神上的自在使我能够有心思坐下来，坚持自己的思考，试图与对这一领域有兴趣的读者共勉。我们没有能力自行构建价值与目的，但试着追寻自己的生命意义应当是我们每个人应有的权利和义不容辞的责任。

在本书即将出版之际，我不能不想到扶助我学业成长的张永桃老师，几年来张先生对我的培养和指导付出了太多心血；我也不能忘记我的硕士导师张涛教授，是他把我带进了这一领域；还要感谢河南大学、南京大学曾经教授我的各位恩师。感谢我的同学蔡林慧、王智军、吕少华、李雪卿、张敏、张方华、刘小年等。目前他们在全国不同的岗位了都取得了很大成就。学生时期的氛围无法忘却，他们总能与我推心置腹地交谈，给我很多启发。感谢中央民族大学的周晓丽博士和社会科学文献出版社的武云博士，在她们的积极运作热情帮助下，本书得以早日和读者见面。

本书的出版得到了河南大学哲学与公共管理学院、行政学研究所的大力支持，在此我要感谢王德军、楚明锟、庞宏铸等教授的关心和帮助。最后我也要感谢我的家人和不满周岁的女儿沐旸，他们使我的学业和教学工作总是充满乐趣。

马翠军

2008 年 4 月

政治：一个伦理话题

杨楹 卢坤 著
2008年7月出版　49.00元
ISBN 978-7-5097-0123-2/D·0048

　　政治与伦理的内在统一性自古以来就受到执政者和政治家的关注，不同的历史时期、不同的人性假定、不同的伦理支点，形成了不同的政治状态和结果。本书按年代先后，以柏拉图、霍布斯、孟德斯鸠、卢梭、伯林、马克思等历史上具代表性的哲学家、思想家的政治伦理思想为源流展开分析，论述了从"个体伦理政治"思想向"制度伦理政治"思想发展的演变过程，从而就国家政治制度发展方向问题提出较有见地的建议。

原则政治，而非利益政治

詹姆斯·M.布坎南 罗杰·D.康格尔顿　著
2008年6月出版　39.00元
ISBN 978-7-5097-0199-7/D·0082

　　对宪政民主的诟病几乎同战争一样贯穿了整个20世纪。时至今日，认为民主无法逃脱"歧视性"命运的人仍不在少数。而本书可看做近年来为解决"歧视性民主"问题的重大理论尝试。本书在理论构建上适时引入罗尔斯的"无知之幕"和海萨尼的"不确定性"两个技术元素。前者消除了制定政治正义原则时，为己谋私的利益博弈格局；后者则消除了由于信息不对称带来的利益不对称。本书认为，普遍性原则应该成为立宪的根本原则，唯有在宪政层面上贯彻这一原则，才能避免多数人通过合法的民主程序，剥夺少数人的利益。

民主化转型的政治经济分析

〔美〕斯迪芬·海哥德
〔美〕罗伯特·R.考夫曼 著
2008年3月出版 48.00元
ISBN 978-7-5097-0096-9/D·0039

在利用当代政治经济学理论以及十二年拉丁美洲和亚洲经验研究的基础上,斯迪芬·海哥德、罗伯特·R.考夫曼发展了一种研究民主化转型的新视角。从分析经济危机和威权退却的关系开始,他们继而分析了威权统治的经济和制度遗产如何影响新民主政府发动和保持经济政策改革的能力。最后,作者分析了政治经济改革成果在长时段内巩固的问题。

作者在本书中强调了经济环境、竞争性群体的利益和权力以及代表机构(尤其是政党)居间调节角色的关系。

无须资本家打造资本主义

〔以色列〕吉尔·伊亚尔
〔匈牙利〕伊万·塞勒尼
〔澳大利亚〕艾莉诺·汤斯利 著
2008年7月出版 49.00元
ISBN 978-7-5097-0247-5/D·0100

本书系译作,提供了一种向资本主义转型的新理论。通过讲述资本主义如何在资本家缺席的后共产主义中欧被打造的故事,引导我们更为深刻地理解现代资本主义起源的问题。书中主要立足的数据是中欧的波兰、匈牙利和捷克。这些原来处于共产主义体制下的国家,在20世纪80年代末发生巨变的过程中,开始走向资本主义体制。本书就在于分析这些改革的国家,在原先不存在私有财产阶级的情况下,由谁来主导社会转型以及其中策略的作品。作者将转型过程中由技术专家——知识精英主导转型而形成的资本主义称为"没有资本家的资本主义"。

登高望远
——日本政治家二阶俊博

乔 生 编著
2008年7月出版　48.00元
ISBN 978-7-5097-0237-6/k·0022

二阶俊博是一个经历丰富的政治家,他的成长和成就同样精彩。日本自民党现任总务会长、资深国会议员、前国会对策委员长、运输大臣和经济产业大臣……68岁的二阶俊博的"头衔"已足够辉煌,而政治家二阶俊博为人处世的正直、友好,特别是他的睿智,更能够给人以启迪。

中国和平发展与西方的战略选择

邓永昌 著
2008年6月出版　49.00元
ISBN 978-7-80230-856-5/D·340

中国经济已连续二十多年保持在9%的增长速度以上,中国正在醒目地"崛起"。中国的崛起将对西方和美国构成什么挑战,将会怎样影响世界,怎样改变世界;西方大国将做出何种应对中国崛起的战略选择,这些战略的利弊得失如何;中国将如何化解他国的不安和怀疑,如何与周边国家及西方国家进行良性的战略互动,走出与世界共赢的和平发展道路,最终完成中华民族的复兴?作者从历史与现实、文明与民族、时代与地缘、政治与经济的视角着力分析了中国的文明基础、民族条件、理论经纬、政治制度、经济模式、外交方略等,揭示了中国走和平发展道路的必然性和可能性。其独特的视角、翔实的论述、新颖的立意、活泼的语言、极具说服力的观点让人读来耳目一新,受益良多。

社会科学文献出版社网站
www.ssap.com.cn

1. 查询最新图书 2. 分类查询各学科图书
3. 查询新闻发布会、学术研讨会的相关消息
4. 注册会员，网上购书

本社网站是一个交流的平台，"读者俱乐部"、"书评书摘"、"论坛"、"在线咨询"等为广大读者、媒体、经销商、作者提供了最充分的交流空间。

"读者俱乐部"实行会员制管理，不同级别会员享受不同的购书优惠（最低7.5折），会员购书同时还享受积分赠送、购书免邮费等待遇。"读者俱乐部"将不定期从注册的会员或者反馈信息的读者中抽出一部分幸运读者，免费赠送我社出版的新书或者光盘数据库等产品。

"在线商城"的商品覆盖图书、软件、数据库、点卡等多种形式，为读者提供最权威、最全面的产品出版资讯。商城将不定期推出部分特惠产品。

咨询/邮购电话：010-65285539　　邮箱：duzhe@ssap.cn
网站支持（销售）联系电话：010-65269967　　QQ：168316188　　邮箱：service@ssap.cn
邮购地址：北京市东城区先晓胡同10号　社科文献出版社市场部　邮编：100005
银行户名：社会科学文献出版社发行部　　开户银行：工商银行北京东四南支行　　账号：0200001009066109151

·现代管理论丛·
政府增长与秩序演进

著　　者 /	马翠军
出 版 人 /	谢寿光
总 编 辑 /	邹东涛
出 版 者 /	社会科学文献出版社
地　　址 /	北京市东城区先晓胡同 10 号
邮政编码 /	100005
网　　址 /	http://www.ssap.com.cn
网站支持 /	(010) 65269967
责任部门 /	皮书出版中心 (010) 85117872
电子信箱 /	pishubu@ssap.cn
项目经理 /	武　云
责任编辑 /	张　峰　马　爱
责任校对 /	张瑞萍
责任印制 /	岳　阳

总 经 销 /	社会科学文献出版社发行部
	(010) 65139961　65139963
经　　销 /	各地书店
读者服务 /	市场部 (010) 65285539
排　　版 /	北京鑫联必升文化发展有限公司
印　　刷 /	三河市世纪兴源印刷有限公司

开　　本 /	787×1092 毫米　1/20
印　　张 /	15.4
字　　数 /	254 千字
版　　次 /	2008 年 9 月第 1 版
印　　次 /	2008 年 9 月第 1 次印刷

书　　号 /	ISBN 978 - 7 - 5097 - 0248 - 2/D·0101
定　　价 /	35.00 元

本书如有破损、缺页、装订错误，
请与本社市场部联系更换

版权所有　翻印必究